高等职业教育
电子商务类专业
新形态一体化教材

网络营销

王伟明　主编

林泉君　副主编

清华大学出版社
北京

内 容 简 介

本书是浙江省普通高校"十三五"新形态教材,获国家级"双高计划"建设项目和国家级职业教育教师教学创新团队建设项目重点支持。本书基于网络营销职业能力分析构建内容体系,以培养适应新时代经济环境下的网络营销思维与网络营销核心技能为目标,紧跟互联网和网络营销的最新发展与实践,主要内容包括网络营销概述,互联网时代的营销思维,网络营销平台与媒介,网络调研与市场分析,网络营销 4P策略,网络营销传播,网络营销品牌建设,网络营销管理,新需求、新技术、新营销。本书建设有在线开放课程,配套推出丰富的数字化学习资源,并精选其中优质资源做成二维码在书中进行了关联标注。

本书可作为高校电子商务、市场营销及计算机等相关专业的教学用书,还可供从事电子商务相关工作人员参考使用。

图书在版编目(CIP)数据

网络营销/王伟明主编. —北京:清华大学出版社,2023.10
高等职业教育电子商务类专业新形态一体化教材
ISBN 978-7-302-63496-6

Ⅰ. ①网… Ⅱ. ①王… Ⅲ. ①网络营销－高等职业教育－教材 Ⅳ. ①F713.365.2

中国国家版本馆 CIP 数据核字(2023)第 083283 号

责任编辑:左卫霞
封面设计:傅瑞学
责任校对:袁　芳
责任印制:杨　艳

出版发行:清华大学出版社
　　　网　　　址:http://www.tup.com.cn,http://www.wqbook.com
　　　地　　　址:北京清华大学学研大厦 A 座　　　　　　　邮　　编:100084
　　　社 总 机:010-83470000　　　　　　　　　　　　　　邮　　购:010-62786544
　　　投稿与读者服务:010-62776969,c-service@tup.tsinghua.edu.cn
　　　质量反馈:010-62772015,zhiliang@tup.tsinghua.edu.cn
　　　课件下载:http://www.tup.com.cn,010-83470410
印 装 者:三河市天利华印刷装订有限公司
经　　销:全国新华书店
开　　本:185mm×260mm　　　　印　张:11.75　　　　字　数:285 千字
版　　次:2023 年 10 月第 1 版　　　　　　　　　　　印　次:2023 年 10 月第 1 次印刷
定　　价:48.00 元

产品编号:091010-01

前 言

党的二十大报告指出："教育、科技、人才是全面建设社会主义现代化国家的基础性、战略性支撑。必须坚持科技是第一生产力、人才是第一资源、创新是第一动力,深入实施科教兴国战略、人才强国战略、创新驱动发展战略,开辟发展新领域新赛道,不断塑造发展新动能新优势。"近年来,数字经济发展速度之快、辐射范围之广、影响程度之深前所未有。党的二十大报告对加快发展数字经济作出了重要部署,为在新征程上推动我国数字经济健康快速发展提供了根本遵循。网络营销作为数字经济的典型代表和重要组成部分,在推动社会经济发展、改善民生中发挥了重要作用。随着行业各领域的快速扩张,网络营销人才仍有巨大缺口,无法满足行业对网络营销人才的需求。因此,编写一本能适应当前网络营销人才培养需求、提升网络营销课程教学效果的教材在当前显得尤为迫切。本书是浙江省普通高校"十三五"新形态教材,主要有以下特点。

1. 充分挖掘教材的德育元素,发挥课程的德育功能

坚持育人的根本在于立德,落实德育为先,用习近平新时代中国特色社会主义思想凝心铸魂,用社会主义核心价值观铸魂育人。为此,本书在编写过程中系统梳理挖掘教材不同章节的德育元素,每章的学习目标专设有素养目标,充分发挥课程的德育功能,运用可以培养学生理想信念、价值取向、社会责任的题材与内容,全面提高学生缘事析理、明辨是非的能力,让学生成为德才兼备、全面发展的人才。

2. 将"科技、创新、人才培养"思想贯穿教材始终

本书全面贯彻落实党的二十大精神,将"科技、创新、人才培养"思想贯穿教材始终,内容充分反映互联网领域科技的最新发展和应用,并在每章设计"创新·创意·创业"环节,培养学生的创新能力和实践能力,激励学生志存高远,立志成才,同时对接就业创业工作,将教育高质量发展的成果有效转化为经济社会高质量发展的动力。

3. 基于网络营销典型的职业岗位,构建教材知识和技能体系

本书基于企业网络营销的现状和发展趋势,结合企业的用人需求,面向网络营销一线岗位,在调研明确企业网络营销相关岗位对网络营销知识和技能需求的基础上,确定教材知识和技能体系,保证学为所用。

4. 兼顾网络营销课程特点和学习规律,合理编排教材内容

网络营销是一门理论性和实践性都很强的课程,为此在教材编写过程中,我们充分考虑网络营销的基本原理和网络营销实践之间的平衡,同时考虑学生的学习兴趣和阅读习惯,教材内容编排循序渐进,图文并茂,语言通俗易懂,并在章节中设计"知识链接""想一想"两个

小栏目,让教材在形式上变得更加生动活泼,使学习变得轻松有趣。

本书每章以简要的概述作为开始,随后明确给出本章的学习目标,正文开篇精心挑选与章节核心内容紧密相关的典型案例作为引导,章节正文内容在考虑网络营销基本原理的同时,选取当前网络营销相应领域的典型应用场景,具有很强的实战性,每章最后的练习分为思考与讨论、网络实践、创新·创意·创业三部分,以帮助学生巩固和提升对本章内容的认知和技能操作。

5. 创新教材形态,提供丰富的数字资源

本书融合互联网新技术,结合网络教学方法,创新教材形态,以嵌入二维码的纸质教材为载体,嵌入视频、拓展资源、行业资讯等数字资源,将教材、课堂、教学资源三者融合。本书配套建设有在线开放课程,扫描本页下方二维码即可在线学习该课程,内含教学视频、教学课件、配套练习、典型案例、试题库等,助力建设全民终身学习的学习型社会、学习型大国。

本书由浙江商业职业技术学院王伟明担任主编,浙江商业职业技术学院林泉君担任副主编,黑龙江职业学院沈洁参编。开创网络技术有限公司应洁对教材中的实践操作和案例分析提供了专业指导,博导前程信息技术股份有限公司、杭州简学科技有限公司对教材的数字资源提供了技术支持。本书由浙江商业职业技术学院卢彰诚教授审稿。

由于编者水平有限,书中难免存在不足之处,敬请广大专家和读者批评、指正,特此感谢!

编 者

2023 年 4 月

互联网营销与策划
在线开放课程

CONTENTS

目 录

第1章

网络营销概述

 本章内容提要

相比过去,如今企业面对的营销环境发生了翻天覆地的变化。例如,社会经济的发展,互联网、大数据、人工智能等技术的普及应用,消费群体和消费需求的更新,营销渠道的迁移……互联网时代的每个企业都必须做好网络营销,否则将会被市场淘汰。

本章将从我国互联网发展状况、企业营销环境的变化、互联网终端的拓展、网络营销的特点和功能、网络营销策划、企业对网络营销人才的需求几个方面展开学习,初步建立起对网络营销的整体认识。

 学习目标

知识目标

(1)了解我国互联网发展状况。

(2)了解企业营销环境的变化。

(3)理解网络营销的概念、特点。

(4)理解网络营销策划的含义。

(5)理解网络营销对于企业经营的重要意义。

(6)理解网络营销相对于以往的营销形式的新特点、新功能、新要求。

技能目标

(1)系统掌握互联网营销的内容体系。

(2)掌握网络营销策划的准则和基本步骤。

(3)能够自觉匹配职业岗位,发展职业技能。

(4)能够动态跟踪互联网、电子商务、网络营销的发展状况。

(5)能够紧跟企业的营销发展动态,了解企业面临的营销环境。

素养目标

(1)关心国家,关注国民经济和社会发展。

(2)全面贯彻新发展理念,关注我国数字经济发展和数字中国建设。

(3)关注网络营销领域的职业岗位和技能要求,学为所用。

(4)具备自主学习能力,能够根据需要更新职业知识和技能,保持自身的可持续发展。

（5）具有一定的系统性思维和创新性思维，具有敏锐的市场嗅觉，具有较好的接受新事物的能力。

 **引导案例**

国产新品牌的崛起

近年来，随着国产品牌不断创新，不少产品知名度和销量迎来爆发式增长，我国消费者对国产品牌的认可度进一步提升。

2022年"双十一"，国产品牌成为一大亮点。天猫数据显示，10月31日20：00活动启动后第一小时内，天猫102个品牌销售破亿，其中有超过一半是国产品牌。

年轻人为"东方韵致"买单。完美日记、花西子、毛戈平……这些新兴美妆国潮品牌是年轻人的购物车中的"主角"。天猫数据显示，"双十一"开卖一小时，珀莱雅、薇诺娜、自然堂、花西子等国产品牌成交额接连破亿。

随着"90后""00后"成为消费主体，从传统的高消费中衍生出来了一条"轻奢"赛道。消费者可以用购买中档消费品的钱，享受到近似于高档消费的产品与服务。在这样的需求推动下，上百个国货新品牌在一夜之间"千树万树梨花开"，雨后春笋般涌现在零售市场上。

这其中，美妆和餐饮行业表现突出。首先，颜值经济开始在"90后"和"00后"消费者中迅速崛起，美妆和餐饮的产品更适合做出高颜值的包装设计；其次，这两个行业的市场空间足够大，可以在短时间内迅速聚集流量、跑出销量；最后，由于销量大，在供应链和议价能力方面会更有话语权，这意味着在同样利润空间下，品牌可以将低价格、高品质的商品呈现给消费者。

事实上，一直以来，颜值都是产品不可或缺的一个维度，如今与以往不同的是，消费者在选择品牌时，颜值的权重变得越来越高。因为对于国货新品牌的大多数受众——"90后""00后"来说，在社交媒体时代，他们对美的追求更强烈。所以产品除了本身具有的功能，还要求拥有一项加分属性，那就是用于传播。

对于有的人来说，与产品本身的体验给自己带来的愉悦比起来，在各种社交媒体上收获更多的点赞或许让他们更为满足。因此，微博、朋友圈、抖音等社交平台已经成为许多品牌新品推广的重要阵地。一款产品适不适合拍照分享到社交网络，成为新品研发的重要考量因素。基于此，奈雪的茶为了让女性消费者拿着产品拍照时效果更好，将产品的杯子设计得更为修长。

当然，在产品快速迭代的美妆和餐饮行业，在包装上花心思进行"创新"是品牌的必经之路。高颜值是品牌营销的第一步，但是还远远不够。完美日记成立初期未能激起较大的水花，而在将小红书作为重点营销渠道后，迎来了质的飞跃。这说明渠道对于品牌营销具有不可替代的作用。

在小红书搜索喜茶，结果显示相关笔记超过40万条，这些笔记都是主打"攻略、推荐、新品"等用户在意的标签，并辅以精美的图文，吸引年轻消费者的注意。

短视频和直播也为品牌营销带来了巨大的时代机遇。目前，许多品牌在这些内容类更加丰富、带有社交属性且用户以年轻人为主的内容社区平台上，搭建起自己的品牌专属流量。

除了以上渠道,微博、微信公众号也是营销的重要阵地,企业尽最大的可能让品牌的名字出现在大家的视线里。

如果说颜值和营销是从外部进行营销,那么产品"性价比"就是从内部进行营销,提高了用户的转化率与复购率。

通过营销宣传,让消费者认为产品有大牌的品质,再辅以亲民的价格,以达到占领用户心智的目的。消费者认为国货新品牌具有超高的性价比,是新国货崛起的根本原因。

对于当代的年轻消费者来说,品牌往往不是消费时考虑的首要因素,而是价格、品质和服务。也正因如此,国货新品牌才有了被重新选择的机会。喜茶就是在满足消费者对于品质与服务等方面需求的同时,为顾客带来了较高的性价比体验,达到锦上添花的效果。

另外,喜茶一开始就以高质量、高规格的形象示人,为了给自己创造进步的空间,喜茶将创新全面渗透到品牌的打造之中。喜茶每年都要在公司内部举办创意饮料大赛,号召全员参赛,在年会时获得好评最多的饮品创作者,可以赢取大奖。

就美妆品牌来讲,目前多数品牌都是在做"大牌平价替代品"。大牌平替让年轻女孩在完成了一场对国际流行趋势追逐的同时,一定程度上守护住了钱包的厚度。因此,性价比往往是国货美妆新品牌的核心优势。

1.1　我国互联网发展状况

近年来,我国信息基础设施持续优化,供给能力显著增强,已建成全球规模最大的光纤和移动宽带网络,光纤化改造全面完成,5G 网络加快发展,截至 2022 年年底,已累计建成开通 5G 基站超 230 万个,5G 移动电话用户超 4.55 亿户。同时,我国持续深入推进网络提速提质,提升 IPv6 端到端贯通能力,推进移动物联网全面发展。扫描右侧二维码观看互联网的发展现状微课。

微课:互联网的
发展现状

互联网相关的大数据、云计算、人工智能等技术加速创新,更快、更好融入网民生活发展全领域、全过程,远程办公、在线医疗、社区团购等新业态持续发展,数字经济正在成为重组生产生活要素资源、重塑社会经济结构、改变全球竞争格局的关键力量。扫描右侧二维码阅读"十四五"数字经济发展规划。

链接:"十四五"数
字经济发展规划

📖 知识链接

中国互联网络信息中心(China Internet Network Information Center,CNNIC)于 1997 年 6 月 3 日组建,现为工业和信息化部直属事业单位,行使国家互联网络信息中心职责。

作为中国信息社会重要的基础设施建设者、运行者和管理者,中国互联网络信息中心(CNNIC)负责国家网络基础资源的运行管理和服务,承担国家网络基础资源的技术研发并保障安全,开展互联网发展研究并提供咨询,促进全球互联网开放合作和技术交流,不断追求成为"专业·责任·服务"的世界一流互联网络信息中心。

1.1.1　网民规模

根据中国互联网络信息中心发布的第50次中国互联网络发展状况统计报告,截至2022年6月,我国网民规模为10.51亿,较2021年12月新增网民1 919万,互联网普及率达74.4%,较2021年12月提升1.4%(图1-1)。

来源:中国互联网络发展状况统计调查　　　　　2022.6

图1-1　网民规模和互联网普及率

截至2022年6月,我国手机网民规模为10.47亿,较2021年12月新增手机网民1 785万,网民中使用手机上网的比例为99.6%(图1-2)。

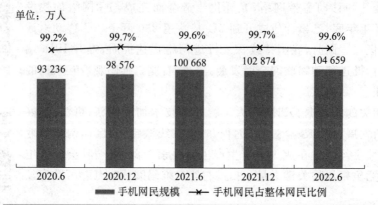

来源:中国互联网络发展状况统计调查　　　　　2022.6

图1-2　手机网民规模及其占网民比例

1.1.2　上网设备

截至2022年6月,我国网民使用手机上网的比例达99.6%;使用台式计算机、笔记本电脑、电视和平板电脑上网的比例分别为33.3%、32.6%、26.7%和27.6%(图1-3)。

移动电话用户规模稳中有增,5G移动电话用户数快速扩大。截至2022年6月,移动电话用户总数达16.68亿户,较2021年12月净增2 552万户。其中,5G移动电话用户为4.55亿户,较2021年12月净增1.01亿户。占移动电话用户的27.3%,较2021年12月提高5.7%。

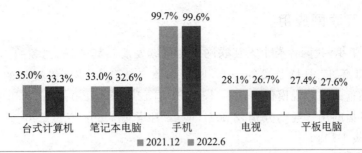

来源：中国互联网络发展状况统计调查　　　　　　　　　　　　　　　　2022.6

图 1-3　互联网络接入设备使用情况

2022 年上半年，国内手机出货量达 1.36 亿部，同比下降 21.7%。其中，5G 手机出货量 1.09 亿部，同比下降 14.5%，占同期手机出货量的 80.2%。

1.1.3　网民上网时长

截至 2022 年 6 月，我国网民的人均每周上网时长为 29.5 小时，较 2021 年 12 月提升 1 小时（图 1-4）。

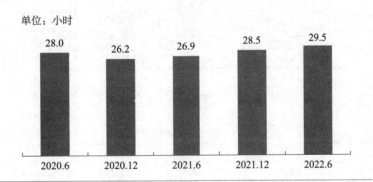

来源：中国互联网络发展状况统计调查　　　　　　　　　　　　　　　　2022.6

图 1-4　网民人均每周上网时长

1.1.4　App 数量及分类

截至 2022 年 6 月，我国国内市场上监测到的 App 数量为 232 万款（图 1-5）。

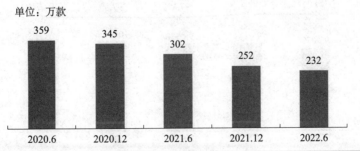

来源：工业和信息化部　　　　　　　　　　　　　　　　　　　　　　2022.6

图 1-5　App 数量

1.1.5　互联网应用

2022 年上半年,我国各类个人互联网应用持续发展。其中,短视频的用户规模增长最为明显,较 2021 年 12 月增长 2 805 万,增长率达 3.0%,带动网络视频的使用率增长至 94.6%;即时通信的用户规模保持第一,较 2021 年 12 月增长 2 042 万,使用率达 97.7%;网络新闻、网络直播的用户规模分别较 2021 年 12 月增长 1 698 万、1 290 万,增长率分别为 2.2%、1.8%(表 1-1)。

表 1-1　各类互联网应用用户规模和网民使用率

应　用	2021 年 12 月		2022 年 6 月		增长率/%
	用户规模/万	网民使用率/%	用户规模/万	网民使用率/%	
即时通信	100 666	97.5	102 708	97.7	2.0
网络视频(含短视频)	97 471	94.5	99 488	94.6	2.1
短视频	93 415	90.5	96 220	91.5	3.0
网络支付	90 363	87.6	90 444	86.0	0.1
网络购物	84 210	81.6	84 057	80.0	−0.2
搜索引擎	82 884	80.3	82 147	78.2	−0.9
网络新闻	77 109	74.7	78 807	75.0	2.2
网络音乐	72 946	70.7	72 789	69.2	−0.2
网络直播	70 337	68.2	71 627	68.1	1.8
网络游戏	55 354	53.6	55 239	52.6	−0.2
网络文学	50 159	48.6	49 322	46.9	−1.7
在线办公	46 884	45.4	46 066	43.8	−1.7
网约车	45 261	43.9	40 507	38.5	−10.5
在线旅行预订	39 710	38.5	33 250	31.6	−16.3
在线医疗	29 788	28.9	29 984	28.5	0.7

1. 即时通信

截至 2022 年 6 月,我国即时通信用户规模达 10.27 亿,较 2021 年 12 月增加 2 042 万,占网民整体的 97.7%(图 1-6)。

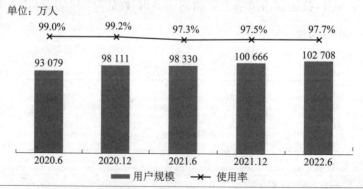

来源:中国互联网络发展状况统计调查　　　　　　　　　2022.6

图 1-6　2020 年 6 月—2022 年 6 月即时通信用户规模及使用率

即时通信作为我国网民日常生活中最常使用的互联网应用,在2022年上半年依然延续了稳步发展态势。

在个人端,即时通信应用的小程序、视频号等功能日趋成熟。首先,数据显示,截至2021年年底,微信健康码累积用户达13亿,累积访问量达1 800亿次;同时,微信小程序商家的自营实物商品交易总额也在2021年实现同比翻倍。其次,视频号商业化前景探索仍在持续。短视频流媒体广告、直播电商等业务通过视频号与即时通信产品融合,推动视频播放量和使用时长在2022年第一季度同比大幅增长。

在企业端,即时通信厂商积极探索软件新功能,并持续加强对智能硬件产品的布局,为企业提供"从云到端"的一体化服务。一是在软件服务方面,以钉钉、企业微信为代表的主要产品在2022年上半年陆续发布新版本或新功能,将企业架构和业务的数字化作为产品发展的核心方向。1月,企业微信与腾讯会议、腾讯文档融合打通,形成更加完备的数字化协作方案,并新增上下游管理、微信客服等功能,助力企业与消费者、上下游合作伙伴共同实现业务协同。3月,钉钉在新版本中上线"酷应用"功能,将工作群的应用组件向合作伙伴开放,支持企业定制开发,提升组织协同能力。二是在智能硬件方面,即时通信厂商进一步加强对硬件产品的研发力度,从而形成"从云到端"的软硬件一体化服务体系。上半年,钉钉发布视频会议一体机等硬件产品,并宣布已与超过180家硬件企业进行合作,覆盖音视频硬件、考勤、门禁、打印、可穿戴设备等多个领域。

2. 搜索引擎

截至2022年6月,我国搜索引擎用户规模达8.21亿,较2021年12月减少737万,占网民整体的78.2%(图1-7)。

单位:万人

81.5%	77.8%	78.7%	80.3%	78.2%
76 554	76 977	79 544	82 884	82 147
2020.6	2020.12	2021.6	2021.12	2022.6

■用户规模 ✕ 使用率

来源:中国互联网络发展状况统计调查 2022.6

图1-7 2020年6月—2022年6月搜索引擎用户规模及使用率

2022年上半年,我国互联网企业在搜索引擎领域继续进行深度布局,应用内搜索用户数量持续增长。一是互联网企业在搜索领域持续投入,2022年上半年,字节跳动推出独立搜索产品"悟空搜索",形成"头条搜索+悟空搜索+抖音搜索"的产品矩阵,尝试吸引更多细分市场流量。二是应用内搜索用户数量持续增长。随着微信生态的逢勃发展,微信"搜一搜"逐步满足用户的多元化需求,为内容创作者、服务提供者和入驻商户更好地连接用户提供了支撑。截至2021年年底,微信"搜一搜"月活跃用户数超过7亿,部分类目搜索流量提升139%,已支持超过5 100家公立医院官方挂号,挂号累计服务超过1亿人次。

3. 网络新闻

截至 2022 年 6 月,我国网络新闻用户规模达 7.88 亿,较 2021 年 12 月增加 1 698 万,占网民整体的 75.0%(图 1-8)。

单位:万人

来源:中国互联网络发展状况统计调查　　　　　　　　　　　　　　　　2022.6

图 1-8　2020 年 6 月—2022 年 6 月网络新闻用户规模及使用率

4. 网络视频

截至 2022 年 6 月,网络视频用户规模为 9.95 亿,较 2021 年 12 月增加 2 017 万,占网民整体的 94.6%。其中,短视频用户规模为 9.62 亿,较 2021 年 12 月增加 2 805 万,占网民整体的 91.5%(图 1-9)。

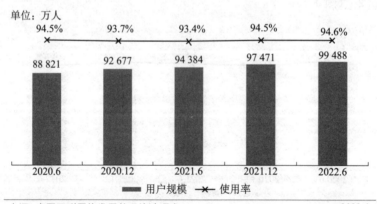

单位:万人

来源:中国互联网络发展状况统计调查　　　　　　　　　　　　　　　　2022.6

图 1-9　2020 年 6 月—2022 年 6 月网络视频(含短视频)用户规模及使用率

随着用户规模进一步增长,短视频与新闻、电商等产业融合加速,信息发布、内容变现能力逐渐增强,市场规模进一步扩大。

短视频与主流媒体双向赋能,成为舆论引导的重要阵地。短视频的兴起,为主流媒体扩大传播影响力提供了新的契机,各大媒体纷纷将其作为创新转型的突破口。主流媒体与短视频平台在内容、技术、渠道上深度融合,更好地发挥舆论引导作用。数据显示,截至 2022 年 6 月,微博、抖音、快手、哔哩哔哩四大平台上共有媒体号 8 028 个,平均粉丝量 138 万人,百万粉丝账号数量占比 19.5%,千万粉丝账号数量占比 2.8%。其中,人民日报抖音号、央视新闻抖音号的粉丝数量分别为 1.55 亿、1.44 亿,排在所有媒体号的前两位。

短视频与电商进一步深度融合,内容电商市场竞争持续白热化。短视频平台持续拓展电商业务,"内容＋电商"的种草变现模式已深度影响用户消费习惯。2022 年第一季度,快手电商交易总额达 1 751 亿元,同比增长 47.7%,其中自建电商体系"快手小店"贡献了99% 以上的交易额。2021 年 5 月—2022 年 4 月,抖音平台上每月有超 900 万场直播,售出超过 100 亿件商品,交易总额同比增长 2.2 倍。与此同时,淘宝、京东、拼多多等电商平台也不断加大在直播、短视频领域的投入,内容电商竞争日益激烈。

短视频平台不断扩展本地生活业务,从内容消费走向线下服务。快手、抖音两大短视频平台通过不同路径开展本地生活业务。快手通过与第三方平台合作的方式,发展成为线上线下一体化的综合服务平台。2022 年 1 月,"快手小店"对本地生活行业商家开放入驻。同时,快手通过与美团、顺丰在团购、配送等领域进行合作,推进自身在线下市场的大规模布局,发挥流量优势,最终实现价值变现。抖音则选择独立发展本地生活业务,主要围绕一二线和网红城市进行布局,先后推出美食探店、心动外卖等业务,并对入驻的本地餐饮商家进行流量扶持,通过种草吸引顾客,促进线上线下交易闭环。

5. 网络直播

截至 2022 年 6 月,我国网络直播用户规模达 7.16 亿,较 2021 年 12 月增长 1 290 万,占网民整体的 68.1%。其中,电商直播用户规模为 4.69 亿,较 2021 年 12 月增长 533 万,占网民整体的 44.6%;游戏直播的用户规模为 3.05 亿,较 2021 年 12 月增长 290 万,占网民整体的 29.0%;真人秀直播的用户规模为 1.86 亿,较 2021 年 12 月减少 793 万,占网民整体的 17.7%;演唱会直播的用户规模为 1.62 亿,较 2021 年 12 月增长 1 914 万,占网民整体的 15.4%;体育直播的用户规模为 3.06 亿,较 2021 年 12 月增长 2 232 万,占网民整体的 29.1%(图 1-10)。

图 1-10 2020 年 6 月—2022 年 6 月网络直播用户规模及使用率

随着电商直播业态的火热发展,越来越多的中小商户将自建直播渠道作为重点目标。数据显示,淘宝直播近 1 000 个过亿直播间中,商家直播间数量占比超过 55%,高于明星主播的直播间数量。

电商直播对本土商户产品宣传方面的积极影响得到良好体现。从老字号品牌到地方特色农产品商户,都通过电商直播渠道获得了良好营销效果。

6. 网络支付

截至 2022 年 6 月,我国网络支付用户规模达 9.04 亿,较 2021 年 12 月增长 81 万,占网民整体的 86.0%(图 1-11)。

来源:中国互联网络发展状况统计调查 2022.6

图 1-11 2020 年 6 月—2022 年 6 月网络支付用户规模及使用率

数据显示,2022 年第一季度银行共处理网上支付业务 235.70 亿笔,金额 585.16 万亿元,同比分别增长 4.60% 和 5.72%;移动支付业务 346.53 亿笔,金额 131.58 万亿元,同比分别增长 6.24% 和 1.11%。

7. 网络购物

截至 2022 年 6 月,我国网络购物用户规模达 8.41 亿,较 2021 年 12 月减少 153 万,占网民整体的 80.0%(图 1-12)。

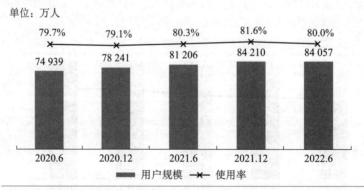

来源:中国互联网络发展状况统计调查 2022.6

图 1-12 2020 年 6 月—2022 年 6 月网络购物用户规模及使用率

数据显示,2022 年上半年全国网上零售额 6.3 万亿元,同比增长 3.1%。其中,实物商品网上零售额 5.45 万亿元,同比增长 5.6%,占社会消费品零售总额的比重为 25.9%,较 2021 年同期提升 2.2%。

随着越来越多互联网平台涉足电商业务,网购用户的线上消费渠道逐步从淘宝、京东等传统电商平台向短视频、社区团购、社交平台扩散。最近半年只在传统电商平台消费的用户占网购用户的比例为 27.3%,在短视频直播、生鲜电商、社区团购及微信等平台进行网购消费的用户比例分别为 49.7%、37.2%、32.4% 和 19.6%。

8. 在线旅行预订

截至 2022 年 6 月,我国在线旅行预订用户规模达 3.33 亿,较 2021 年 12 月减少 6 460 万,占网民整体的 31.6%(图 1-13)。

单位:万人

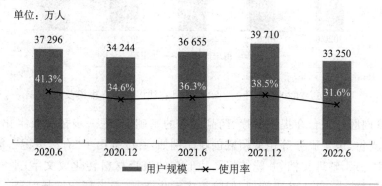

来源:中国互联网络发展状况统计调查　　　　　　　　2022.6

图 1-13　2020 年 6 月—2022 年 6 月在线旅游预订用户规模及使用率

企业加快推进对旅游产业链上下游的数字化改造,致力提升产业链各环节效率,更好地满足多层次、多样化、个性化的旅行消费需求。"旅游 + 科技"持续打造智慧旅游新生态。如携程通过大数据、人工智能、AR 等技术,积极拓展沉浸式、体验式、互动式消费新场景,推动旅游产业转型升级,打造智慧旅游新生态。

此外,"旅游 + 直播"日益受到用户青睐,微博数据显示,2022 年 1—5 月,微博旅游直播的累计观看次数较 2021 年同期提升 230%。

9. 网约车

截至 2022 年 6 月,我国网约车用户规模达 4.05 亿,较 2021 年 12 月减少 4 754 万,占网民整体的 38.5%(图 1-14)。

单位:万人

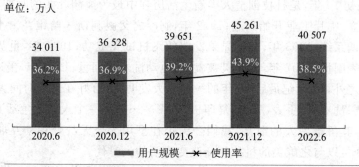

来源:中国互联网络发展状况统计调查　　　　　　　　2022.6

图 1-14　2020 年 6 月—2022 年 6 月网约车用户规模及使用率

10. 在线医疗

截至 2022 年 6 月,我国在线医疗用户规模达 3 亿,较 2021 年 12 月增加 196 万,占网民整体的 28.5%(图 1-15)。

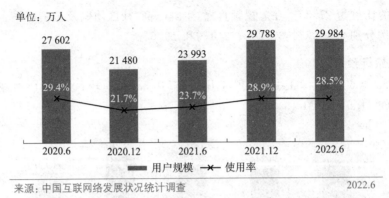

单位：万人

来源：中国互联网络发展状况统计调查　　　　2022.6

图 1-15　2020 年 6 月—2022 年 6 月在线医疗用户规模及使用率

大型互联网医疗平台在提供医疗、药品服务的基础上，进一步拓展数字化健康管理，推动保险、医保支付、医生服务等相关领域创新。例如，百度推出了"有医笔记"，能够帮助医疗行业人员快速记录、整理文档，并能够将图片形式的医疗材料转化成文字；平安健康在消费端和企业端同时发力，打造健康管理、保险等多元化产品，寻求新的增长引擎。

2022 年 1 月，工业和信息化部联合八部门发布《"十四五"医药工业发展规划》，提出积极发展新模式、新生态，适应智慧医疗、互联网医院快速发展趋势，形成医疗机构、药品生产经营企业、保险公司、信息技术服务商等共同参与的"互联网＋医药"新生态。2 月，国家卫生健康委员会和国家中医药管理局联合发布《互联网诊疗监管细则（试行）》，对从事互联网诊疗的医疗机构、医务人员、业务活动等提出了明确的监管要求，以进一步规范互联网诊疗活动，加强互联网诊疗监管体系建设，防范化解互联网诊疗安全风险，保障医疗服务安全和质量。

1.2　企业营销环境的变化

1.2.1　科技浪潮席卷全球

20 世纪的最初 10 年，是科技创造人类新生活历程中最为波澜壮阔的时期。1901 年，胜利留声机公司成立，唱片工业开始兴起；1902 年，制冷之父威利斯·哈维兰·卡里尔设计并安装了第一部空调系统；1903 年，莱特兄弟发明的飞机试飞成功；1904 年，世界上第一块能戴在手腕上的手表问世；1907 年，复印机被发明，电动洗衣机问世；1910 年，爱迪生发明了有声电影……除此之外，19 世纪最后 10 年的一些伟大发明，也恰好在这段时间大面积普及。

留声机、空调、洗衣机、手表、飞机、复印机、电影……那是一个人类的生活真正被科技创新所改变的时代，其留给后人的财富，我们今天仍在享用。今天身处移动互联网时代的人类，正在经历一个足以与之媲美的科技创新改变生活的大时代。

在过去的 50 多年间，人们一直以为计算机、互联网、移动通信的发展在改变世界，直到如今才恍然大悟，计算机、互联网和移动通信仅是人类改变世界的漫长的酝酿期，三者合而为一的移动互联网，才是真正改变世界的开始。当移动互联网与人们的生活、工作等各个层面开始融合，进行横向创新，一个崭新的世界正在揭开面纱。扫描右侧二维码观看互联网时代的企业营销环境微课。

微课：互联网时代的企业营销环境

从科技创新的角度来看,100 年前的科技变革推动的新生活变革,是科技推动下工具的进化。100 年后的移动互联网浪潮,则是科技推动下的人类大脑的"进化"。在这场进化中,工具不再是工具,而是人类大脑的延展,智能电视可以"读懂"观众的喜好,可穿戴设备可以实时监测身体状况,导航可以帮助司机选择最便捷的道路,手机扫一个条码就让你知道附近所有超市的同类商品价格,一个 App 就可以让人在一个陌生城市"衣食无忧"……因为移动互联网的存在,人与人、人与工具、工具与工具可以实现交互,很多工具开始成为人体的外延,替人做出更聪明的决策,让人变得更加智慧。

1.2.2　新消费、新零售

打开手机 App,浏览海量商品,选定目标下单,等待送货上门……如今,电商走进中国消费者的日常生活。中国零售业拥抱"互联网",给消费者带来选择更多、配送更快、品质更优的全新体验。

2021 年全国网上零售额达到 13.1 万亿元,较 2012 年增长 9 倍。电商在保持高速增长态势的同时,呈现出高质量发展新局面。社交电商、内容电商等新模式不断创新,电商与产业的融合持续深入,跨境电商发展得如火如荼……电商企业在运用互联网、大数据等新技术的过程中,积极探索创新,刷新消费体验,带动行业升级。

(1)配送时效更快。仓储建设布局更加合理、结合消费大数据的备货更加精准、投入智能设备的物流运转更加高效。电商物流正逐渐告别发展初期"爆仓"的尴尬,配送时效由以天为单位向以小时和分钟为单位迈进。

(2)商品选择更多。电商平台不断丰富购物品类,打造"一站式购物平台"。电商平台利用数据优势,为生产厂家提供更加精准的需求信息,帮助厂家生产更符合消费者需求的新产品。

(3)线上线下融合。线上走进线下,线下拥抱线上,双方实现优势互补,由相互竞争加快转向合作共赢。越来越多融合后的家电专卖店、无人便利店、生鲜超市出现在消费者身边,扫码自助结账、免费配送上门等新服务大幅改善了传统的线下消费体验。扫描右侧二维码阅读新零售重新定义"人货场"逻辑。

文档:新零售重新定义"人货场"逻辑

1.2.3　互联网改变衣食住行

互联网经济蓬勃发展,电子商务已成为我国经济的重要组成部分。除电子信息制造业、软件产业等与互联网本身的开发和应用紧密相关的基础性产业或行业高速发展之外,互联网技术广泛应用于各个方面,为我国的经济增长做出了直接的贡献,其中电子商务是互联网经济细分领域当中最为重要的部分。

1. 互联网改变服装生产与消费

服装行业作为与经济和居民消费水平关系密切的消费行业,所谓衣食住行,衣先行。近年来,随着互联网的不断发展以及消费习惯的改变,线上购物在服饰行业中所占比重不断增加。

目前,线上服装零售市场的主要参与者可分为向线上渠道扩张的传统线下品牌和与电商市场一同发展的互联网品牌两类。与以线下销售渠道为主的传统服装企业相比,伴随着互联网成长的线上服装零售企业凭借其独特的优势，在近些年迅速发展，已成为服装这个传统产业里不可忽视的一股新力量。

从大的品牌到小众服饰，个性定制越来越普遍，很多的基础工作服、时装、西服都开始个性化定制。

电商网站、社交媒体的崛起与快速发展也不断地改变着时尚设计，设计师们能玩的花样越来越多，流行周期也变得越来越短，潮流一浪接一浪地被互联网推着向前。

2. 互联网改变传统餐饮业

借助互联网，外卖实现了消费者从到店用餐，到足不出户享受美食的转变，受到越来越多人的青睐，成为当下餐饮业不可或缺的部分。

被移动互联网改变的，不仅是餐厅，还有每一个食客。人们去餐厅用餐，通常有几个让人头疼的环节：选择餐厅、预订餐厅、点餐。现在，围绕着 3 个"痛点"，形形色色的 App 在线提供帮助。在很久以前，身处陌生之地，如何判定哪家餐厅最好吃，自然是吃客最多的那家。现在，只要打开百度地图（图 1-16）、大众点评之类的应用，即便远在千里之外，也可以知道哪里有最好吃的餐厅，如何到达这家餐厅。与此同时，团购类应用，更是让食客们花最少的钱，吃到最划算的大餐。

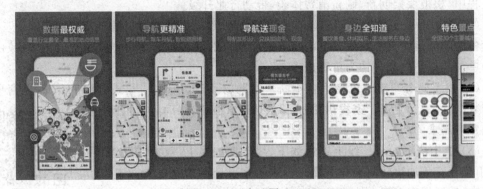

图 1-16　百度地图 App

互联网让餐厅变得透明，让食客变得聪明。难怪有人说："不要试图控制消费者，因为这是不可能的。现在的消费者是世界上最聪明的消费者，只有引导他们，让他们跟随你，喜欢你，主动告诉他们怎么分享，并给他们理由，才能让他们主动分享。"

"吃"是消费刚需，"互联网＋餐饮"的未来将长期向好。

3. 互联网改变"住"的问题

在解决住的问题上，蚂蚁短租做出了很好的尝试。通过整合大量活跃房东、高性价比房源及诸多真实需求房客，蚂蚁短租组成了良性的生态系统，而其中的重中之重则是信用体系的搭建。通过线上线下的持续努力，蚂蚁短租将优质可信、高性价比的房源展现在用户面前，使基于房产的 O2O 释放出巨大的市场价值。

互联网与衣食住行的横向整合与创新，有一个共性，就是打破了信息围墙，让衣食住行的每个环节尽可能地透明。让人们获取信息的成本更低，在任何场景、任何时候都可以非常便捷地获取信息。拥有了足够多的信息，人们不再需要"能掐会算"就能"一目了然"，每个消费者都是非常聪明的个体。

此外,像携程、去哪儿、穷游等旅游指南类应用则从游玩的维度改变人们的出游方式。在旅游前、旅游中和旅游后的全周期过程中,从旅游攻略、目的地指南、租车、订房、机票、导游等环节,各类旅游类 App 都占据了一席之地。移动互联网正在真正帮助人们实现个性化且实用的指引和消费,人们身处陌生之地可以与在家一样方便获取信息,让旅行成为生活的延伸。

4. 互联网改变人们的出行

长期以来,很多人被出行难所困扰。车站前排起长龙、上下班打不着车。2012 年,依托互联网,一批网约车平台相继诞生,改变了原有打车模式,为人们出行带来便利(图1-17)。以前打车,人们要在路边扬手招车,供需匹配效率低。有了互联网打车平台,出行需求与供给搬到网上,消除了信息壁垒,降低了出租车司机的获客成本,大幅提升了出行效率。

图 1-17　打车 App

无论从用户角度、公益角度还是商业角度,网约车都在做着一件正确的事情。一边是乘客,一边是出租车司机,乘客的诉求是打到车,司机的诉求是降低空驶率。过去,一个司机每天空驶率大概是 30%,如何对接乘客与司机的需求,降低空驶率,网约车做了这样一件改变人们打车习惯的事情,打车不是去站在路旁招手,而是打开手机上的打车 App,输入目的地,信息就会被推送给附近的出租车司机。

网约车平台不仅解决了打车难题,还丰富了市场供给。借助互联网平台,许多私家车以共享的方式进入市场,以"快车""专车""顺风车"等形式,满足了消费者多样化的出行需求。

目前,"互联网"出行已是多业态、多形式全面开花。共享单车的出现有效解决了交通出行"最后一公里"的问题,带动了绿色、健康出行;汽车租赁、拼车代驾等新业态的发展,盘活了汽车市场,吸引更多传统车企转变经营理念,由汽车制造商向出行服务商转型。

■ 想一想

除了以上提到的这些,生活中还有哪些方面因为互联网而发生大的改变?

1.2.4　下沉市场潜力的挖掘

1. 下沉市场崛起

近年来,以快手、拼多多、趣头条为代表的互联网公司,通过高速的用户增长不断诠释着下沉市场的无限可能。

比如,在下沉市场风头正盛的拼多多,正是满足了一部分下沉市场的用户对于廉价商品的需求,从而轻松获得大量四五线城市以及农村乡镇地区的用户。成立三年就赴美上市,也彻底撬开了这片长期以来被广大投资人忽视的广阔天地,同时让那些困在一二线城市的商家看到了希望的曙光。

通俗来说,下沉市场就是指三线及以下的城市、县城、乡镇与农村地区的市场合称。

随着一二线城市竞争日益激烈,发展也趋于饱和,再加上流量红利也在逐渐削减,当下的下沉市场成为诸多商家的必争之地。几乎大家能够想到的商业形式,都处于下沉进行时或即将下沉。

这块市场也开始被大家赋予新的称呼:"五环外的人群""小镇青年""下沉市场"。

2. 农村电商异军突起

2009 年,三个"淘宝村"被发现,此后便如雨后春笋般生长(图 1-18)。阿里研究院最新研究结果显示,2021 年淘宝村数量已突破 7 000 个,达到 7 023 个,较 2020 年增加 1 598 个,连续四年增量保持在 1 000 个以上。

来源:阿里研究院,2021年9月

图 1-18   2009—2021 年全国淘宝村总量、增加量与增速

作为其中的典型案例,江苏省沙集镇的村民依靠"一根网线"创造财富的事迹被广为传颂,沙集镇也从之前的经济落后地区变为网店年销售总额超 135 亿元的"电商之乡"。

近年来,商务部大力推动现代流通体系建设,成效显著。农村网络补短板,累计支持1 489 个县开展电子商务进农村综合示范,建设县级物流配送中心 1 212 个。

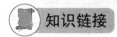 知识链接

根据阿里研究院制定的淘宝村标准,在农村地区,以行政村为单元,电子商务年销售额达到 1 000 万元,本村活跃网店数量达到 100 家或当地家庭户数的 10%,就可以认定为"淘宝村"。

1.3   互联网终端的拓展

基于智能手机终端,ToC 的移动互联网应用快速崛起,提供了覆盖生活、工作的全方位服务,构建起以阿里、腾讯、百度、美团、滴滴、字节跳动等为首的互联网行业格局。智能手机

作为这些服务对接用户的最重要载体,已无处不在,成为"社会人"不可或缺的必需品。

当智能手机成为个人连接世界的入口和个人计算机中枢时,围绕智能手机的一些可穿戴设备也开始崛起。与智能手机不同,可穿戴设备正在试图让这些移动互联网设备更加贴近成为人类身体的一部分。

可穿戴设备的不断创新,正在让人体也成为移动互联网时代 IP 终端。人类生理指标有上千种,包括血糖、肺活量、血压等,这些复杂的指标共同显示了人体的健康状况。为了让这些指标达到健康的要求,人们需要保持适当的运动量。健康类的可穿戴设备如智能手环(图 1-19)可以实时监控运动量和各项生理指标,并智能地提供科学运动建议。

图 1-19　智能手环

人体活动时可以产生不同的数据。这些数据不断积累,将形成一个庞大的市场。互联网铸就的大数据时代下,人体数据已经成为潜在的探索目标,不仅为了身体的监测,更为了智能的生活。

智能手机无疑是最具影响力的一类智能终端,但智能终端家族并不局限于此。小到各类传感器、大到智能汽车,智能终端的种类已经很多,也被越来越多的用户所接受。

例如,较常见的智能音箱,通过语音交互解放了用户的双手;智能冰箱等智能家电,通过自动感知自身服务状态甚至住宅空间状态,接受远程指令,解决用户的异地服务问题。

除了以上种种,在过去的几年,国人更加真切地感受到移动互联网对生活的重大改变。不必打开计算机,人们就可以通过移动的传播媒体随时随地阅读新闻,通过移动的社交平台联络朋友,通过电商网站购买商品。人们几乎可以随时随地通过移动互联网从事生活必需的所有活动。

而多样化的智能终端、多样化的功能、多样化的操作系统、多样化的应用需求,催生了互联网应用的新赛道。在智能手机之外,智能终端的功能更为丰富,仅以智能娱乐设备为例,运动传感、虚拟现实等,各类娱乐应用想象空间巨大,能够容纳更多互联网玩家。

1.4　网络营销的特点与职能

1.4.1　网络营销的概念

网络营销,也称网上营销或电子营销,指以现代营销理论为基础,借助网络、通信和数字媒体技术等实现营销目标的商务活动。为用户创造价值是网络营销的核心思想,基于互联网工具的各种方法是开展网络营销的基本手段。网络营销是企业整体营销战略的一个组成部分。

在理解网络营销概念的时候，需要注意网络营销与传统营销、网络营销与网上销售、网络营销与电子商务之间的联系与区别。

1. 网络营销不是孤立存在的

网络营销是企业整体营销战略的一个组成部分，网络营销活动不能脱离一般营销环境而独立存在。在很多情况下，网络营销理论是传统营销理论在互联网环境中的应用和发展。

2. 网络营销不等于网上销售

网络营销是为最终实现产品销售、提升品牌形象的目的而进行的活动，网上销售是网络营销发展到一定阶段产生的结果，因此网络营销本身并不等于网上销售。网络营销是进行产品或品牌的深度曝光。

3. 网络营销不等于电子商务

网络营销和电子商务是一对紧密相关又具明显区别的概念，两者很容易造成混淆。电子商务的内涵很广，其核心是电子化交易，电子商务强调的是交易方式和交易过程的各个环节。网络营销的定义已经表明，网络营销是企业整体战略的一个组成部分。网络营销本身并不是一个完整的商业交易过程，而是为促成电子化交易提供支持，因此是电子商务中的一个重要环节，尤其是在交易发生前，网络营销发挥着主要的信息传递作用。

1.4.2 网络营销的特点

移动互联网给商业模式带来了巨大的变化和挑战。如今的移动互联网平台，相关应用程序开发和移动互联网广告等已经成为企业营销的标准配置，网络营销呈现出了一些新特点。

1. "人机合一"的关系将更加牢固

我们不仅置身在传统互联网中，而且已经被移动互联网"包围"。随着智能手机和平板电脑的普及，移动互联网已经融入我们的生活，潜移默化地改变着我们的生活方式。智能手机用户无论在家里、旅途中、乘坐交通工具，还是在餐厅及商场消费，随时随地都在使用智能手机。移动设备已成为人们生活中最重要的科技产品之一，"人机合一"的关系将更加牢固。

2. 本地化趋势将越演越烈

移动互联网服务使大家可以"随时随地"获取各种信息，这也正是移动互联网的魅力所在。移动互联网在提供各种基础性服务的同时，必须首先满足这种本地化服务需求。例如，车需要加油了，那么最近的加油站在哪里？利用移动互联网就可以很好地满足这一需求。

3. 随时服务

网上订购，通过移动应用对产品信息的了解，可以及时在移动应用上下单或是链接移动网站进行下单。顾客交流和反馈，利用手机和网络，易于开展制造商与客户之间的交流。客户喜爱与厌恶的样式、格调和品位，也容易被品牌方一一掌握。

4. 跨时空

营销的最终目的是占有市场份额。移动互联网具有的超越时间约束和空间限制进行信息交换的特点,使脱离时空限制达成交易成为可能,企业能有更多的时间和空间进行营销,可以每周 7 天,每天 24 小时随时随地提供全球的营销服务。

5. 精准营销

通过可量化的精确的市场定位技术突破传统营销定位只能定性的局限,借助先进的数据库技术、网络通信技术及现代物流等手段保障和顾客的长期个性化沟通,使营销达到可度量、可调控等精准要求。市场定位技术摆脱了传统广告沟通的高成本束缚,使企业低成本快速增长成为可能,保持了企业和客户的密切互动沟通,从而不断满足客户个性需求,建立稳定的企业忠实顾客群,实现客户链式反应增值,从而达到企业的长期、稳定、高速发展的需求。

6. 连接消费者与产品

首先,消费者的决策路径,不再如传统的漏斗状,而是变成了一个紧紧相扣的模式。当消费者处于一定的情景中,看到某一款产品,便能够迅速地查找该产品的相关信息,如果想要购买,瞬间就可以买到。所以,对于消费者而言,一个更加紧密的过程实现了。其次,在这样的决策路径中,环节是可以被跳过的。在整个过程中,并非每一个环节都必须实现,而是可以链接的。因为在移动互联网上,消费者可以迅速地查到相关产品和品牌的信息,迅速地购买想要的产品,正如,在社交媒体上,大部分销售界面都会有一个支付的按钮。因此,消费者的决策路径就变成了一个链接的方式。品牌和产品需要密切关注各种新的触点,及时截获消费者的兴趣,转化为消费者的购买行动。

1.4.3　网络营销的职能

认识和理解网络营销的职能和作用,是网络营销的前提和基础。网络营销的职能如下。扫描右侧二维码观看网络营销的基本内容微课。

微课:网络营销的基本内容

1. 信息传播

企业信息传播是网络营销的一个基本职能。网络营销信息传播就是将企业相关信息以高效的互联网手段传递到目标用户、合作伙伴、公众等群体,离开有效的网络营销信息源,网络营销就失去了意义。因此,信息传播是网络营销的基本职能之一。传播信息的渠道包括官方网站、官方博客、官方 App、官方社交网络账号等。充分利用各种信息传播渠道,是扩大信息可见度、实现网络信息传递的基础。

互联网的信息传播功能,是古往今来任何一种工具都无法比拟的。更加值得一提的是,在网络营销中,网上信息发布以后,可以能动地进行跟踪,获得回复,可以进行回复后的再交流和再沟通。

2. 网络品牌建设

网络营销的重要任务之一就是在互联网上建立并推广企业的品牌,以及让企业的线下品牌在网上得以延伸和拓展。网络营销为企业利用互联网建立品牌形象提供了有利的条件,无论是大型企业还是中小企业、其他机构或个人都可以用适合自己的方式展现企业品牌形象。移动互联网的发展为网络品牌提供了更多的展示机会,如建立在各种社交网络平台的企业账户、企业 App 等,网络品牌价值是网络营销效果的表现形式之一,通过网络品牌的价值转化实现持久的顾客忠诚和更多的收益。

3. 销售促进

营销是为最终销售提供支持,网络营销也不例外,各种网络营销方法大都直接或间接具有促进销售的效果,同时还有很多针对性的网上销售手段(如网络优惠券、团购、积分等)。这些促销方法并不限于对网上销售的支持,事实上,网络营销对于促进线下销售同样很有价值。

4. 在线销售

在线销售是企业在互联网上的延伸,也是直接的销售渠道。一个企业无论是否拥有实体销售渠道,都可以开展网上销售。网上销售渠道包括企业自建的官方网站、官方商城、官方 App,以及在第三方电子商务平台上的网上商店、通过社交网络(如微店),参与团购、加盟某 O2O 网络成为供货商等。当前在线销售正发挥着越来越重要的作用,许多新兴的企业甚至完全依赖在线销售。

5. 顾客服务

互联网提供了方便的在线顾客服务手段,从形式简单的 FAQ(常见问题解答)到在线论坛、即时信息、网络电话、网络视频、SNS 社交网络等,均具有不同形式、不同功能的在线沟通和在线服务的功能。在线顾客服务具有成本低、效率高的优点,在提高顾客服务水平、降低顾客服务费用方面具有显著的作用,同时也直接影响网络营销的效果,因此在线顾客服务成为网络营销的基本组成内容。

6. 客户关系管理

客户关系管理源于以客户为中心的管理思想,是一种旨在改善企业与客户之间关系的新型管理模式,是网络营销取得成效的必要条件,是企业重要的战略资源。

网络营销的基础是连接,尤其是在网络营销的粉丝思维和生态思维模式下,顾客是社交关系网络中最重要的环节,对于促进销售和开发顾客的长期价值具有至关重要的作用。建立顾客关系的方式可以是微博、微信、微社群等社会化网络,连接更为紧密、沟通更加便捷。顾客关系资源是企业网络营销资源的重要组成部分,也是创造顾客价值、发挥企业竞争优势的基础保证。

在传统的经济模式下,由于认识不足,或自身条件的局限,企业在管理客户资源方面存在着较为严重的缺陷。针对上述情况,在网络营销中,通过客户关系管理,将客户资源管理、销售管理、市场管理、服务管理、决策管理集于一体,将原本疏于管理、各自为战的销售、市场、售前和售后服务与业务统筹协调起来。既可以跟踪订单,帮助企业有序地监控订单的执行过程,规范销售行为,了解新、老客户的需求,提高客户资源的整体价值;又可以避免销售隔阂,帮助企业调整营销策略。收集、整理、分析客户反馈信息,全面提升企业的核心竞争能力。客户关系管理系统还具有强大的统计分析功能,可以为企业提供"决策建议",以避免决策的失误,为企业带来可观的经济效益。

7. 网上调研

网上市场调研具有调查周期短、成本低的特点。网上调研不仅为制定网络营销策略提供支持,也是市场研究活动的辅助手段之一,合理利用网上市场调研手段对于市场营销策略具有重要价值。网上市场调研与网络营销的其他职能具有同等地位,既可以依靠其他职能的支持而开展,同时也可以相对独立运行,网上调研的结果反过来又可以为其他职能更好地发挥提供支持。

8. 经济效益增值功能

网络营销会极大地提高营销者的获利能力,使营销主体提高或获取增值效益。这种增值效益的获得,不仅由于网络营销效率的提高,营销成本的下降,商业机会的增多,更由于在网络营销中,新信息量的累加,使原有信息量的价值实现增值,或提升其价值。这种无形资产促成价值增值的观念和效果,既是前瞻的,又是明显的。

网络营销的各个职能并非相互独立的,而是互相联系、相互促进的,网络营销的最终效果是各个职能共同作用的结果。

1.5　网络营销策划

1.5.1　营销策划及相关概念

网络营销策划是企业通过激发创意,有效地配置和运用自身有限的资源,选定可行的营销方案,达成预定的目标或解决某一具体营销问题。营销策划虽然不能保证企业绝对成功,但可以保证企业少走弯路。扫描右侧二维码阅读活动运营策划思路。

文档:活动运营
策划思路

1. 营销策划与经营决策

企业的经营决策包括两个阶段:一是在决定之前需要根据企业的发展目标制订相应的营销方案,通过比较和调研来决定怎么做;二是在决定后如何去执行和实施,从而达到预期的营销目标。在以上两个工作阶段中都需要进行策划,没有策划,就不会有有效的决策,甚至会导致企业做出错误的决策。

2. 营销策划与建议

建议本身不是策划,但它可以成为策划的依据。再好的建议若没有进行细致的策划,都会被浪费。合理化的建议是很宝贵的,但建议再多再好,只要是没有进行策划,使之有针对性地融入企业的营销发展之中,那么也是空话。

3. 网络营销策划与点子

点子是营销策划中某一个具体实施方面的创意,点子在没有经过细致的市场调研和分析,并将之与企业的发展紧密结合之前,它是空泛的。只有将其进行丰富和完善之后才是策划。营销策划除了要为企业目前的营销工作服务,更要符合企业长久发展的基本原则,只图短期促销效果的点子和创意,是不能为企业的长久发展提供支持的。

1.5.2　网络营销策划准则

1. 全面考虑问题

网络营销策划的内容是营销基本要素的综合运用,在进行网络营销策划时,必须全面综合考虑问题。

2. 从市场出发

网络营销策划是一个获得信息、处理信息并根据信息进行运作的活动，所以，必须注意对市场信息的收集和分析。

3. 重视营销创意

创意是网络营销的核心竞争力。营销策划的内容一定要独特、新颖，特色突出，创意要有独特性。此外，创意要有实现的可能，要与企业现有的资源相结合，才能最终实现目标、解决问题。

4. 要考虑效益

任何营销策划都是为企业效益服务的，一个优秀的策划，它的衡量标准就是其执行结果必须产生良好的效益。

5. 避免冲突、随机应变

在进行网络营销策划时，需要时刻注意外部环境的变化，根据变化及时调整相应的方案，做到随机应变、避免与外部环境冲突。

6. 团队意识与分工协作

一是团队之间可以有效地进行知识和经验互补；二是通过分工，缩短策划时间；三是策划者与执行者紧密合作，时刻沟通。

1.5.3　网络营销策划的基本流程

一般来说，网络营销策划可以按照以下步骤展开：明确网络营销策划目标→进行网络市场调研→策划的创意构思→形成营销策划方案→方案的执行与控制→总结与分析。

1.6　企业对网络营销人才的需求

网络营销是一个新兴而热门的领域，在这个领域中，人才的稀缺以及人才培养的滞后是企业网络营销工作的巨大障碍。一项调查研究显示：目前有83％的企业互联网营销人员，都是由对市场有经验、但对互联网营销并不太熟悉的传统营销人员来负责的，或是其他岗位的员工兼任营销工作。这些人一般不了解如何高效地开展互联网营销，因为互联网营销除销售产品以外，还有提升企业价值、加强与客户之间的沟通和优化顾客服务等作用。企业想要做好互联网营销的工作，首先必须建立一个专业的营销团队，其中包括以下典型岗位。

1.6.1　产品经理

当谈及产品经理的重要性时，不得不提到产品经理的职责。产品经理的主要职责是在充分了解客户需求后，构思出一个产品或服务帮助他们解决问题，再结合公司当前拥有的资源和资金，使构思出的产品或服务上线，对产品或服务进行更新迭代以及对整个生命周期负责。

用户的需求永远是产品设计的核心。此外，产品经理还要重点关注产品或服务的核心能力，把功能和性能发挥到极致，帮助用户解决某一方面的需求。如果这些功能已经是同类产品都有的,那么就会使用户缺乏惊喜感,从而失去他们对于企业产品的认同感。因此,产品经理在设计和开发阶段就应该考虑哪些方面会被用户拿来与竞争对手做比较。同时,产品经理在设计产品时,不能只覆盖显而易见的特性,还要考虑产品所提供的整体服务流程和公司成本。

1.6.2　互联网运营

互联网运营就是以企业产品或服务的销售为目标,以各类文字、图片、视频等为内容,以网站、搜索引擎、新媒体等工具为载体,进行统筹规划的行为,这种行为包括企业的产品或服务的设计、营销推广、数据分析、用户分析、优化改进等。

例如,一个 App 要上线,上线前和上线后,运营就发挥着很大的作用。上线前后都需要和产品、研发、推广、文案、设计等人员进行沟通,进行统一设计等。上线时需要推广宣传,这时就需要通过各种社交渠道来推广这个 App 了,包括做线上或线下活动、社群、SEO、SEM、跨界合作等。运营还需要统筹规划好,例如,预算、风格、理念、周期、阶段性复盘等工作,运用一切可以运用的渠道去推广这个 App。

按照岗位类型,运营可细分为市场运营、用户运营、内容运营、社区运营、商务运营、产品运营、活动运营、社群运营、渠道运营、SEO 运营、SEM 运营、网站运营等。按照产品类型,运营又可分为 B 端和 C 端两种类型。

1.6.3　网络推广

网络推广就是通过互联网的方式将自己的产品推广出去,获得更多的流量以及关注度,可以通过搜索引擎、电商平台、社交平台、自媒体等各种方式推广。要想完成网络推广工作,通常需要以下技能。

1. 网络使用能力

熟悉互联网的使用,熟悉微博、微信、短视频、各种自媒体等网络营销工具的使用。

2. 资源利用能力

学会搜集、利用如搜索引擎、行业门户、各类自媒体、素材网站等各类网站的资源。

3. 网页制作能力

了解网站的整体架构,熟悉构建网站的各项元素。了解构建网站的编程语言,包括目前流行的 H5 响应式网页设计。网络营销推广人员对网页设计应该有初步的知识,最起码对于网页设计的基本原则和方法有所了解,特别是想要做好 SEO(search engine optimization,搜索引擎优化)就必须要精通 HTML 语言,只有懂得以上技术,才能知道策划的方案是否合理,以及是否可以实现。

4. 网页优化技术

网络营销推广是通过一个个的网页进行营销推广活动的。所以,每个网页的排名是极为重要的,这就需要专业的 SEO 技术。如果用户在搜索相关结果时,企业相应的推广页面不能得到良好的排名,则营销能力会大打折扣。并且,搜索引擎是每个网站必备的功能,所以,专业的 SEO 技术是必备的功底,也是网络营销工作者必须精通掌握的一种网络营销技术。

5. 文字表达能力

如何在网络上把产品表达清楚，是网络营销人员必须具备的基本能力。而这个能力不是与生俱来的，只有通过不断地训练，才能写好网络营销的文案。特别是软文广告的编写，更是离不开较强的文字表达。

6. 网络交流能力

网络营销推广的最主要任务是利用互联网的手段促成营销信息的有效传播，而交流本身是一种有效的信息传播方式，如网络社区、公众号、专栏文章等都需要直接参与。网络营销人员还要具备在网上同客户交流的能力，包括产品的询问、价格的咨询、促成客户下单等基本网络交流能力。

1.6.4　文案编辑

文案编辑工作是一个企业品牌推广最核心的工作之一。文案的终极目的是销售。因为好的文案能让用户过目不忘，直达心扉，引起共鸣，从而激起他们购买的欲望。文案编辑的作用有很多：首先，它能为企业的客户建立一种熟悉感，使他们对企业的产品或服务产生偏爱；其次，文案可以传递企业想要向消费者传达的信息，从而使消费者了解你的产品或服务是什么、能为他们带来什么好处等；再次，文案能起到提醒、暗示的作用。不妨换位思考，当临近节日时，如果商家不断地提醒你，不断用广告文案暗示你、鼓励你，你是不是会产生消费欲望？最后，优秀的文案编辑能为企业的产品或服务带来附加价值。企业通过一系列的策划和推广，可以进一步为产品或服务附加各种无形的价值，这样可以让消费者产生超额满足感。

1.6.5　视觉设计

产品和网站的设计是一门大学问。简约整洁的网站平台在视觉上会给消费者带来很强的冲击，激发用户兴趣。在现今的经济社会背景之下，视觉传达设计不再局限于它的艺术性，而是通过具有经济实用的形式展现给用户。视觉传达设计对企业来说有着多方面的影响，例如，视觉传达艺术可以促进企业产品或服务的销量、提升企业的核心竞争力、有助于打造企业品牌、推动企业的经济效益快速增长。

1.6.6　销售客服

客户关系对于现代企业经营来说有着非常大的意义。它是一个获取、保持和增加可获利客户的过程，通过将人力资源、业务流程与专业技术进行有效的整合，让企业可以最大限度地提高客户满意度及忠诚度，挽回失去的客户，保留现在的客户，发展潜在的客户。

如今，销售客服几乎成为所有公司和客户沟通的桥梁，或公司与客户交流的窗口。通过销售客服，企业能够在第一时间为客户提供满意的服务，解决问题，配合新业务的推广宣传正确引导客户，了解客户的评价，从中吸取好的建议，并且不断进行改进。所以一个营销团队里没有客服，那么企业就缺少了与客户沟通的渠道，也会容易变得故步自封，对未来的发展产生不良影响。

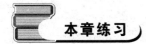 **本章练习**

思考与讨论

1. 查阅资料,理解"互联网＋"的概念。

2. 网络营销与电子商务的关系。

3. 线上营销与线下营销的关系。

4. 结合自己的感受,分析网络营销给我们的生活带来了哪些改变。

网络实践

1. 查阅资料,了解互联网思维应用的一些企业典型案例。

2. 登录 CNNIC 网站,查阅历次中国互联网络发展状况统计报告,了解我国互联网络的发展过程。

3. 登录招聘网站,了解你所在的城市企业对网络营销人才的需求。

创新·创意·创业

结合本章所学,认真思考,假设有机会创业,你会选择一个什么样的创业领域和创业项目。注意:后续章节本环节的练习都将基于本次选择的项目展开。

项目名称:_____

选择理由:_____

_____

_____

_____

_____

第2章

互联网时代的营销思维

本章内容提要

互联网时代,企业的营销环境发生了根本性的变化,传统的营销方式逐渐失效。所以企业必须更新观念和思维,并在营销活动中自觉运用互联网的思维方式思考和实施网络营销活动。

本章将从互联网思维、流量思维、大数据与精准营销、长尾理论、共享经济等方面学习网络营销新思维。

学习目标

知识目标

(1) 理解互联网思维的含义,以及典型的互联网思维方式。

(2) 理解流量思维的含义,理解私域流量对企业的重要价值和意义。

(3) 理解大数据与精准营销之间的关系,理解大数据在营销中的重要作用。

(4) 理解长尾理论的含义,熟悉常见的长尾现象。

(5) 理解共享经济的基本原理,了解共享经济在我国的发展情况。

技能目标

(1) 能够将互联网思维应用于网络营销活动中。

(2) 能够规划企业的流量管理,构建私域流量。

(3) 能够在长尾理论的指导下发现长尾市场。

(4) 能够运用大数据与精准营销思想解决企业具体的营销问题。

(5) 能够在共享经济思想的指导下参与相关领域的经济活动。

素养目标

(1) 能够突破自我,拥抱变化。

(2) 培养严谨、科学、创新的思维。

(3) 能够创造性地运用互联网思维思考解决不同领域的问题。

(4) 对一些典型的社会经济现象能够做出理性客观的分析和评价。

(5) 了解和学习国家的相关产业政策,如关于促进共享经济方面的政策。

 引导案例

共享经济正在改变我们的生活

随着互联网、通信技术的发展,共享经济作为一种新兴的商业模式,在国内外迅速崛起,正在强势影响并改变着人类的生产和生活方式。

共享经济是利用互联网等现代信息技术,以使用权分享为核心特征,整合大量分散的资源,满足市场多样化需求的经济活动。共享经济的含义已从最早的新消费观念逐渐丰富了起来,主要特征包含新兴技术、新兴行业、新兴消费方式等方面,是适应信息社会发展的新业态、新模式、新理念。

2012 年,共享出行在国内上线,揭开了中国共享经济的序幕。自诞生以来,网约车便以价格低廉、方便快捷、可选择性多等优势获得了消费者的青睐。

网约车满足了市民出行需求,从各个方面缓解了大城市交通拥堵和资源紧张的问题。与传统出租汽车相比,网络预约出租车通过在线叫车的方式,节省了乘客用车的等候时间,提高了出行效率,同时避免了毫无目的的揽客模式,减少燃料费用的开支,减轻了交通压力,避免了资源的浪费,达到社会、乘客、从业者等多方的互利共赢局面。网络预约出租车还可以方便直观地监控到车辆的行驶状态、当前位置等信息,对于老人、小孩等弱势群体的出行更有安全保障。

在解决出行"最后一公里"方面,共享单车已经成为越来越多的人生活的一部分。共享单车代表了创新的绿色出行理念,比固定地点停放的公共自行车方便快捷,对于减轻雾霾、减轻拥堵,都有积极作用。

随着移动互联网的发展,尤其是近年来"互联网＋行动计划"和"大众创业、万众创新"的推进,共享模式成为众多创业者的重要选择。2015 年,被认为是中国共享经济的元年,共享经济的风口几乎吹遍了各个行业,共享充电宝、共享 Wi-Fi、共享雨伞、共享篮球、共享复印打印机、共享洗衣机、共享车位、共享充电桩、共享汽车、共享快递柜、共享健身房等共享项目层出不穷。

2022 年 2 月,国家信息中心发布了《中国共享经济发展报告(2022)》。报告显示,2021 年中国共享经济市场交易规模约 36 881 亿元,同比增长约 9.2%,增速较 2020 年明显提升,继续呈现出巨大的发展韧性和潜力。

纵观国家层面和各地出台的一系列面向"十四五"的规划文件可以看出,共享经济新业态、新模式将迎来新的发展机遇。国家"十四五"规划纲要明确提出,要"促进共享经济、平台经济健康发展"。预计受政策利好影响,我国共享经济行业将会得到不断发展。

2.1　互联网思维

互联网思维是在"互联网＋"、大数据、云计算等科技不断发展的背景下,对市场、用户、产品、企业价值链乃全对整个商业生态进行重新审视的思考方式,并用互联网的运营方式去解决产品的销售、推广、运营的思路。

互联网时代的思维方式,不再局限于互联网产品、互联网企业。这里指的互联网,也不单是指桌面互联网或移动互联网,而是泛互联网,因为未来的网络形态一定是跨越各种终端

设备的，例如台式机、笔记本、平板、手机、手表、眼镜等。

互联网思维具体体现在以下几个方面。扫描右侧二维码观看互联网思维微课。

微课：互联网
思维

2.1.1 用户思维

简单来说，用户思维就是以用户为中心，针对用户的各种个性化、细分化需求，提供各种针对性的产品和服务。用户思维应该贯穿企业经营的始终。

用户思维要求企业去研究目标用户是谁，用户想要的是什么，怎样满足目标用户的需求。

在"以企业为中心"的工业经济背景下，往往由企业主导，传播方式是企业自说自话，产品研发消费者无法参与。在"以用户为中心"的互联网时代，消费者的话语权日益增大，并且影响着企业各环节的决策，以小米为代表的新经济企业，使用户越来越广泛地参与产品研发和品牌建设环节之中。

用户思维的另一个典型代表是海底捞。海底捞的特色在于他们的服务，每个细节都从用户的角度出发设计。从顾客取单号排队开始，海底捞就为顾客免费提供各种服务，如茶水、甜点、水果等，提供的这些吃食随着每个地区不同、季节的变化而变化。同时，为了缓解顾客等待时的无聊，海底捞为顾客提供了各种游戏道具、各种消遣方式打发时间，尤其是针对女性消费者，甚至提供了美甲服务，可谓将用户思维发挥到了极致。

2.1.2 简约思维

互联网时代，信息过剩，用户的耐心越来越少，所以，企业必须在短时间内抓住用户。互联网产品设计中遵循简约思维至关重要，推出的产品要让用户使用简单方便。企业想要将产品做到简约，可以参照以下两条标准。

1. 少即是多

移动互联网环境下，用户获取信息的成本极低，转移的成本更低，必须快速抓住消费者的注意力。而简约意味着专注，意味着明确、强调和放大亮点，意味着突显企业的核心价值。

简约思维是产品设计首要考虑的问题，如百度就散发着这种简约思维的魅力。当打开百度时，只看到一个简单的搜索框。

当然，说的简约不等于简单。那些看似简约的设计，其实都是经过设计师的不断打磨，从极其复杂的设计中提炼出核心元素，才逐渐成形的。甚至可以说，那些看似简单的东西，往往都经历过最复杂的选择和变更过程。

2. 简约即是美

这就要求企业在设计产品的时候学会做减法。产品的外观要简洁，内在的操作流程要简化。

一般的企业做产品总是贪大求全，总想要为用户制造出功能更加强大的产品，殊不知，用户并不需要那些多余的功能。他们只需要那些最能帮他们解决问题、简单易操作的产品。

2.1.3 极致思维

极致思维是关于产品和服务体验的一种思维方式，要求企业把产品、服务和用户体验做到极致，超越用户预期。苹果在设计产品上就是极致思维的典型代表。

极致思维要求企业做到以下两点。

(1) 打造让用户尖叫的产品,即需求一定要抓准。第一,抓痛点,用户需求必须是刚需,是用户急需解决的问题;第二,发现痒点,即工作和生活中有别扭之处,既乏力又欲罢不能的点;第三,制造兴奋点,需要企业去创造兴奋点,给用户带来"wow"的感觉,即惊讶的、惊喜的、惊叹的感觉。

(2) 服务即营销,产品的体验及服务也需要做到极致。

2.1.4 迭代思维

"迭代"是从一个普通的数学概念发展到软件开发的一种模式,又进一步发展成为贯彻于产品设计与商业模式创新的一种经营思路。

迭代思维体现在产品层面就是允许不足,不断试错,通过持续迭代,实现产品的优化升级。迭代思维有两个关键,一个是微,一个是快。微是针对用户需求的微创新,持续创新;快是指基于用户的需求做出快速反应。迭代思维要求企业做好以下几个方面。

(1) 竞品分析,人有我优,人无我有。

(2) 从自身做起,微创新。了解市场,跟踪最新的技术趋势,抓住现有技术和用户需求的契合点,挖掘需求,运用新技术解决用户的老问题。

(3) 用户的需求快速变化,因此速度往往比质量更重要,先占领市场,再去巩固。

(4) 闭环,生态。通过迭代达到产品的一个闭环,甚至形成一个生态链,保持健康发展。

2.1.5 社会化思维

社交网络服务(social networking services,SNS)是指用于帮助人们建立社会性网络的互联网应用服务。SNS营销则是指借助SNS社交平台的各种功能进行宣传推广,为企业的核心目标服务,如产品的转化、品牌的传播等。SNS营销也可以理解为社区营销,这是随着网络社区化的兴起而出现的营销方法。常见社交媒体包括微博、微信、小红书、抖音等。

社会化思维是指组织利用社会化工具、社会化媒体和社会化网络,重塑企业和用户之间的沟通关系,以及组织管理和商业运作模式的思维方式。社会化思维是对传播链、关系链的理解,社会化商业的核心是网,企业所面对的员工和用户都是以"网"的形式存在,沟通和交流更加便捷,这将改变企业生产、销售、营销等整个形态。

运用社会化思维可以遵循以下原则。

1. 基于平等的双向沟通

对于用户,"人人都是自媒体",正在从被动变为主动,从单向接收信息变为双向交流信息。对于企业,要善于聆听,引导用户说真话,建立平等沟通的氛围,树立社会化形象和品牌定位,要有一个吸引用户的线上品牌定位,与粉丝建立长期的互动机制,巧妙地将品牌诉求点和热点话题结合,将产品与热点事件联系起来,社会化媒体重视关系,通过互动在用户群体中形成品牌调性。

2. 基于关系的链式传播

要重视挖掘关系层的价值,将其演化成独特价值,把关系做小还是做大,是做"强关系"还是做"弱关系",是做"小网络"还是做"大网络",如何利用社交关系进行基于关系的链式传播,这些都需要运营者认真思考。

3. 基于信任的口碑营销

熟人之间不缺信任，并且很容易形成良好口碑，每个人都是高可信度的节点，都有通过增加信任来降低交易成本的潜意识需求。

4. 基于社群的品牌共建

社会化电商的核心竞争力在于人的聚合，未来商业将围绕目标群体的社区展开，通过品牌社区，将目标用户联系起来，成为品牌的拥护者和信息传递者，品牌传播从"知道、购买、忠实"变成了"忠实用户、扩散知名度、更多用户"。

2.1.6 跨界思维

随着互联网和新科技的发展，很多产业的边界变得越来越模糊，互联网已经渗透到制造、零售、娱乐、交通、金融、电信、媒体等各个领域。

跨界思维就是要用跨界的眼光去发现新的机会，用跨界的思维去整合资源。跨界是打破自己思维的条条框框，在更广阔的领域找到新的机遇。可以说，跨界思维已成为当前企业商业模式打造过程中的一种流行的、不可或缺的商业思维模式。扫描右侧二维码阅读故宫与百雀羚跨界营销。

文档：故宫与百雀羚跨界营销

商业经营中常见以下几种跨界。

（1）渠道的跨界。如京东原本是一家线上购物平台，但是近几年来，京东发挥品牌优势，把触角伸向了线下，在国内很多城市纷纷开出了京东便利店。

（2）产品的跨界。不相关联的两个产品之间相互关联、融合，不但创新产品的概念，更以各自品牌的原有拥趸为新的目标人群，为消费者带来全新的品牌体验。例如，瑞幸咖啡和椰树椰汁联手推出饮品"椰云拿铁"（图2-1），引发了网友的热情追捧。

图 2-1 椰云拿铁

（3）媒介的跨界。在互联网没有兴起前，企业的广告促销媒体主要是招牌、报纸、电视和广播这些传统媒体。自从进入互联网时代以后，企业的广告促销媒介有了更多的选择。在跨界思维下，创新的多媒体、多终端互动策略引发不同媒体受众之间相互影响，继而实现效应叠加，受众扩大。

（4）行业的跨界。熟知的网易是一家互联网公司，可有谁能想到，互联网还可以与养殖业结合到一起？2009年，网易投身养猪业，并将自己饲养的猪取名为"未央"猪。当然，类似的例子还有很多。

想一想

个人可以"跨界"吗？

2.2 流量思维

自从人类进入互联网时代之后，流量就成为一个关键词，因为流量意味着关注度、影响力和变现能力。近年来，随着微信等自媒体和直播的兴起，私域流量的概念开始火爆。

2.2.1　流量的概念及来源

流量,在商业活动中就是出现在某个时间、某个地点的累计人数。线下一般称为到店人数或客流,线上一般称为流量或访问量 UV(unique visitor)。不管是线下商业活动,还是互联网商业活动,都需要流量的支持,一个企业手中掌握流量的多寡,最终会决定企业的经营业绩。

流量可以按照年、月、日来计量,一般情况下,流量越大,商业价值也就越高。互联网时代,信息流动不再受时间和空间的约束,流量的重要性被无限放大。

流量的产生有多种方式,有人的地方就有流量。线下流量来自如社区、商场、购物中心、健身会所等各种能够形成人员聚集的场所。线上流量来自如电商平台、搜索平台、社交平台等。电商平台、搜索平台是传统流量的主体,而以微信为代表的社交平台因其可以产生高效率、高质量的流量受到越来越多的重视。此外,随着内容传播方式多平台、多形式发展,内容平台入口成为越来越重要的流量入口方式。

目前可以实现内容入口的平台有很多,典型的如公众号、微博、头条、抖音、快手、小红书、知乎、豆瓣、直播等。

想一想

一个商家既有线上业务,也有线下业务,这个商家如何将其线下流量导入线上?

2.2.2　流量思维

流量思维是指企业在经营过程中需要具备的流量价值导向思维。有了流量思维,才能在经营活动中关注用户的体验和重视用户服务,以获取更多的流量。扫描右侧二维码观看流量思维微课。

微课:流量思维

流量思维有两大核心要素:流量的获取和流量的经营。

流量可以通过品牌效应和积极的引流措施来获取。当然,并非关注了流量的获取,就具备了流量思维。经常会看到很多企业通过免单或赠送礼品的方式获得了很多的顾客,但是这些顾客领完礼品就走了,没有形成交易转化。所以,获取流量只是第一步,流量的经营更加重要。

2.2.3　公域流量和私域流量

流量可以分为两种:公域流量和私域流量。可以把公域流量形象地比喻成大江大海,私域流量则是自家的鱼塘。

1. 公域流量

公域流量多由平台掌控,很难被个人和企业直接使用。公域流量通常来说有三类:一是以淘宝、京东、拼多多等为代表的电商平台;二是以微信、微博等为代表的信息流平台;三是以抖音、快手等为代表的短视频平台。

2. 私域流量

私域流量是指企业自己拥有,可以重复利用,免费触达,并且具有黏性的流量,例如,会员、代理、VIP、微信朋友圈、微信公众号粉丝、微博粉丝、抖音粉丝、社群等都属于私域流量。

以微信为例,对于每个微信公众账号、微信群和微信个人账号来说,粉丝和好友都是"私域流量",因为它们都是可以由拥有微信公众号、微信群、个人账号的人独立运营和维护。私域流量和域名、商标、商誉一样,都是属于企业私有的数字化资产。

公域和私域虽然是相对应的概念,但两者并非完全割裂,而是相辅相成的关系,有些像"大河有水小河满,大河无水小河干"的关系,大河就是公域流量,小河是私域流量,前者是后者的流量来源。

3. 私域流量的重要意义

私域崛起的背后,是企业的增长焦虑和流量红利的消失。同时,它代表着企业开始从流量收割到用户经营的思维转型。私域流量的兴起也意味着用户的管理从"粗犷式"进入"精细化"运营时代,无论是平台、商家还是个人,都需要更精细化的运营来实现降本增效的目标。

(1)互联网流量增长红利消失。互联网进入存量用户运营时代,新用户拓展空间有限,挖掘老用户潜力价值突显。开启精细化用户管理,通过私域流量运营来降低营销成本逐渐成为主流趋势。

(2)流量采购成本增加。近年来线上营销的成本飞涨,公域流量的价格越来越贵,但是转化又往往不理想。相关资料显示,2010年,一个卖家在线上的平均获客成本约是37.2元。此后连年攀升,2011年涨到54.6元,2012年涨到83.3元……到2019年已达486.7元,市场获客成本在10年间涨了10多倍。

现在一些大的互联网公司,也会遇到公域流量贵、获客难的难题,这些成本也会转嫁给企业,而私域流量管理不仅可以降低成本,还能提升客户复购率。

(3)平台流量分散。从图文到短视频再到直播,互联网流量被严重分割,没有任何一个平台能持续吸引用户的注意力,用户使用网络呈现分散化。

同时,销售也发生了很大的变化,从传统电商"人找货"向社交电商"货找人"不断转变,企业开始更关注用户的需求,更靠近用户,注重即时互动,快速响应。在这个过程中,私域流量被推向了新的关注高度。

(4)私域流量的优势。打造企业的私域流量池好处明显:相对于公域流量,私域流量对客户的黏性和转化率都高得多,企业分享的内容信息和产品信息也能方便、高效地触达流量池里的人群;企业的粉丝和用户从生客变成熟客,熟客可能化身为推销员,实现裂变营销;而这些流量池的人和数据,还可以挖掘出更多的商业价值,如推送广告和直播带货等。

4. 私域流量运营

现在很多企业对私域的了解还停留在表层,以为做私域就是加人、拉群、发圈,这种理解太片面了。私域流量的本质是做好用户的精细化运营,把内容、服务、用户关系做得更好、更精细,维护长远而忠诚的客户关系。私域流量做得好,可以降低营销成本、提高用户留存率、提升用户终生价值。下面是私域流量运营的三个关键环节。

(1)积累流量。首先需要明确企业的目标及客户群,再有针对性地在各相关渠道平台上开展各种活动来吸引沉淀流量。扫描右侧二维码阅读如何导入线下流量。

文档:如何导入
线下流量

企业可以通过文章、笔记、短视频、直播等有价值的内容,不断在更多目标客户中建立"兴趣连接",扩大私域连接的"广度",积累流量。企业还可以通过促销、折扣、秒杀、抽奖、新品试用等各种利益诱导方式引流。最后还有一种通用的引流方式,就是通过竞价排名、广告位等方式直接花钱买流量。

(2) 流量变现。搭建和运营好私域流量池的最终目标,是为了更好地变现。而私域流量的销售转化,是建立在客户信任、产品靠谱、服务高效的基础上的。所以加客户微信、建微信群或粉丝拉新等只是第一步,后续的运营、服务才决定销售是否可转化和长久。

在搭建好私域流量池后,引入和运营好各种交易平台是提升变现能力的重要一环。这些平台很多,对企业和商家来说,可以是淘宝、京东、抖音、快手等平台上的品牌店铺,也可以是微博、小红书等信息流平台上的大号,还可以是美团、饿了么等 O2O 交易平台上的账号。

除了传统的引导消费下单,利用私域流量进行直播带货变现,越来越成为一种共同的选择。

企业还可以通过社群运营、会员运营等手段与顾客不断加强"信任连接",促进客户复购,提升运营"深度",也就是"单客价值度"。

(3) 流量裂变。最后企业可以通过分销、优惠、裂变等手段与顾客建立"利益连接",形成二次、多次传播,提高"顾客推荐率"。

5. 私域流量的分层

根据流量与企业之间的关系紧密程度,可以对私域流量进行合理的分层。

(1) 第一层:粉丝。等级最低的私域流量是微信公众账号、微博、头条等社交账号的粉丝。这是私域流量的初始级别,也是信任关系中评分最低的级别。

粉丝型私域流量依靠运营者持续输出内容来维持留存率,如果内容符合粉丝的兴趣,转化效果会更好。

(2) 第二层:社群。社群如微信群和 QQ 群,他们不一定认识,但因共同的爱好和兴趣聚到一起。

社群型私域流量信任度高于普通粉丝,可以通过社群内的持续运营和互动,如小组活动、小组讨论、小组直播等,提高转化率。

(3) 第三层:私聊。比社区更深层次的私域流量是直接的朋友关系,如微信好友。微信是目前我国最重要的即时通信工具,它包含人们的大部分社交关系。

朋友圈型私域流量是目前讨论最多的私域流量类型,主要原因是它的信任度最高,转化效果最好,因为朋友之间的交流直接而频繁,信任是关键因素。只要保持稳固的运营和定期的产品推荐,就会有很好的货币化效益。

(4) 第四层:客户关系管理。官方网站、独立 App、微信服务账号、小程序、个人店铺、个人账号、社区运营工具等,通过 CRM 系统抓取,记录用户的浏览行为、注册、登录、预约的设置、使用情况、支付情况等。管理系统会自动给每一个行为打上标签,并进行全面的个性化营销。在这个"流量焦虑"的时代,这是最好的转化工具。

2.3　大数据与精准营销

2.3.1　大数据

沃尔玛通过对超市一段时间的原始交易数据的详细分析,发现啤酒和尿布这对神奇的组合,将它们放在一起销售,提升了两种商品的销量,这是传统零售时代关于数据分析和利用的一个经典故事。

而进入大数据时代,一切营销行为和消费行为皆可数据化,数据分析和数据管理成为营销人员的核心竞争力,数据贯穿营销过程的始终。可视化技术可以把复杂的数据转化为直观的图形,使之成为浅显易懂、人皆可用的工具和手段。

数据资产已经成为企业核心的竞争力,即使再小的企业,也需要有大数据的概念和思维,用大数据驱动企业的经营管理。

伴随着互联网的高速发展,大数据被推向一个新高度,其中对营销领域的影响最为明显。大数据概念引入营销领域后,大数据精准营销应运而生。扫描右侧二维码观看大数据与精准营销微课。

微课:大数据与
精准营销

想一想

大数据在生活中扮演着越来越重要的角色,在购物网站购物或搜索后,该网站会定向推送与你购买或搜索类型相同的产品或补充产品。你有过这样的经历吗?

2.3.2 精准营销

大数据带来的不仅是数据量几何级的增长,还有从量变到质变的颠覆性变革。另外,互联网的发展使消费者个性化需求日益凸显,也让营销领域从"以产品为中心"转变到"以客户为中心",基于大数据的精准营销对企业的营销战略带来了挑战的同时,也赋予了新的可能。

精准营销是指在合适的时间、合适的地点,将合适的产品以合适的方式提供给合适的人。大数据时代的企业营销可以借助大数据技术将新类型的数据与传统数据进行整合,从而更全面地了解消费者的信息,对顾客群体进行细分,然后对每个群体采取符合具体需求的专门行动,也就是进行精准营销。

大数据精准营销使营销行动目标明确、可追踪、可衡量、可优化,从而造就了以数据为核心的营销闭环,让营销行动得到了良性循环。

需要注意的是,一些企业意识到利用数据进行营销的重要性,但却只重视线上的数据,其实线下数据也有着巨大的价值,可以帮助企业最大限度地挖掘出潜在客户的价值。

知识链接

大数据精准营销在电影业中的应用:有些电影在预告片投放后,即从微博、微信上通过大数据分析得知其主要观众群体,后续的营销活动就主要针对该人群展开,最终取得了良好的票房成绩。

2.3.3 大数据精准营销的功能

1. 准确定位客户

大数据营销很重要的一个阶段就是构建一套完整的以标签为主的用户画像,通过对用户偏好、兴趣、习惯等特征的大数据分析,可以形成对目标客户的准确认知和判断,筛选出精准的目标用户,挖掘用户的深层需求,实现对潜在客户的准确定位,为他们提供最合适的产品和服务。

2. 实现个性化营销

例如个性化推荐和个性化产品定制。通过个性化推荐,创造额外价值。在用户购买过程中以及交易完成之后,个性化推荐可以为用户提供其他有价值的相关商品。例如,用户购买一部手机可以推荐移动电源、耳机、手机壳等。而关联推荐的商品是用户真实存在的需求,但在购买过程中没有想到,这样一来,就有效地提高了商品的交叉销售效率。

此外,客户的需求多种多样。通过大数据分析,可以将客户与产品关联起来,根据客户的喜好进行定制,为客户匹配最合适的产品。

3. 充分挖掘营销渠道的潜力

在大数据营销的背景下,企业可以利用数据挖掘更合适的营销渠道推广自己的产品,激发客户的购买欲望。

4. 寻找新市场和趋势

企业可以基于大数据的分析能力掌握市场趋势,寻找新的市场。

5. 数据支持决策

毋庸置疑,大数据可以帮助企业进行营销决策的调整与优化,也有助于品牌发现机遇,如新客户、新市场、新规律、回避风险、潜在威胁等。企业如何驾驭数据,利用数据驱动实现业务洞察,是形成差异化竞争优势的关键所在。

6. 进行更好的顾客管理

例如,企业在流量达到一定瓶颈时,老用户的转换留存就显得格外重要,因此,企业必须做好对老用户偏好的管理,通过大数据挖掘他们的新需求,推出他们感兴趣的商品和服务,提升他们的活跃度和忠诚度。

2.3.4 大数据精准营销的流程

要想通过大数据技术完成精准营销,需要完成以下几个步骤。

1. 客户数据收集

客户数据收集是一个数据准备的过程,是数据分析和挖掘的基础,是做好精准营销的关键和基础。精准营销所需要的信息内容主要包括描述信息、行为信息和关联信息等。

2. 客户细分与市场定位

企业要对不同客户群展开有效的管理并采取差异化的营销手段,就需要区分出不同的客户群。

3. 辅助营销决策与营销战略设计

在得到基于现有数据的不同客户群特征后,营销人员需要结合企业战略目标、企业能力、市场环境等因素,在不同的客户群体中寻找可能的商业机会,最终为每个客户群制定个性化的营销策略。每个营销策略都有特定的目标,如获取相似的客户、交叉销售或提升销售,以及采取措施防止客户流失等。

4. 精准的营销服务

动态的数据追踪可以改善用户体验。企业可以追踪了解用户使用产品的状况,做出适时的提醒。例如,食品是否快到保质期,汽车使用磨损情况、是否需要保养维护等,企业可以随时根据反馈的数据做出应对方案。

5. 营销方案设计

在大数据时代,一个好的营销方案可以聚焦到某个目标客户群,甚至根据每一位消费者不同的兴趣与偏好精准地为他们提供专属的营销组合方案。

不仅如此,大数据精准营销还可以帮助企业进行营销决策的调整与优化,也有助于品牌发现机遇(如新客户、新市场、新规律、回避风险及潜在威胁等)。

6. 营销结果反馈

在大数据时代,营销活动结束后,可以对营销活动执行过程中收集的各种数据进行综合分析,从海量数据中挖掘出最有效的企业市场绩效度量指标,从而对营销活动的执行、渠道、产品和广告的有效性进行评估,为下一阶段的营销活动打下良好的基础。

2.4　长尾理论

2.4.1　长尾理论基本原理

二八定律(帕累托法则)认为,在任何一组事物中,最重要的只占其中一小部分(约20%),其余80%尽管是多数,却是次要的。例如,一个企业的80%利润是由20%的客户贡献的。当然,80/20并不是一个准确的比例数字,它表现了一种不平衡关系,即少数主流的人(或事物)可以造成主要的、重大的影响。人们一直在用二八定律来界定主流,计算投入和产出的效率,以至于在传统的营销策略当中,商家主要关注在20%的商品上创造80%收益的客户群,往往会忽略那些在80%的商品上创造20%收益的客户群。

随着互联网时代的来临,二八定律面临挑战。美国《连线》杂志主编克里斯·安德森在系统地研究了亚马逊、Google、Netflix等互联网企业的销售数据后,提出了长尾理论。扫描右侧二维码观看长尾理论及其应用微课。

微课:长尾理论
及其应用

克里斯·安德森认为,由于成本和效率的原因,过去人们只关注曲线的"头部",而忽略曲线"尾部",是因为"尾部"需要消耗更多的精力和成本。由于新技术的发展,当商品储存、流通、展示的场地及渠道足够宽广,商品生产成本急剧下降以至于个人都可以进行生产,并且商品的销售成本也足够低时,几乎任何以前看似需求极低的产品,只要有人卖,就会有人买。这些需求和销量不高的产品所占据的共同市场的份额,可以和主流产品的市场份额相匹敌,甚至更大。即众多小市场汇聚成可产生与主流相匹敌的大市场。

克里斯·安德森把这种现象称为"长尾"现象。长尾只是一个口语化的称呼,是指在需求曲线中,拖着长长的尾巴(图2-2)。

如图2-2所示,横轴表示产品品种,纵轴表

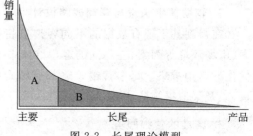

图2-2　长尾理论模型

示产品销量。典型的情况是只有少数产品销量较高,其余多数产品销量很低。传统的二八定律主要关注图 2-2 中区域 A 部分,也即"头部产品",认为 20% 的品种会带来 80% 的销量,所以应该只保留这部分,其余的都应舍弃。长尾理论则在关注"头部产品"的同时还应该重视图 2-2 中区域 B 部分,也即"长尾产品",认为这部分市场可以积少成多,甚至超过区域 A 部分的市场总量。

2.4.2 长尾理论发挥作用的条件

1. 渠道成本足够低

每个品种的利润与销量成正比,当销量低到一定限度就会出现亏损。如今人工智能、云计算、大数据和 3D 打印等技术,大幅降低了生产、仓储、传播、销售等各环节的成本。

互联网可以有效降低单品销售成本。互联网平台像一个"集合器",可以把全世界的商品聚集到网络平台,而且其货架成本几乎为零。在线销售甚至可以没有真正的库存,而网站流量和维护费用远比传统店面低,所以能够极大地扩大销售品种。

如果互联网企业销售的是虚拟产品,则支付和物流成本几乎为 0,可以把长尾理论发挥到极致。Google Adwords、iTunes 音乐下载都属于这种情况。可以说,虚拟产品销售天生就适合长尾理论。

2. 产品能够方便触达用户

分散在世界各地的消费者,只要打开手机 App,利用搜索引擎这个"过滤器",就可以快速地找到自己需要的产品。同时互联网平台还会根据顾客的上网记录,分析出顾客的潜在需求,进行"自动推荐",实现供需双方的精准匹配,大幅提升产品的销售量。这种借助于互联网的交易方式,可以帮助企业节约仓储成本和进店成本,也可以帮助顾客节约搜寻成本,实现了供需双方的双赢。

3. "尾巴"足够长

要使长尾理论更有效,应该尽量增大尾巴。不同于传统商业聚焦于头部市场,互联网营销应该把注意力放在把蛋糕做大上。

Google Adsense 就是这样一个蛋糕制造机。之前,普通个人网站几乎没有盈利机会。Adsense 通过在小网站上发布相关广告,带给站长们一种全新的低门槛的盈利渠道。同时,把众多小网站的流量汇集成为统一的广告媒体。同时,Google 的 Adwords 广告使无数中小企业都能自如地投放网络广告,而传统的广告投放只是大企业才能涉足的领域。

Adwords 和 Adsense 因此汇聚成千上万的中小企业和中小网站,其产生的巨大价值和市场能量足以抗衡传统广告市场。同样,网络零售巨头亚马逊的商品包罗万象,而不仅是那些可以创造高利润的少数商品,结果证明,亚马逊模式是成功的。

互联网时代是关注"长尾"、发挥"长尾"效益的时代。市场上产品种类的长尾远比想象的要多,而得益于互联网的发展,现在可以有效地开发这条长尾,而所有长尾产品一旦集合起来,就可以创造一个可观的大市场。

2.4.3 典型的长尾现象

1. 长尾理论与图书出版

图书出版业是典型的"小众产品"数量居多的行业,市场上流通的图书多达数百万种。

大多数图书很难找到自己的目标读者,只有极少数的图书最终成为畅销书。由于长尾图书的印刷数量及销量少,而出版、印刷、销售及库存成本又较高,因此,长期以来出版商和书店的经营模式多以畅销书为中心。

网络书店和数字出版社的发展为长尾图书销售提供了无限的空间。在这个市场里,长尾图书的库存和销售成本几乎为零,于是,长尾图书开始有了价值。销售成千上万的小众图书,哪怕一次仅卖一两本,其利润累计起来可以相当甚至超过那些动辄销售几百万册的畅销书。

2. 长尾理论与搜索引擎营销

长尾理论对于搜索引擎营销中的关键词策略非常有用,即虽然少数核心关键词或通用关键词可以为网站带来可能超过一半的访问量,但那些搜索人数不多然而目标非常明确的关键词流量的总和——长尾关键词同样能为网站带来可观的访问量,并且这些长尾关键词检索所形成的顾客转化率更高。

想一想

在熟悉的日常生活领域有哪些长尾现象?

2.5　共享经济思想

共享单车打通出行"最后一公里",共享充电宝让人们出门在外免于"电池焦虑",共享办公降低办公成本……共享经济已深入人们的日常生活。

共享经济主要包括生活服务、生产能力、知识技能、交通出行、共享办公、共享住宿、共享医疗等细分领域。近年来,随着共享经济领域不断拓展,我国共享经济市场交易规模不断增长,由 2017 年的 2.08 万亿元快速增长至 2020 年的 3.38 万亿元,年均复合增长率 17.6%。2021 年我国共享经济市场交易规模达 3.68 万亿元,同比增长约 9.2%。扫描右侧二维码阅读关于促进分享经济发展的指导性意见。

文档:关于促进
分享经济发展的
指导性意见

2.5.1　共享经济的含义

1. 共享经济的概念

共享经济是指借助于互联网平台技术的支撑,由资源提供者通过网络平台将闲置资源有偿提供给该资源的需求者使用,需求方获得资源、产品、服务的使用权,供给方获得经济报酬的经济模式。共享经济对于供给方来说,通过在特定时间内让渡物品的使用权或提供服务,来获得一定的金钱回报;对需求方而言,不直接拥有物品的所有权,而是通过租、借等共享的方式使用物品。

共享经济从两个方面创造价值:一方面,资源拥有方利用闲置资源获得收益;另一方面,资源使用方以较低成本获得资源,满足自己的需求。

2. 共享经济的特征

(1)技术属性。共享经济作为利用互联网平台将分散资源进行优化配置,提高资源利用效率、便利群众生活的新业态、新模式，云计算、大数据、5G、人工智能、区块链、元宇宙等技术的创新应用，居民消费升级以及数字经济的发展将为共享经济持续优化服务供给、改善消费体验提供重要支撑。不断丰富共享经济在生活服务领域的渗透场景，预计共享型消费和服务新业态的发展环境也将不断优化，推动行业发展。

（2）共享经济的主体。共享经济模式主要包括三大主体，即商品或服务的需求方、供给方和共享经济平台。共享经济平台作为连接供需双方的纽带，是支撑共享经济发展的重要一环。供给方通过闲置资源获得使用权额外收益，需求方从预期定价中得到性价比高于传统商业模式的需求，并且在交易中掌握选择权和主动权，供需双方互惠互利，在共享中完成双赢。

（3）资源要素再分配。在通信不发达的年代，个人的闲置物品只能流动于物品所有者及家庭的社交圈之内，而每个人的社交圈有限，往往不是所有的闲置物品都能找到合适的去处，资源难以得到充分的使用。而共享经济环境下，闲置的物品、房屋、时间等资源要素都能实现高速、准确的流动，将毫无关系的两个陌生人通过供需上的追求联系在一起，实现了资源的高效配置，发挥其最大效用。

（4）权属关系再定义。在人们传统的观念中，想要使用某产品，首先需要拥有它，然后才能掌握其使用权，但是在共享经济商业模式下，想用到的产品，无须掌握其所有权，通过简单的租借形式获得暂时的使用权。这种通过出租来让渡部分商品使用权的方法，也有助于实现资源利用效率最大化。

2.5.2　共享经济的常见形式

1. 生活消费领域的共享模式

我国生活消费领域的共享经济市场主要集中在交通出行、住宿、知识技能、生活服务、医疗等领域。扫描右侧二维码观看共享经济思想微课。

微课：共享经济思想

（1）交通出行。共享出行的火热一方面满足了消费者不同出行方式的需求，另一方面避免了车辆闲置资源无法被有效利用带来的浪费。随着共享出行需求的不断延展，行业发展持续创新，共享出行的主要方式包含专车、快车等网约车服务，共享单车，分时租赁服务（如共享汽车）等。

共享出行包括服务共享和硬件共享两大类。服务共享是指有司机提供服务，用户为享受服务买单，例如综合打车、拼车、代驾、巴士都属于此类；硬件共享是指无司机，用户仅是租借硬件，为使用硬件买单，例如租车、共享单车和共享汽车都属于此类。

（2）住宿领域。共享住宿就是共享经济形式下的住宿服务。作为共享经济背景下衍生出的一种住宿方式，它是指不同的旅游目的地居民或组织之间通过社会化网络平台，常态化地将自身拥有且处于闲置状态的房屋及设施的使用权暂时性出让，以获得经济效益、实现资源价值最大化的经济模式。很多共享住宿产品都蕴含着"像家一样""贴近当地""融入社区"等温馨的住宿理念。

共享住宿的实现有赖于互联网技术的进步，作为第三方中介的住宿共享平台对拥有闲置房源的房主与具备住宿需求的消费者进行直接的供需匹配，从而完成价值交换。同时，共享平台为房主与房客提供一定的额外服务，保障共享过程中双方的权益，如完善顾客服务系统、制定信任与安全体系、构建双向评价机制等。

近年来,"互联网＋共享经济"的新型消费模式驱动了共享住宿的发展,共享住宿不仅是一种新型的住宿服务方式,它还演变为一种时尚的生活方式,并成为中国新经济的一部分。

(3)知识技能领域。近年来,知识技能共享发展十分迅速,市场规模不断扩大,业务内容不断创新,参与主体越来越多,整体呈现欣欣向荣的良好发展态势。

知识技能共享是指个人或机构把分散、盈余的知识技能等智力资源在网络平台上集中起来,通过免费或付费的形式分享给特定个人或机构,最大限度利用全社会的智力资源,以更高的效率、更低的成本满足生产及生活服务需求。

从不同角度看,知识技能共享可以分成不同的种类。从行业领域看,有创意设计、软件开发、语言翻译、科学研究、营销推广、装修设计等。从业务模式看,有知识付费类型、威客众包类型、工具赋能类型等。

目前,国内的知识技能共享平台有很多。例如,知识付费类型的有知乎、得到、樊登读书会等。

(4)生活服务领域。狭义的生活服务是指为人们日常生活提供的家庭服务,例如看护婴幼儿、护理老年人、钟点工等。广义上的生活服务行业要广泛得多,它包含人们日常生活中的各方面,餐饮、娱乐、租房、买房、工作、旅游、教育培训等生活相关的"衣食住行用"都属于这类服务的范畴,近年来,随着共享经济的兴起,生活服务共享市场也得到快速发展。2021年中国生活服务共享市场规模达17 118亿元,中国生活服务共享市场规模占共享经济总规模四成以上的比例。

一方面,共享经济新业态能够提供更为便捷高效的消费体验,通过技术、模式等的持续创新,推动消费品类不断拓展、品质不断提升、服务持续优化、供需匹配效率持续提升,更加适应消费者多样性、灵活性、交互性的消费需求;另一方面,共享经济多样化的服务供给、基于用户大数据的精准画像和基于网络平台的高效供需匹配,促使服务方式从工业化时代的标准化、通用型走向数字化时代的个性化、精准型,"以用户为中心"的理念落实到"以每个人为中心",更加适应消费者个性化的消费需求。

2021年,星巴克在上海推出首个"咖啡共享空间",这家位于上海来福士广场办公楼大堂全新的概念店,是星巴克携手合作企业开启探索多功能共享空间的第一步。这个共享空间既是咖啡馆的一部分,也是移动办公场所,有大约10m²的八人会议室,也有多个3m²左右的四人小会议室,会议室和咖啡馆必备的各种功能性设备,共享空间都可以提供(图2-3)。

图2-3　星巴克咖啡共享空间

再如,近几年兴起的共享 KTV,也叫线下迷你 KTV。近年来共享 KTV 迅速占领了一些大城市的商场、电影院和游戏厅等人流量较密集的公共区域。

一个只有不到 2m²,三面都是玻璃的共享 KTV,可谓麻雀虽小,五脏俱全。一台选歌系统,一个大屏幕,两个高脚凳,高感知度的麦克风和头顶的灯光,瞬间营造出的浓浓 K 歌氛围。在一些“等位”需求较大的商场,还经常可见共享 KTV 门口排队的现象。

(5) 共享医疗领域。共享医疗就是将共享经济这种商业模式引入医疗服务供给领域,对原有的医疗资源供给方式进行创新。主要是指以互联网平台为载体,整合海量的、分散的专业化医疗资源,包括医生、护士、医疗设备等,以更为便捷和高效的方式满足消费者多样化医疗服务需求的一类经济活动。共享医疗所体现出的分享经济特征主要体现在,医疗资源供给方将富余的医疗资源,包括医疗知识和技能、护理服务、医疗设备等,临时分享给医疗资源需求方,共享平台则以最有效率的方式促使供需双方达成交易。

2. 产业领域的共享模式

共享经济作为一种创新的商业模式,正在从消费侧向生产端加速延伸和扩散,知识、技能、办公空间、生产能力等领域共享经济近年来发展较快。共享经济向生产领域的拓展、渗透和融合,将重塑生产要素的配置方式,极大改善生产要素的配置效率,对产业发展具有重要意义。

国家信息中心发布的《中国共享经济发展报告(2022)》报告显示,2021 年我国共享经济市场交易规模约 36 881 亿元,同比增长约 9.2%;办公空间、生产能力和知识技能领域共享经济发展较快,交易规模同比分别增长 26.2%、14% 和 13.2%。

(1) 共享办公。共享办公空间也叫联合办公空间,是指受雇于不同机构、从事不同行业的人共同使用的物理办公场所及社群平台。共享办公并不是简单的分租,以往写字楼市场上对于小单位、短租期办公的需求已由商务中心补足,共享办公强调的是线上平台与公共设施使用率的提升。通过为使用者提供开放式办公空间,共享办公实现了企业之间空间及物理位置的共享,与此同时,通过提供工具、设施及社会交往场所,促进了服务和资源的共享;而协作空间和合作社群的激发,也将通过信任、互动、反馈、学习、合作、鼓励和推荐等机制帮助使用者实现从个体工作者到团队合作者再到跨界合作团队的转变。

共享经济理念在商业地产领域的渗透与创新整合则推动了以工位出租、空间设计和社区构建为特征的共享办公空间在全球范围内的崛起,并迅速发展为共享经济产业领域的又一大亮点。

(2) 制造业产能共享。制造业产能共享主要是指以互联网平台为基础,以使用权共享为特征,围绕制造过程各个环节,整合和配置分散的制造资源和制造能力,最大化提升制造业生产效率的新型经济形态。从共享内容看,制造业产能共享主要包括设备、技术服务、生产能力和综合性服务的共享。

企业在生产经营和管理过程中,往往存在着能力不足与部分资源闲置并存的情况,导致资源或设备利用率不高。共享制造能充分利用闲置生产设备,降低企业经营成本,实现协同发展。

例如,有些地方为实现制造业低成本、高质量发展,创新资源共享机制,鼓励制造业企业开放大型研发仪器设备、专业人才、仓储物流、数据分析等服务,提升产业链协同共享能力,完善共享制造发展生态。通过共享机制融入龙头企业协同生产,也让更多的中小企业在某一细分领域做专、做精、做优,从而带动整个产业链优化提升。

例如,产业共同体即"1+N"模式,是聚焦于细分行业的平台型企业,利用其渠道、品牌、数据、技术、系统集成等优势,通过"共享采购、共享配送、共享制造、共享研发、共享库存、共享标准"等方式,"重构、重组、重聚"行业上下游企业,从而实现"业务共生,生态共建,利益共享"的创新发展模式。

相较于传统产业集聚模式,产业共同体不仅是企业在地理空间上的聚合,更是企业在地理空间、供应链组织、产业价值网络的叠加融合。产业共同体不仅是产业链上下游的利益共同体,更是共筑产业生态的责任共同体、命运共同体。

 **本章练习**

思考与讨论

1. 一个企业应该如何设计私域流量的闭环?

2. 共享单车在发展过程中存在哪些问题?这些问题可以怎么解决?

3. 你关注了哪些企业的微博、公众号?它们是怎么对用户进行营销的?

网络实践

1. 结合自身需要真实体验一些企业提供的共享服务。

2. 查阅资料,了解一些典型的跨界思维应用案例。

3. 分析一个属于经营长尾市场的互联网店铺,其面对的用户群体有什么特点,有什么样的独特需求。

创新·创意·创业

本章学习的网络营销新思维对自己的项目有什么启发吗?

启发1:＿＿＿＿＿＿＿＿＿＿＿＿＿＿＿＿＿＿＿＿＿＿＿＿＿＿＿＿＿＿＿＿

＿＿＿＿＿＿＿＿＿＿＿＿＿＿＿＿＿＿＿＿＿＿＿＿＿＿＿＿＿＿＿＿＿＿＿＿

启发2:＿＿＿＿＿＿＿＿＿＿＿＿＿＿＿＿＿＿＿＿＿＿＿＿＿＿＿＿＿＿＿＿

＿＿＿＿＿＿＿＿＿＿＿＿＿＿＿＿＿＿＿＿＿＿＿＿＿＿＿＿＿＿＿＿＿＿＿＿

启发3:＿＿＿＿＿＿＿＿＿＿＿＿＿＿＿＿＿＿＿＿＿＿＿＿＿＿＿＿＿＿＿＿

＿＿＿＿＿＿＿＿＿＿＿＿＿＿＿＿＿＿＿＿＿＿＿＿＿＿＿＿＿＿＿＿＿＿＿＿

网络营销平台与媒介

 本章内容提要

从 PC 互联网到移动互联网,从早期的网络广告、搜索引擎营销、电商平台到现在的信息流广告、短视频营销、直播带货等,随着互联网的发展,网络营销得以开展的平台和媒介一直在发展变化,企业应该结合自身业务特点有选择性地进行运营。

本章将从电商开放平台,资讯、社交、短视频等新媒体平台,企业自建营销系统等方面探讨学习互联网环境下企业可选择的营销平台和媒介。

 学习目标

知识目标

(1) 理解互联网时代企业的营销媒介,熟悉主流网络营销媒介。

(2) 理解第三方电商平台和第三方生活服务平台的营销价值。

(3) 了解长(短)视频营销和直播带货平台,理解直播带货对企业营销的价值。

(4) 理解自媒体的含义,了解当前主流的资讯类自媒体。

(5) 理解社交营销,了解微信、微博营销。

(6) 理解企业官网的作用,了解智能化建站服务。

技能目标

(1) 能够结合企业营销需求和媒介属性选择合适的营销媒介。

(2) 能够根据企业经营需要入驻第三方电商平台。

(3) 能够为企业规划视频营销和直播带货。

(4) 能够为企业规划自媒体传播和社交营销。

(5) 能够根据企业经营实际规划搭建企业官网。

素养目标

(1) 培养创新、创造、创业精神。

(2) 培养创造性解决问题的能力。

(3) 了解我国在互联网、电商、新媒体等领域的创新与优势。

(4) 具有一定的系统性思维和创新性思维,具有敏锐的市场嗅觉。

(5) 拥抱变化,接受新事物,积极了解学习我国互联网领域新出现的商业模式。

花西子的直播带货

"花西子"品牌于 2017 年 3 月诞生于中国杭州,2017 年 8 月花西子品牌入驻天猫,开设花西子旗舰店(图 3-1)。

"欲把西湖比西子,淡妆浓抹总相宜",这句引自苏东坡《饮湖上初晴后雨》中的诗句,正是花西子中"西子"二字的来历。"花"字,取自其品牌理念——"东方彩妆,以花养妆"。

花西子品牌和产品从上到下都蕴含了深厚的中国传统文化,品牌名字取自诗词,口红外壳包装设计成古代同心锁样式,传递中式浪漫,以张敞画眉的典故为内容制作品牌动画影片,以花养妆,提取中草药精华的研发理念,产品套装礼盒设计成古代妆奁式样,特定民族风格产品链等,花西子的每一步都有深厚且丰富的中华文化的支撑。

花西子品牌诞生以来的五年,其发展速度堪称狂奔。2019 年,花西子销售额高达 11.3 亿元,同比 2018 年暴增 25 倍。2020 年,花西子成交额突破 30 亿元,同比增长 165.4%。到了2021 年,花西子单品牌销售额突破 54 亿元,相较 2020 年实现 80% 的同比增长。

花西子真正火起来是在 2019 年,凭借和网络头部主播的合作,被称为"艺术品口红"的雕花口红火爆全网(图 3-2),一时成为花西子的品牌符号,助力品牌知名度暴涨。花西子借助直播带货和头部主播的大流量实现了品牌大爆发。

图 3-1　花西子天猫旗舰店

图 3-2　花西子雕花口红

2022 年"双十一"期间,在天猫平台花西子超过了雅诗兰黛、三熹玉等国际大牌,创下3.5 亿元的业绩;在抖音平台美妆排行榜上,花西子 GMV 也取得了 7 500 万元的好成绩,荣登国产彩妆第一位。取得这些耀眼成绩离不开花西子线上直播的力量。

在一众通过直播带货"破圈"的品牌商家中,国货美妆品牌花西子所取得的成绩令人瞩目。

花西子不仅和各大网络头部主播合作,自身也在抖音、B 站、快手等平台自建直播账号,花西子有着多个品牌相关的账号,这些账号之间有差异但也有密不可分的联系。从 2020 年开始,花西子就着力打造账号矩阵。矩阵中的每一个子账号都有着不同的定位,包括古风、教程、互动等多个维度,账号所输出的短视频内容和直播风格也根据账号定位呈现出差异化,此举成功吸引了不同维度的消费用户成为其忠实的粉丝,同时也共同塑造出花西子的品牌形象。

2022 年仅在抖音就布局了 7 个官方直播账号。通过各个账号之间的直播互动,形成一整套的直播矩阵体系，完成从产品引流、种草到最终的销售转化。

从花西子不同账号之间的差异化内容可以看到，官方账号和子账号之间有着明确的分工，子账号主要负责种草和蓄水，而官方账号则负责转化和销售，以此形成引流、吸粉、促活、转化的销售闭环。

3.1 第三方电商平台的应用

企业进行在线销售无外乎两种选择：自建平台和借助第三方平台。自建平台和第三方平台虽然各有优势，但是考虑到当前电子商务的实际以及自建平台的技术要求和资金要求，更多的企业采用第三方网络销售平台的方式，这一方面降低了项目启动的资金压力，另一方面也加快了启动网络营销的进程。

亚马逊是世界范围内最成功的电商企业之一，在平台开放方面，亚马逊早在 1999 年就开始布局，2001 年正式上线 Marketplace 服务，允许第三方在亚马逊网站开店，到了 2021 年亚马逊第三方卖家的 GMV（gross merchandise volume，商品交易总额）占亚马逊总 GMV 的比例高达 64%。

对于大多数的二线电商企业，或是互联网品牌、传统品牌来说，进驻各大电商开放平台，已经成为一个低成本营销的方式。

电子商务市场的总体格局仍在不断的变化之中，互联网时代的企业要顺应电子商务市场的发展趋势，有效利用第三方交易平台需要时刻关注市场的变化，顺势做出最合理的选择。

3.1.1 电商开放平台

电商开放平台是指按照特定的规范为买卖交易双方提供服务，内容包括供求信息的发布、商品信息搜索、买卖关系的建立、在线支付、物流配送等。扫描右侧二维码观看电商平台的选择与入驻微课。

微课：电商平台
的选择与入驻

1. 第三方电商平台的分类

第三方电子商务平台按照业务范围、服务地域范围及其他一些标准，可以划分为不同的类型。

按照业务范围划分可以分为专业性第三方电子商务平台和综合性第三方电子商务平台。专业性第三方电子商务平台只专注于某一个行业，综合性第三方电子商务平台涉及的行业往往比较广泛，不拘泥于某个特定行业。

按照地域范围划分可以分为区域性第三方电子商务平台和全球性第三方电子商务平台。区域性第三方电子商务平台主要服务于一个国家或地区，全球性第三方电子商务平台顾名思义服务于全球的不同国家和地区，相比区域性第三方电子商务平台涉及的问题更为复杂。

从功能角度划分可以分为全程电子商务平台和部分电子商务平台。全程电子商务平台能够全面参与或解决交易双方的信息流、资金流、物流等主要环节，其主要特点就是功能全面，而且平台上的辅助功能或说辅助性业务单元较多，甚至可以与企业内部的管理系统（如 ERP 系统）相对接。部分电子商务平台一般不会全程参与到交易双方的业务中去，仅为买卖双方提供交易活动中的某些特定服务。

从商业模式角度划分可以分为 B2B 第三方电子商务平台和 B2C 第三方电子商务平台。前者主要为采购方和供应方提供了在线交易服务,后者则为广大的零售商和终端消费者提供在线网购服务。

2. 第三方电商平台的盈利模式

(1)会员年费。企业通过第三方电子商务平台参与电子商务交易,必须注册为会员,每年要交纳一定的会员年费,才能享受网站提供的各种服务,目前会员费已成为第三方平台最主要的收入来源之一。

(2)交易佣金。根据事先的约定,当平台上的商家实现销售后,要向第三方平台支付交易佣金,通常按照交易额的百分比来收取。

(3)广告费。网络广告是第三方电商平台的主要盈利来源之一,网络广告根据投放位置和类型收费。

(4)竞价排名。企业为了促进产品的销售,都希望在第三方电商平台上的信息搜索中将自己的排名靠前,而网站在确保信息准确的基础上,根据会员交费的不同对排名顺序做相应的调整。

(5)增值服务。第三方电商平台除为企业提供常规供求信息以外,还会提供一些独特的增值服务,包括企业认证、独立域名、提供行业数据分析报告、搜索引擎优化等。

(6)线下服务。主要包括展会、期刊、研讨会等。通过展会,供应商和采购商面对面地交流,一般的中小企业还是比较青睐这个方式的。期刊主要是关于行业资讯等信息,期刊里也可以植入广告。

3.1.2　淘宝/天猫

当前国内电商行业已经形成阿里巴巴、京东和拼多多的三强格局(图 3-3),截至 2021 年,三家公司市场份额分别为 53%、20% 和 15%,合计占比高达 88%。

2008 年 4 月,淘宝成立 B2C 事业部(即淘宝商城),2012 年 1 月 11 日,淘宝商城正式更名为"天猫"。天猫从一开始就定位为 B2C 平台模式,目前天猫平台上聚集了包括营销、客服、管理、物流等大量第三方服务商,他们与商家一起完成了对消费者的服务。

图 3-3　三大电商平台

2021 年淘宝天猫年度消费者数量超过了 8 亿,几乎覆盖了中国所有主流的消费群体。据 2021 财年年度业绩公告显示,天猫 GMV 达到 40 345 亿元,淘宝达到 34 595 亿元,天猫＋淘宝 GMV 合计 74 940 亿元,占 2020 年国内网上零售总额 11.8 万亿元的 64%。

想一想

除了天猫、京东、拼多多,我国还有哪些你知道的电商平台?

3.1.3　京东开放平台

京东从 1998 年成立至今发展迅猛,凭借 B2C 模式以及独到的经营理念,吸引了大量的忠实用户,成为电商行业的巨头。京东 2021 年全年的 GMV 为 3.29 万亿元,京东集团年度活跃用户数截至 2022 年 6 月 30 日达到 5.8 亿。

京东开放平台(POP)是指京东向商家提供服务的特定空间,是京东网上交易平台的一部分。京东开放平台将物流、营销、仓储等京东电商业务的各信息系统和数据对外开放,以 API 接口的形式将合作商家、电商服务商以及其他合作伙伴的系统、应用、数据与京东实现对接,帮助合作伙伴提高效率和业绩,降低运营成本。

京东开放平台(POP)业务于 2010 年 10 月全面上线,并将技术、服务、财务和自有物流的支持打包,将开放平台定位于"卖家整体解决方案提供商"。扫描右侧二维码查阅京东商家开放平台。

链接:京东商家
开放平台

加入京东开放平台的商户可以借助京东的一系列服务,包括仓储、配送、客服、售后、退换货、自提货等,给消费者提供良好的网购体验,同时也可以进一步削减自建服务体系的成本。

京东自建物流极大地提高了物流的实效性。数据显示,截至 2021 年年底,京东在全国拥有 1 300 个仓库、超过 7 200 个配送站和超过 20 万名的自营配送人员,同时公司目前共计在全国 33 个城市运营 43 个亚洲一号大型智能仓库。

通过对物流仓库的建设,目前京东已经基本实现在一二线城市 211 限时达。京东 211 限时达服务是指当日上午 11:00 前提交的现货订单当日送达(部分城市为上午 10:00 前);当日 23:00 前提交的现货订单次日 15:00 前送达。对于下沉市场来说,京东物流目前已经为 1 000 多个农特产品和产业带提供供应链服务,全国 93% 的区县和 84% 的乡镇已经实现当日达和次日达。

在数实融合的时代趋势下,京东全渠道布局进一步深化,京东通过开放自身的供应链能力、数字化运营和整合营销能力,并将其运用到线上、线下多元化的场景里。截至目前,京东已布局了京东 MALL、京东电器超级体验店、京东家电专卖店、京东电脑数码专卖店、京东之家、京东大药房、七鲜超市、京东便利店、京东京车会等数万家的线下门店。此外,京东的供应链还在为全国的 367 万家药店、专卖店、商超、便利店、汽修店和鲜花店提供选品、运营、物流、金融服务。

3.1.4 拼多多

拼多多靠着拼团社群营销及微信端的巨大流量,快速成长为中国电商的第三巨头。通过沟通分享形成的社交理念,形成了拼多多独特的新社交电商思维。通过好友帮砍价、免费拿商品、1 分钱开团抽奖、邀请好友拆红包、每日夺宝等活动刺激了老用户分享,也吸引了新用户。主打低价白牌商品,同时百亿补贴也在打造用户心智。此外,农业是拼多多重点打造的一个领域,目前农业的电商化程度还比较低,拼多多想要打造从农业源头到消费者的供应链。

拼多多发布的 2022 年一季度财报数据显示,拼多多平均月活跃用户为 7.51 亿。截至 2022 年 3 月 31 日,拼多多的活跃买家数量为 8.82 亿。2021 年,拼多多年 GMV 为 24 410 亿元。

拼多多和淘宝最大的区别就在于其将目光瞄向了下沉市场,和淘宝一二线城市的中产消费群体相比,拼多多一开始面对的都是消费能力略差的三四线人群,这些人最明显的特点就是追求性价比,能花最少的钱买到最合适的东西就是他们的目标。拼多多的出现恰好能满足人们的需求。

目前,拼多多平台的商品已覆盖快消、3C、家电、生鲜、家居家装等多个品类,满足消费者日益多元化的需求。

 **知识链接**

拼团是一种全新的网购模式,它主要是靠用户向朋友、家人或邻居等发起拼团,以最低的价格拼到好的商品。用户可以将拼团的商品链接发给好友,如果拼团不成功,就会退款。

3.1.5 商家入驻第三方开放平台

以京东 POP 为例(图 3-4),商家入驻只要经过三步即可完成开店。

图 3-4　京东招商 POP

第一步:入驻前准备。

1) 了解信息

(1) 品牌。京东枚举了重点招募品牌,商家也可以推荐优质品牌给京东,部分类目不限定品牌招商。

(2) 企业。合法登记的公司,并且能够提供京东入驻要求的所有相关文件。

(3) 资质要求。详见《京东开放平台招商基础资质标准》及各类目资质标准。京东开放平台对不同的行业不同的店铺类型(旗舰店、专卖店、专营店)有不同的资质标准。

2) 注册账号

进入入驻流程前,需要注册企业账号,用于入驻关联。

3) 准备资料

(1) 资质和费用查询:京东开放平台不同经营类目、店铺类型、进口类型会对应不同的资费及资质标准。在京东开店需要缴纳的费用主要包括保证金、平台使用费、扣点(图 3-5)。

保证金是指卖家向京东缴纳的用以保证其商品和服务质量的资金,京东可以依照双方签署的协议或规则进行处置。平台使用费是商家在获得缴费权限后应向京东支付的与特定店铺服务期对应的技术服务费。扣点与商品的品类和交易额相关,不同品类扣点有不同的标准。

（2）准备的资料需要加盖开店公司公章。

图 3-5　资质和费用查询

4）注册钱包

提前开通京东钱包,可在入驻审核后的开店任务中直接使用,注册京东钱包及钱包实名认证预计需 2 个工作日。

5）提交入驻资料

（1）选择店铺类型/品牌/类目。

（2）填写品牌信息。

（3）填写企业信息。

（4）京东店铺命名规则。

第二步:审核。

1）京东审核（初审、复审）

（1）资质真实有效。

（2）授权有效,链路完整。

（3）生产、经营范围、产品安全性资质完整,符合国家行政法规许可要求。

（4）审核周期:初审约 2 个工作日,复审约 5 个工作日。

2）审核进度查询

商家可查询入驻审核进度,入驻过程中的重要信息,京东会以短信/邮件形式告知商家。

第三步:开店及缴费。

1）完善店铺信息

补充维护店铺联系人及地址信息。

2）注册钱包及缴费

（1）在线支付平台使用费、质保金,完成缴费。

（2）请确保钱包余额充足。

（3）需在 30 天内完成平台使用费/质保金的缴纳。

3）店铺上线

解锁全部菜单，登录京麦后台正常运营。

3.2 生活服务平台

3.2.1 美团/大众点评

1. 美团

美团网（图3-6）成立于2010年3月，主张为消费者发现最值得信赖的商家，让消费者享受超低折扣的优质服务；为商家找到最合适的消费者，给商家提供最大收益的互联网推广。

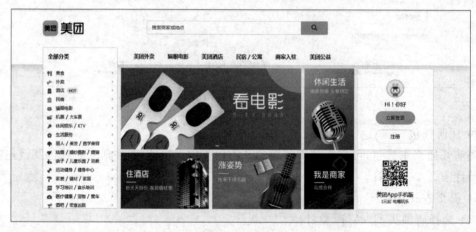

图3-6 美团首页

2. 大众点评

大众点评网于2003年4月成立于上海。大众点评是中国领先的本地生活信息及交易平台，也是全球最早建立的独立第三方消费点评网站。大众点评不仅为用户提供商户信息、消费点评及消费优惠等信息服务，同时也提供团购、餐厅预订、外卖及电子会员卡等O2O（online to offline）交易服务。大众点评是国内最早开发本地生活移动应用的企业，目前已经成长为一家移动互联网公司，大众点评移动客户端已成为本地生活必备工具。

3.2.2 即时零售快速发展

即时零售是指消费者在线上交易平台下单商品，线下实体零售商（短距离）通过三方或自有物流执行配送上门的服务，配送时效通常在30～60分钟。相较而言，传统的网购是指消费者想要某种商品，然后在平台上下单，较远的商家（长距离）发货，需要过一两天才能收到货。

即时零售最大的特点是以实体门店为供应链，以即时履约配送体系为依托，为消费者提供更高便利性、更高时效性的到家业务，满足消费者应急需求或常态下即时性需求的零售新业态。

相比起传统零售或网购业态，即时零售具有线上线下深度融合的特点，整合了丰富的商品品类，具有履约快、省时、省力的特点。

2022 年 7 月 25 日,商务部官网发布了《2022 年上半年中国网络零售市场发展报告》,报告总结了 2022 年上半年中国网络零售市场的发展情况、特点和趋势。该报告首次明确提及了"即时零售"的概念,点出了即时零售在"线上线下深度融合"发挥的作用。

报告指出了即时零售对于线上线下融合的价值,"新零售业态不断发展,线上便捷性和个性化推荐优势逐步放大,线下渠道智能化水平持续提升,线上线下渠道趋向深度融合。即时零售、无接触消费和直播带货等新消费场景加快布局并保持发展势头"。

随着社会环境的变化以及购物需求的旺盛刺激,"物资采购＋配送"这种"近场电商"热度不断在升温,线下就近配送,快速送达的即时零售也迎来了众多企业的加速布局,这种通过前置仓或本地商超配送的方式,也让人们的生活更为便捷。

据媒体梳理,阿里、美团、京东等相继透露出将在即时零售市场加大投入的信号。京东 2022Q1 财报显示,京东全平台新增年活跃买家约 1 000 万,其中 560 万来自京东到家,成为主要拉新动力。

阿里在即时零售的布局包括饿了么、淘鲜达、天猫超市、盒马等不同业务线条,均强调即时配送能力。

除此之外,美团闪购(图 3-7、图 3-8)在不同指标上也取得了强劲增长,第一季度的订单量和平台交易总额分别同比增长了近 70% 和 80% 以上,第一季度的日均订单量超过390 万。

图 3-7　美团闪购

图 3-8　美团闪购经营品类与优势

数据显示,2022 年 1—10 月,良品铺子在平台的外卖销量增速为 403%,同时,上线外卖的良品铺子线下门店数同比增长达七成。

2022 年 10 月,门店超过千家的苏宁易购宣布牵手美团,开展包括 3C 数码用品等即时零售业务。据悉,首批 175 个城市 600 余家苏宁易购门店已入驻美团。后续,双方还将继续深化合作,计划在 2023 年入驻超 1 000 家门店。

中国连锁经营协会发布的《2022 年中国即时零售发展报告》显示,即时零售增长非常迅速,据估算,2020—2021 年,年同比增长率基本保持在 80%～100%。在可以预见的未来几年,即时零售市场将会依然保持高速增长。预计到 2026 年年底,即时零售行业相关市场规模将超过 1 万亿元。针对即时零售未来发展趋势,报告指出,作为零售业未来发展的重要组成部分,即时零售有着广阔发展前景。未来,开放平台基于消费大数据,将为品牌商和零售商提供服务供应链,指引其产品研发及相关服务模式创新,更好地为消费者提供需要的产品与服务。

面对即时零售背后巨大的市场商机,不仅是互联网巨头们纷纷加码,也有不少传统零售企业在该领域有所布局以及关注。例如,在中国拥有 2.8 万多家门店的美宜佳正式发布美宜佳优选 App,旨在打造线上线下一体化的新一代购物平台。

3.3　短视频与直播带货

3.3.1　短视频/直播平台

短视频行业在 2016 年之后迎来井喷式增长,移动端时代加速了短视频行业的发展,近年来短视频平台不断在商业模式上进行探索,一方面成为创新性新媒体营销平台,另一方面也结合直播带货迎来新的增长点。短视频营销的市场模式逐渐受到认可,也成为短视频媒体平台的主要收入来源。扫描右侧二维码观看新媒体平台介绍微课。

微课:新媒体
平台介绍

1. 抖音

抖音是 2016 年 9 月由今日头条孵化的一款音乐创意短视频社交软件,也是一个面向全年龄段的音乐短视频社区平台。用户可以通过这款软件选择歌曲,拍摄音乐短视频,形成自己的作品,平台会根据用户的爱好来更新用户喜爱的视频。这个一开始以主打 15 秒的短视频平台无疑是目前最火的 App 之一。

抖音电商作为抖音 App 的电商业务扩展,目前平台主要为直播带货电商模式,是近两年发展速度最快的电商平台。直播电商品牌通过优惠折扣和主播销售技巧,将直播间打造为超级卖场。

2. 快手

快手由北京快手科技有限公司打造。快手诞生于 2011 年 3 月,快手的前身叫"GIF 快手",在 2012 年成功转型为短视频平台。2017 年 4 月 29 日,快手注册用户超过 5 亿,2017 年 11 月,快手 App 的日活跃用户数已经超过 1 亿,进入"日活亿级俱乐部",总注册用户数据已经超过 7 亿,每天产生超过 1 000 万条新视频内容。

3. 好看视频

好看视频是百度短视频旗舰品牌,包括好看视频独立 App、百度 App 短视频、百度搜索短视频等。致力于打造泛知识短视频平台,全面覆盖知识、生活、健康、文化、历史、科普、科技、情感、资讯、影视等领域。

4. 微信视频号

微信视频号不同于订阅号、服务号,它是一个全新的内容记录与创作平台,也是一个了解他人、了解世界的窗口。微信视频号的用户来自广大使用微信的用户,用户群体是由内而外的转化。

5. 小红书

小红书是一个生活方式平台和消费决策入口,小红书通过机器学习对海量信息和人进行精准、高效匹配。小红书平台如今已成为大家公认的种草社区。小红书旗下设有电商业务,2017 年 12 月,小红书电商被《人民日报》评为代表中国消费科技产业的"中国品牌奖"。

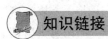

"种草"是当下很流行的一个网络用语,指"宣传某种商品的优异品质以诱人购买"的行为,也泛指"把一样事物推荐给另一个人,让另一个人喜欢这样事物"的过程,有时候也会表达自己由衷地喜欢某种东西,而忍不住去购买。

6. B 站

哔哩哔哩英文名 bilibili,简称 B 站,是中国年轻世代高度聚集的文化社区和视频平台,该网站于 2009 年 6 月 26 日创建,被网友们亲切地称为"B 站"。

3.3.2　短视频营销

短视频已深入人们日常生活,企业可以尝试的短视频营销方式主要有以下几种。

1. 硬广投放

硬广投放是目前短视频平台中最简单直接的投放方式,是指通过付费的形式来曝光产品,也是直营电商最常用的营销手段。

2. 内容植入

商业广告有软硬广之分,内容植入即是短视频广告中"软文",包括在短视频内容中加入广告、节目冠名、口播植入等。

3. 内容定制

从内容层面出发,内容定制的逻辑与传统广告片的思路类似,只是不同于时长较长、传播途径单一的传统广告,内容定制的视频广告内容更加短小精悍,爆点密集,比起品牌信息的传达更希望自己的视频内容成为一则有趣的故事,从单一的短视频平台走出来,达成两次甚至多次传播的效果。

4. 网红活动

网红活动是指通过网红效应带动品牌营销,正如传统广告商会签约明星歌手作为代言人,在短视频的营销中,网红/KOL 的影响力能够为品牌带来更多曝光。其主要营销难点在于需要根据营销目标制订合适的宣传计划,从选择合作网红到策划活动方案都需要投入较长的时间成本和较多的资金,对平台也有一定要求。

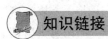

KOL(key opinion leader)即关键意见领袖,通常被认为是拥有更多、更准确的产品信息,且为相关群体所接受或信任,并对该群体的购买行为有较大影响力的人。

5. 账号运营

从 2018 年开始,有许多品牌主都入驻了短视频平台,并开设了自己的官方账号。抖音、快手也成为继微博、微信公众号之外广告主全新的产品宣发阵地。

6. 整合营销

所谓整合营销,就是围绕一件产品,将多个媒体和营销形式叠加起来,达成一个核心营销目标。整合营销并不是简单地将各种营销模式综合,而是要构建营销矩阵,强调每个营销的联动性,触及关注、兴趣、搜索、购买和分享各个环节。

3.3.3 直播带货的兴起

互联网新势力抖音和快手在其流量虹吸效应的加持下,电商变现的逻辑愈发清晰,市场份额快速增长,已经分别占有 5% 和 4% 的市场份额(图 3-9),开始对传统电商地位发起挑战,有无数商家都想搭上直播带货这趟新业态的快车。

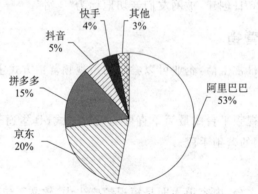

图 3-9 2021 年我国电商平台市场份额

在这个人人可直播的时代,直播已经成为企业在线销售的一个主要渠道,数据显示,2021 年中国在线直播用户规模达到 6.35 亿人,同时中国 MCN 市场机构数量超过 3 万家。

 **知识链接**

MCN 是一种经济运作模式,其本质是对网红进行包装定位,并通过资本和团队的支持帮助网红生产内容,从而实现商业变现,因此进行 MCN 服务的机构也称网红孵化机构。

当前,除了抖音和快手,重要的直播带货平台还有淘宝直播、京东直播、小红书、视频号、多多直播等。

3.3.4 直播电商的优势

直播电商更容易触达用户,同时获客成本更低。传统电商店铺隐藏在大量的信息流当中,想要被更多用户看到则需要支付高额广告费来提高竞价排名,这种方式获客成本高。而直播电商行业目前拥有大量的用户流量池,投入的获客成本也相对较低,这是中小商家在残酷的竞争中突围的最佳路径。

直播电商还能快速拉近商家与消费者之间的距离,提升信任感,提高转化率。以前的商家和消费者只是单纯的买卖关系,消费者更多的是根据商品的图文详情和评价来进行消费决策的,而人为干预的产品通过刷好评卡和后期美化,让大量消费者存在不信任商家的现象。直播电商的实时直播方式,给消费者传递出一种真实感,增强了商家与消费者之间的互动,提高了消费者对商家的信任感,从而有效地提升转化率和复购率。

对商家来说,一方面更多的数据信息能被挖掘出来,另一方面也能更精准地找到潜在消费者。如果以前企业有一款新的产品,需要把它们铺满各个商场、超市的"堆头",或开很多专卖店,聘请很多导购员。现在,每一个直播间,就是一家"品牌旗舰店""专卖店""精品店"。

兴趣电商是直播电商发展的方向,这一趋势预示着更多的潜在消费者被挖掘,同时也带来了利益空间。

3.4　长视频平台

基于长视频在用户情绪价值提供上的特征,其对用户圈层覆盖的深度,以及由此产生的用户黏性,是大多数内容品类无法达到的。包括剧集、综艺、动画,以及纪录片在内,长情是大部分长视频用户的共同特点,他们不仅愿意为内容付费,还表现出强烈的互动和分享,甚至产生二创欲望。

一直以来,长视频以优质内容为核心,给予用户长情陪伴,从而成为品牌直击用户心智、进行品牌建设过程中一大核心的营销形式。

近几年来,视频网站已经不满足于普通的"硬广",开始探索更多内容营销的新形式。通过创新手段把品牌和内容进行紧密结合,视频网站开创出了巨大的内容营销增量。国内三大长视频平台爱奇艺、优酷、腾讯有着各具特色的内容营销理念和战略。

1. IP是爱奇艺内容营销理念的核心

爱奇艺在 2017 年就推出了爱奇艺"悦享营销"模型,其中包括"一核五弹"的全方位营销解决方案,即以 IP 内容为启动内核,内含 IP 软植入、IP 衍生、IP 跨界、O2O 兴趣流、IN 广广告五大营销方法论集群,整合优质行业资源推动商业价值裂变。

2. 优酷的内容营销离不开数据的助力

背靠阿里,丰富的数据资源为优酷打通内容营销闭环、实施精准营销提供了便利。在将阿里妈妈品牌业务和优酷广告商业团队整合成"阿里妈妈全域媒体业务中心"之后,优酷的内容全域营销全面进入 2.0 时代,可以利用阿里的数据能力,延长内容营销生命周期,在后内容营销阶段对此前触及的用户进行再次运营和营销触达。

具体来看,优酷将内容营销分成了三个阶段,分别为计划期、投放期和复盘期,据此提供定制化的解决方案。计划期利用大数据赋能做内容策略和决策;投放期利用阿里大文娱版块的生态赋能,扩大品牌内容营销价值;复盘期则是给品牌提供全链路的内容营销效果的评估服务。

3. 腾讯视频致力于构建以视频为价值连接点的营销生态

不断拓展视频平台的生态空间,并发出短视频、游戏、互动、IP 授权、文漫等一系列基于视频内容的互动体验模式,并与腾讯系内的社交、智慧零售平台积极联动,通过打造"全路径全场景"的视频内容及营销产品,助力广告主实现营销目标。

在剧集方面,腾讯视频首创大剧营销席位制,将内容营销资源仅以席位合作售卖,总品牌合作数量限制在 10 个左右,有效净化广告环境。为了强化品牌与 IP 的关联度,腾讯视频实现了与品牌的全周期合作,并开发了明星角色经纪,释放 IP 的商业价值。

3.5 社 交 平 台

社交媒体营销是互联网营销的一种形式,涉及在社交媒体网络上创建和分享内容,以实现营销和品牌宣传目标。

社交媒体营销包括发布文字和图片更新、视频和其他内容,吸引观众参与以及付费社交媒体广告等活动,社交媒体的营销为业务的增长带来丰厚的市场传播成效,创造品牌粉丝,甚至推动销售和业绩的增长。微信和微博是两个拥有大量用户的社交平台,也是企业社交营销的重要平台。

3.5.1 微博

2022 年 3 月,微博的月活跃用户数为 5.82 亿,同比净增约 5 100 万用户。移动端用户占月活跃用户数的 95%。2022 年 3 月的日均活跃用户数为 2.52 亿,同比净增约 2 200 万用户。

微博营销是企业通过微博平台发现并满足用户的各类需求的商业行为方式。微博营销因其传播速度快,关注度高,时效性强,易吸收潜在客户的特点受到企业的广泛应用。微博营销具有以下主要功能。

1. 实现品牌传播

企业依托于微博平台的开放式社交属性,能够让营销内容更加广泛地传播开来。同时一些粉丝也会帮助企业进行二次传播,迅速把相关的信息传播出去,达到更好的宣传推广效果。

2. 完成销售转化

企业进行微博营销的目的,还包括实现销售转化。微博营销不仅是让企业获取一定的关注和流量,在营销活动中,也能够吸引更多的用户去购买企业的产品,以此来完成销售转化,获取更多的经济收益。

3. 提供客户服务

微博作为一个社交网络平台,是连接企业和用户的桥梁。企业能通过微博相关内容的评论、私信等功能与用户进行实时的沟通,为用户提供个性化的服务。

3.5.2 微信公众平台

微信除了是一个即时通信平台,也是企业一个很重要的营销平台。微信拥有超过 10 亿的用户量,在微信上做营销有着得天独厚的流量优势。微信公众平台包括服务号、订阅号、小程序和企业微信(图 3-10)。

1. 服务号

服务号为企业和组织提供更强大的业务服务与用户管理能力,主要偏向服务类交互(功能类似 12315、114、银行,提供绑定信息、服务交互)。

适用人群:媒体、企业、政府或其他组织。

群发次数:服务号一个月(按自然月)内可发送四条群发消息。

图 3-10　微信公众平台账号分类

2. 订阅号

订阅号是为媒体和个人提供一种新的信息传播方式，主要功能是在微信侧给用户传达资讯，功能类似报纸杂志，提供新闻信息或娱乐趣事。

适用人群：个人、媒体、企业、政府或其他组织。

群发次数：订阅号（认证用户、非认证用户）一天内可群发一条消息。

3. 微信小程序

小程序是一种新的开发能力，开发者可以快速地开发一个小程序。小程序可以在微信内被便捷地获取和传播，同时具有出色的使用体验。

4. 企业微信

企业微信是企业的专业办公管理工具。与微信一致的沟通体验，提供丰富免费的办公应用，并与微信消息、小程序、微信支付等互通，助力企业高效办公和管理。

3.6　资讯类平台

内容营销能够帮助企业建立品牌认知度、品牌忠诚度，促成销售转化，提升用户参与度等，适用于企业产品营销的各个阶段。内容营销在无形中和目标受众建立了一种非常强烈并且长期的微妙关系，而真正的好内容也将会在无形中提升品牌价值。

随着内容行业的快速发展，内容平台已成为用户获取品牌和产品信息的重要渠道，在用户精准触达、种草效果上均有独特优势的内容平台成为品牌营销的重要阵地。

当前，资讯类平台主要有头条号、百家号、大鱼号、知乎号、腾讯内容开放平台等。

1. 头条号

头条号是今日头条推出的开放的内容创作与分发平台，基于今日头条革命性的推荐引擎，实现媒体、企业、政府等机构与个人的内容创作、发布与精准分发。

今日头条上的内容包括财经、社会、食品、时尚、体育、娱乐等全版块资讯，任何有兴趣的用户都可以在上面搜索得到自己想要的内容，内容营销的价值和潜能非常高，而且依靠精准投放和广告展示量巨大等优势，能全力帮助企业解决常见推广难题。

2. 百家号

百家号是百度旗下的内容创作平台,也是百度为创作者打造的集创作、发布、变现于一体的内容创作平台,还是众多企业实现营销转化的运营新阵地,2016 年 9 月正式上线。百家号背靠百度平台,让内容恰到好处地找到读者,让内容实现其价值为创作者获利,真正地实现内容营销(图 3-11)。通过搜索和信息流双引擎驱动,创作者发布的内容被分发到百度生态下面的 12 个平台,包括百度 App、百度知道、百度百科、百度文库、宝宝知道、好看视频、全民小视频、百度贴吧等。

流量收益
为作者提供平台曝光分发机会,作者可以享受基础分润激励。

内容电商
作者在发图文、视频等内容时可挂接商品卡,通过优质内容种草触达用户,促进商品购买转化获得丰厚的佣金收入。

付费专栏
打通搜索与信息流,为能系统性提供专业知识、课程的作者提供全年千亿流量的知识变现平台。

内容营销
作者可通过百家号平台获得品牌方专项定制,定制内容以搜索+feed信息流双引擎呈现为品牌方带来大量品牌曝光。

付费圈子
为有干货知识分享的作者提供通过社群化实时知识分享获取忠实粉丝与稳定知识变现的功能。

赞赏功能
广大用户能够在作者的作品下方看见赞赏入口,以赞赏的形式表达对优质原创作品的喜爱。

图 3-11　百家号优势

3. 大鱼号

大鱼号是阿里文娱体系为内容创作者提供的统一账号。大鱼号实现了阿里文娱体系一点接入、多点分发。内容创作者一点接入大鱼号,上传图文/视频可被分发到 UC、优酷、土豆、淘系客户端。

4. 知乎号

知乎的定位是较为独特的问答社区,早期平台上聚集了精英人群进行专业、高质量的内容分享。随着用户的逐步泛化,内容品类也从知识、财经、科学、时事等较为专业的品类扩展到泛娱乐品类。

知乎在专业化、垂直化、深度化的各个领域都有着各种优质内容,成为人们探索世界的载体。通过高质量内容吸引用户,传递高质量内容,与消费者建立信任关系,不断加深用户的印象和好感度,这也让不少用户在知乎上产生了进一步了解品牌的需求,也为品牌打造高质量内容架起了信任的桥梁。

5. 腾讯内容开放平台

腾讯内容开放平台是腾讯旗下的一站式内容创作运营平台,致力于帮助媒体、自媒体、企业、机构获得更多曝光与关注,持续扩大品牌影响力和商业变现能力,扶植优质内容生产者做大做强,建立合理、健康、安全的内容生态体系(图 3-12)。

图 3-12　腾讯内容开放平台

3.7　搭建自己的营销平台

在互联网高速发展与竞争日趋激烈的今天,企业的运营都将围绕着降低成本、提高服务品质这一中心。能否有效利用网络手段来进行企业的信息发布、形象展示、业务拓展、客户服务、内部沟通等工作,已成为关系到一个企业未来的战略问题。所以,对于一些稍有实力的企业,建立自己的独立在线营销平台也是一个重要选择。

3.7.1　企业官网的价值

企业的官方网站是企业的在线品牌展厅、在线营销平台和流量中转中心。

1. 网站是品牌展厅

官网不仅面向用户、合作伙伴展示品牌形象,而且一个用心策划、结构合理、外观大气、内容可靠的网站本身也是品牌实力的体现。

2. 网站是在线营销平台

网络营销早已不是一个新词,而企业网站恰是企业做网络营销的重要一环,甚至是很多传统企业做互联网转型的第一步。与在其他流量平台做营销不同的是,企业官网完全属于自己,不会因为平台流量推荐、内容风格等被限制。

3. 网站是流量中转中心

在通过搜索引擎和网站来实现搜得到、看得见和信得过的过程中,网站扮演了流量承载和中转的作用。网站既可以在线提供咨询服务,来获取客资,便于进一步联系和转化,也可以直接引导至私域,开始私域流量的运营以及社群服务。

3.7.2　营销型平台的规划

微课:企业营销
网站建设

1. 营销型网站的规划

网站规划是指在网站建设前对市场进行分析、确定网站的目的和功能,并根据需要对网站建设中的技术、内容、费用、测试、维护等做出规划。网站规划对网站建设起到计划和指导的作用,对网站的内容和维护起到定位作用。扫描右侧二维码观看企业营销网站建设。

(1) 明确网站建设的目的。企业建站前应该问自己网站是用来做什么的,网站要达到什么样的营销目的? 建设网站的目的对网站的计划和实施会有决定性的作用,所以在建设网站前就应重视起来。

企业建设网站的目的要根据企业的发展方向而定,是为了宣传产品、树立形象,还是为了方便与供应商、客户的信息交流,甚至是专门用来开展电子商务活动。这些问题明确后,企业网站的服务对象也就基本确定下来了。

(2) 网站功能规划。网站的基本功能包括企业形象展示,产品/服务展示,顾客服务,顾客关系管理,在线销售等。在考虑网站基本功能的基础上,网站功能规划还可以参考同行业企业的网站。总之,网站的功能规划要始终围绕企业网站建设的目标来展开。

(3) 确定网站风格。"风格"是抽象的,是指站点的整体形象给浏览者的综合感受。这个"整体形象"包括站点的 CI(标志、色彩、字体、标语)、版面布局、浏览方式、交互性、文字、语气、内容价值等诸多因素,网站可以是平易近人、生动活泼的,也可以是专业、严肃的。不管是色彩、技术、文字、布局,还是交互方式,只要能让浏览者分辨出这是你的网站独有的,就形成了网站的"风格"。

风格是有人性的,通过网站的色彩、技术、文字、布局、交互方式可以概括出一个站点的个性:是粗犷豪放的,还是清新秀丽的;是温文儒雅的,还是执着热情的;是活泼易变的,还是墨守成规的。

总之,有风格的网站与普通网站的区别在于:在普通网站上看到的只是堆砌在一起的信息,你只能用理性的感受来描述,例如信息量多少,浏览速度快慢等;在有风格的网站上,可以获得除内容之外更感性的认识,例如站点的品位,对浏览者的态度等。

在明确自己想给人以怎样的印象后,要找出网站中最有特色的东西,就是最能体现网站风格的东西,并以它作为网站的特色加以重点强化、宣传。总之,风格的形成不是一次定位就能成功的,你可以在实践中不断强化、调整、改进。

(4) 网站内容规划。中国互联网络信息中心的统计报告指出,一个成功的企业网站所具备的最主要因素是"信息量大、更新及时、有吸引人的服务,并且速度较快"。其中,网站内容是网站的根本之所在,它左右着网站流量,"内容为王"依然是网站成功的关键。

根据网站建设的目的和功能规划网站的内容,一般企业网站应包括公司简介、产品介绍、服务内容、价格信息、联系方式、网上订单等基本内容。电子商务类网站要提供会员注册、详细的商品服务信息、信息搜索查询、订单确认、付款、个人信息保密措施、相关帮助等。

网站的内容组织可事先对人们希望阅读的信息进行调查,并在网站发布后调查人们对网站内容的满意度,以及时调整网站内容。

(5) 网站的开发方式。网站开发可以有不同的方式,如果企业自己有能力的话,可以自己进行开发。如果条件受到限制,企业也可以找专业的网站开发公司为自己提供服务。

(6) 网站维护计划。网站发布后要对服务器及相关软硬件进行维护,对可能出现的问题进行评估,制订响应计划。此外,还要对网站的内容进行持续的更新和调整。所以,网站规划自然应该将网站的维护制度化、规范化。

2. 企业网站外包开发流程

企业要结合自身情况和行业环境,决定是自建网站还是外包给专业的开发公司。如果受条件限制,中小企业可以选择外包的方式,这样可以省去招聘专业网站设计制作人员等费用。但在选择外包公司时要认真考察,要尽可能地多了解外包公司的设计制作能力和信誉。下面是企业网站外包开发的流程。

(1) 咨询网开发解决方案。企业提出自己对于网站建设的基本要求,如网站建设的目的、网站基本功能需求、栏目设置、网站风格等。

(2) 外包服务公司提供"解决方案和报价"。根据企业的实际情况,外包企业制订最适合建设方的网站建设方案,并提供相应的报价。

(3) 确定合作意向。双方就网站建设方案、建设费用及其他相关细节达成一致后,签订网站开发合同。

(4) 开始设计制作。网站建设的委托方要协调公司的各个部门,根据网站开发需要整理相关资料(文字、图片等)协助网站开发公司的工作。

(5) 网站的测试与发布。网站制作完成后,需要反复进行测试、审核、修改,在确定无误后,才可以进行正式的发布。基本的测试比较简单,可以在本机进行,当然最好还是在真实的网络环境中测试。网站的制作过程本身就是一个不断开发、测试、修改和完善的过程。一般情况下,这个过程是将网站内所有的文件上传到服务器上,由开发商先进行全面的测试,然后找一部分用户上网浏览并测试,听取一些用户的意见。在测试过程中,需要反复听取各个方面的意见,并且不断地修改以及完善,直到用户满意。

网站测试的内容包括服务器稳定性、安全性,程序及数据库测试,网页兼容性测试,根据需要的其他测试。

需要注意的是,在移动互联网时代建设网站时,更应注意对移动端的适配,让用户得到更好的浏览体验。

（6）网站验收。网站验收要根据网站开发合同,验收项目包括链接的准确性和有效性、页面是否真实还原设计稿、浏览器的兼容性、功能模块的有效性等。

（7）后台操作培训。当网站验收完成后,建站技术人员会对客户进行后台操作培训,让客户能够独立操作自己的网站。

（8）网站后期推广和维护。网站上线运营后,接下来还需要对网站进行推广和维护。如果网站做好了而不进行维护和推广,那么网站就不会被用户所知,没有有效的流量,网站没有发挥它应有的作用,所以网站外包公司通常还会提供全套的后期网站推广和维护服务。

网站维护包括:服务器及相关软硬件的维护,对可能出现的问题进行评估,制定响应时间;数据库维护,有效地利用数据是网站维护的重要内容,因此数据库的维护要受到重视;网站内容的更新与调整。

3.7.3　百度智能化建站

百度智能化建站是百度官方推出的企业云建站产品(图 3-13),能够帮助企业实现智能化营销推广,例如智能 SEO 关键词、百度极速收录、信息流推荐等。

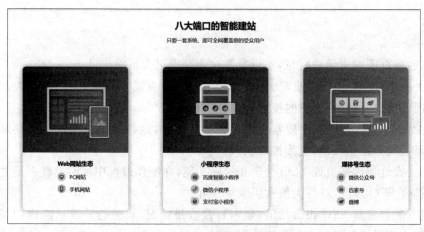

图 3-13　百度智能化建站系统

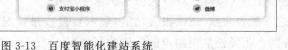

链接:百度 AIPage

百度智能化建站主要有以下优势。扫描右侧二维码查阅百度 AIPage。

1. 搭建简单

（1）一套系统,全网覆盖。百度智能建站,只要一套系统,即可全网覆盖企业的受众用户,实现全网营销。八大端口智能建站包括 Web 网站生态(PC 网站、手机网站)、小程序生态(百度智能小程序、微信小程序、支付宝小程序)、媒体号生态(微信公众号、百家号、微博)。

(2)可视化设计。无须任何代码基础即可上手制作,拖拽方式增删、排列、修改网站版块及组件。

(3)海量模板组件。系统内预置了海量的行业模板及场景组件,可根据需要随意选择使用及更换,一键轻松套用,支持个性化设计,彰显品牌特性。

(4)多端搭建。支持 PC,移动端数据同步,一次搭建,多端适应(图 3-14)。

图 3-14　百度建站手机端预览

(5)功能强大实用。搭建的网站不仅可以展示产品和品牌,更能承载线上交易和转化,能实现 B2C 电商功能和 O2O 预约功能。

(6)一键自动发布。网站一键发布上线,小程序扫码即可完成授权绑定,直推小程序官方服务器。

2. 更懂搜索

百度智能建站独享百度搜索优势权益,可以帮助企业获得更多精准流量。

(1)智能 SEO 关键词。根据百度搜索引擎数据,智能化为页面、文章、产品、商品匹配和添加 SEO 关键词,更精准地对应用户的搜索内容。

(2)百度极速收录。天然对接百度搜索引擎内部接口,实时向搜索爬虫主动推送网站内容及数据,最快可实现秒级热收录,上搜推广快人一步。

(3)SEO 诊断。设计器内嵌页面 SEO 分析和诊断功能,在制作过程中及时发现不足之处,让网页结构更符合 SEO 规范,对各大搜索引擎更友好。

(4)SEO 报表。后台集成 SEO 报表功能,展示百度收录情况、收录趋势及站点内的关键词排名情况,帮助企业轻松掌握站点的搜索收录情况。

(5)全静态生成。区别于传统全动态和伪静态页面,整站采用全静态生成技术,同时创建 MIP 化的内容页,更利于搜索引擎的抓取和收录。

(6)常规 SEO 设置。搜索引擎 SEO 相关设置一应俱全,后台包含 TDK 设置、301 重定向配置、SiteMap 生成与提交等功能,可任意修改。

（7）移动搜索收录。通过 Web 化和 sitemap 方式，让搜索爬虫抓取小程序，用户在移动端搜索结果中可见，访问时映射打开对应的小程序页面。

（8）信息流推荐。小程序的文章、产品、商品数据全面接入信息流，内容会通过百度 App 的内容推荐算法引擎展现给兴趣标签的客户。

思考与讨论

1. 在电商平台异常强势的环境下，企业自建的营销网站怎么才能发挥其应有的作用？

2. 营销型网站规划的核心问题有哪些？

网络实践

1. 选择一个中小型企业的营销网站作为背景，以它为基础，收集资料，完成一份完整详细的网站建设预算。

2. 查阅相关资料，了解 ICP 备案和 ICP 许可证相关知识。

3. 登录天猫和拼多多网站，了解企业入驻的要求和流程。

4. 认真观看一次直播带货，分解直播带货的主要环节。

创新·创意·创业

1. 结合本章所学，为自己的项目选择合适的营销平台和媒介，并对所选择的平台和媒体所要承担的营销职能作详细说明。

平台（或媒介）1：_____

营销职能：_____

平台（或媒介）2：_____

营销职能：_____

平台（或媒介）3：_____

营销职能：_____

平台（或媒介）4：_____

营销职能：_____

平台（或媒介）5：_____

营销职能：_____

2. 认真分析自己的创业项目，是否有必要建设一个营销型网站？为什么？

是否有必要：_____

理由：_____

第4章

网络调研与市场分析

本章内容提要

企业面对纷繁复杂的互联网市场,该如何识别商业机会,评估客户的需求,建立自己的竞争优势……这一切都需要建立在对市场的充分研究基础上。

本章将重点从网络调研、用户画像、网络市场的细分、选择与定位等方面学习企业该如何分析自己所面对的市场及该做何反应。

学习目标

知识目标

(1)理解网络调研与市场分析对于营销决策的重要意义。

(2)理解大数据与用户画像之间的关系。

(3)理解用户画像的"标签"及标签体系。

(4)理解网络市场细分与选择在企业经营中的意义。

(5)理解网络目标市场定位的作用。

技能目标

(1)能够通过搜索引擎收集市场信息,开展网络问卷调研。

(2)能够利用平台大数据用户画像功能进行精准营销。

(3)能够就调研收集的信息进行合理分析,并得出可靠的结论和建议。

(4)具备基本的数据分析能力,掌握 Excel 的基本数据分析功能。

(5)熟悉网络市场细分的指标,能够根据企业的经营状况和市场实际选择合适的细分市场。

(6)深刻理解市场定位的含义,能够结合企业和目标市场的具体情况帮助企业找到合适的市场定位。

素养目标

(1)具有研究探索精神和敏锐的市场嗅觉。

(2)培养严谨、科学、创新的思维。

(3)了解我国国情,培养实事求是的工作作风。

(4)具备团队精神以及与团队一起完成工作的能力。

（5）具备系统思维，具有良好的语言组织能力和表达能力。

引导案例

低度酒市场新风口

2020 年是低度酒赛道开始全面爆发的一年。低度酒品牌创业者们用精准需求定义品牌，打动了年轻人。无数新品牌在微博、抖音、直播等平台上脱颖而出。据统计，2020 年，仅天猫新加入的低度酒品牌就有 5 000 多家。

2021 年，更细分的女性低度酒也开始崛起。

据了解，抖音上"适合女生喝的酒"话题的播放量超 2 000 万。在小红书上，关于"女生酒"有超过 11 万的笔记，"微醺"的关键词有超过 20 万的笔记，消费者在上面分享自己的买醉心得与种草清单。微博这一话题已有 1.5 亿阅读量。

这与传统印象中"男性才是酒类消费市场的主力军，女性与酒没太大关系"截然不同。事实上，近年来，在"她经济"的驱动下，"她饮酒"趋势明显，女性用户加入酒类消费行业，成为酒类市场新的增长点。

未来几年，国内女性低度酒饮市场规模预计将突破 1 000 亿元，市场潜力巨大。为抓住这一新兴消费人群，茅台、泸州老窖、江小白等酒企纷纷加码，推出适合女性消费者的产品。

从 RIO 鸡尾酒横空出世后，茅台推出"悠蜜蓝莓精酿"（图 4-1），直接将主流消费人群定位为女性，此前泸州老窖还联名汉服国风文创品牌听月小筑推出了"仕女图鉴青梅果酒"。

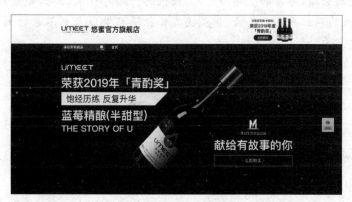

图 4-1　悠蜜官方旗舰店

"不论是社交场景的三五好友小聚小酌，还是独自一人在家的微醺状态，女性都需要一款称心如意的酒精饮料。但现在市场上依然缺少一款充分满足年轻女性饮酒需求的产品，这就是 MissBerry 的机会，也是我创业的初衷。"MissBerry 贝瑞甜心创始人唐慧敏此前表示。

除 MissBerry 之外，将目光放在女性酒市场的还有冰青、米客米酒、玛丽雪莱、狮子歌歌等低度酒品牌。

"90 后""00 后"年轻人成为消费的中坚力量，作为互联网原住民的他们充满个性，喜欢创新，追求多样化，强调价值感，这恰好给了新品牌创新的机会。

与男性饮酒不同，女性消费者更倾向于小酌微醺带来的放松畅快，注重饮酒乐趣。女性酒消费市场呈现多元化的发展形势，不同代际的女性有着不同的品位追求。

随着年轻人对社交平台的依赖，他们对喝的酒还有一个诉求，那就是高颜值的包装，能够代表时尚和潮流。

"拍照好看"与"流行种草推荐"远比其他故事更能打动她们的心。市场上热销的低度酒种类繁多,一些包装设计时尚的潮酒成为女性酒类消费的必选"打卡"产品。高颜值、口感爆表、微醺都是分享笔记中的高频词汇,低度酒被包装成一种时尚潮流的生活方式。

打开淘宝、天猫搜索"女性酒",显示出来的产品无一不是包装精美、"少女心"十足,评论区中"包装好看""高颜值"是出现最为频繁的字眼。由此可见,很多女性消费者都愿意为颜值埋单。

同时,这类产品为了迎合女性专属的社交场景,其包装设计、瓶身材质的颜值也非常高,特别适合下午茶或朋友小聚时拍照分享,有些高颜值的潮酒已经成为拍照必备"道具"。此外,低度健康、微醺放松也更贴合女性消费需求,对于释放职场、情感压力与焦虑,更易直击情绪痛点。

低度酒行业是一个重营销的行业,如何做到以用户为中心,聚人气、引关注、打爆款,是对创业品牌的一大考验。

在产品上,女性低度酒品牌在保留酒香的基础上,去除酒本身的苦涩感;在营销模式上,主打 KOC、KOL 以及明星带货等组合营销策略,借助小红书、抖音等社交电商强地域渗透性平台,品牌受众也扩散至三四线城市;在渠道上,除覆盖主流线上平台之外,新品牌还将重心放到线下,全力布局多元化的线下营销。

在业内人士看来,市场规模大与增速快是这个细分赛道的特点,但目前,女性消费者的酒水市场还处于"初级阶段",在低度酒的细分市场还没有头部品牌。

在女性低度酒领域,丰富的产品品类,高颜值的产品外包装,都只是吸引女性消费者的前提条件,也是成为网红产品的要素,但是要真正把爆品做成长盛不衰的大单品,最后还是要靠品牌的整体实力。

(资料来源:https://baijiahao.baidu.com/s?id=17020101383918930298&wfr=spider&for=pc)

4.1 网络调研

4.1.1 网络调研基础

1. 网络调研的概念

市场调查是指以科学的方法,系统、有目的地收集、整理、分析和研究所有与市场有关的信息,特别是有关消费者的需求、购买动机和购买行为等方面的信息,从而把握市场现状和发展态势,有针对性地制定营销策略,取得良好的营销效果。

把基于互联网而系统地进行营销信息的收集、整理、分析和研究称为网络市场调研。网络市场调研的主要内容包括市场可行性,影响销售的各种因素,市场竞争状况,消费者需求与特征,产品研究,价格研究,包装测试,品牌形象研究,广告效果研究等。

2. 网络市场调研的特点

传统的市场调研,一方面,要投入大量的人力物力,如果调研面较小,则不足以全面掌握市场信息,而调研面较大,则时间周期长,调研费用大;另一方面,在传统的市场调研中,被调查者始终处于被动地位,企业不可能针对不同的消费者提供不同的调查问卷,而针对企业的调查,消费者一般也不予以反应和回复。与传统的市场调研相比,网络市场调研虽然也存在各种问题,但其优势也是非常突出的,主要表现在以下几个方面。

(1)网络调研的互动性。网络市场调研的互动不仅表现在消费者对现有产品发表意见和建议,更表现在消费者对尚处于概念阶段的产品的参与,这种参与将能够使企业更好地了解市场,洞察市场的潜在需求。

(2)网络调研的及时性和客观性。由于网络上信息的传输速度快,一方面调研信息传递到用户的速度加快,另一方面用户向调研者的信息传递速度也加快了,这就保证了市场调研的及时性。

同时,由于以下一些原因,网络市场调研的结果可以做到更加的客观和真实,能够更好地反映消费者的真实要求和市场发展的趋势。

首先,被调查者是在完全自愿的原则下参与调查,因此填写者一般都对调查内容有一定兴趣,所以问卷填写可靠性高;其次,网上调查可以避免传统调查中人为错误(如访问员缺乏技巧,诱导回答问卷问题)所导致的调查结论的偏差,被调查者是在完全独立思考的环境下接受调查,不会受到调查员及其他外在因素的误导和干预,能最大限度地保证调查结果的客观性。

想一想

除上述提到的一些原因之外,还有哪些原因可能导致调查结果偏差?

(3)网络调研的便捷性和经济性。无论是对调查者还是被调查者,网络调查的便捷性都是非常明显的。整个调查过程通过在线的方式完成,对于收集到的数据,调查者可以通过统计分析软件快速便捷地进行整理和分析。这种方便性和快捷性大幅降低了市场调研的人力和物力耗费。

(4)网络调研无时空、地域限制。网上市场调查可以 24 小时全天候进行,这与受区域制约和时间制约的传统调研方式有很大不同。

(5)网络调研可检验性和可控制性。利用互联网调查收集信息,可以有效地对采集信息的质量实施系统的检验和控制。其原因主要有以下几点:第一,网上调查问卷可以附加全面规范的指标解释,有利于消除因对指标理解不清或调查人员解释口径不一而造成的调查偏差;第二,问卷的复核检验由计算机依据设定的检验条件和控制措施自动实施,可以有效地保证对调查问卷 100% 的复核检验,保证检验与控制的客观公正性;第三,通过对被调查者的身份验证技术可以有效地防止信息采集过程中的舞弊行为。

3. 网络市场调研的流程

网络市场调研与传统的市场调研一样,应遵循一定的方法与步骤,以保证调研过程的质量。网络市场调研一般包括以下几个步骤。扫描右侧二维码观看网络市场调研微课。

微课:网络
市场调研

(1)明确问题与确定调研目标。明确问题和确定调研目标对网络市场调研来说尤为重要,把企业需要了解和决定的营销问题进行分析和提炼,从而提出有待调查的,影响企业开展营销活动的各种因素。下面是一些可以设定的目标例子。

① 谁有可能使用企业的产品或服务?

② 谁是最有可能购买企业提供的产品或服务的客户？

③ 同行业的其他企业在做些什么，怎么做的？

④ 客户对竞争者的印象如何？

⑤ 在企业的日常运作中，可能要受哪些法律、法规的约束？如何规避法律风险？

（2）制订调查计划。网上市场调研的第二个步骤是制订出最为有效的信息收集计划。重点包括确定资料来源、调查方法、抽样方案等。

① 资料来源。确定收集的是二手资料还是一手资料（原始资料）。

② 调查方法。网上市场调查可以使用专题讨论法、问卷调查法和实验法等。

专题讨论法：网络环境下以专题讨论方式进行调研主要通过网络社区、社交媒体与即时通信软件等手段进行。

问卷调查法：调查者运用统一设计的问卷向被选择的调查对象了解情况或征询意见的调查方法，是获取一手资料最常用的调研方法。扫描右侧二维码观看网络问卷调研微课。

实验法：选择多个可比的主体组，分别赋予不同的实验方案，控制外部变量，并检查所观察到的差异是否具有统计上的显著性。这种方法与传统的市场调查所采用的原理是一致的，只是手段和内容有差别。

微课：网络
问卷调研

③ 抽样方案。要确定抽样单位、样本规模和抽样程序。扫描右侧二维码阅读调研样本的选择。

（3）收集信息。网络通信技术的突飞猛进使资料收集方法迅速发展。互联网没有时空和地域的限制，因此网上市场调研可以在全国甚至全球范围内进行。同时，收集信息的方法也很简单。这与传统市场调研的收集资料方式有很大的区别。

文档：调研样本
的选择

（4）分析信息。收集信息后要做的是分析信息，这一步非常关键。"答案不在信息中，而在调查人员的头脑中"。调查人员如何从数据中提炼出与调查目标相关的信息，直接影响最终的结果。

（5）提交报告。调研报告的撰写是整个调研活动的最后一个阶段。报告不是数据和资料的简单堆砌，调研人员不能把大量的数字和复杂的统计技术扔到管理人员面前，否则就失去了调研的价值。正确的做法是把与营销决策有关的主要调查结果提炼出来，并以调查报告所应具备的正规结构写作。

4. 网络调研信息处理的要求

（1）对信息的要求。

准确性原则：信息的准确性是指信息的事实性，要求收集到的信息真实可靠，这是对信息收集工作的最基本要求。不符合事实的信息不具有价值，甚至可能给决策带来负面的价值。为达到这样的要求，信息收集者就必须对收集到的信息进行核实，力求把误差减少到最低限度。

全面性原则：要求所收集到的信息要广泛、全面、完整。只有广泛、全面地收集信息，才能完整地反映管理活动和决策对象发展的全貌，为决策的科学性提供保障。

信息的及时性：及时获得信息对于企业的正确决策有着非常重要的作用。信息都具有一定的时效性，过了时效就不再具有价值或价值大幅下降。

（2）对市场分析的要求。

客观真实：市场分析往往要有很多数据来支撑，这些数据可以从不同渠道获取，一定要确保数据的真实。

系统严密：市场分析是一个计划严密的系统过程，应该按照预订的计划和要求去收集、分析和解释有关资料。逻辑不能出错，从哪些维度分析，先哪一步，后哪一步，要条理分明，逻辑严密，能让报告的阅读者快速获取信息。

信息加工：信息即使要加工也要确保真实，不要只罗列数据。

决策导向：市场分析是为决策服务的，通过分析最终一定要得出一个结果。

4.1.2 网络市场信息收集

知己知彼，方能百战百胜。本节以某一酒店的竞品卖点信息收集为例讲解网络市场信息收集。该酒店在明确目标群体需求的基础上，需要重新提炼自己的产品卖点，因此首先要做的事情就是对竞品卖点的收集与分析，了解竞品的卖点策略，为自己的差异化营销做准备。

1. 确定竞品

竞品卖点收集的前提是选对竞品，然后才是收集分析。如果竞品没选对，最后会导致得出错误的结论，进而做出错误的营销决策。既然是竞品，就意味着不同竞品之间有着同样的用户群，或满足的是同样的需求，所以竞品主要分为两种：解决同种需求的同类产品和解决同种需求的不同产品，即直接竞品和替代竞品或潜在的竞争对手。

在确定竞品时，企业应该选择那些在同一层面的产品企业和产品作为竞品。以下这些指标可以用来衡量一个企业是否符合竞品的标准。

（1）企业层面。包括企业的竞争类型（即是构成直接竞争还是间接竞争）、企业的商业模式、市场份额、市场地位等。

（2）用户层面。竞品的主要用户群体状况。

（3）产品层面。产品的定位、产品组合的构成状况、产品功能细分、核心产品等。

知识链接

竞品从字面意思上理解就是相互竞争的产品。竞品其实可以分为两类：直接竞品与间接竞品。直接竞品是指产品的商业模式、用户群体、产品的定位等方面都是一致的。例如在旅游行业，携程、飞猪、驴妈妈就是直接的竞争对手。间接竞品是指客群高度相似，功能层面需求形成互补，但是不会造成直接的竞争关系。例如全民 K 歌、网易云音乐。

2. 收集竞品卖点信息

（1）查看竞品官网。很多企业都有自己的官方网站，网站上会介绍企业与产品的基本信息，可以从中收集卖点信息。

（2）竞品的关键词。分析竞争对手的产品关键词，如竞争对手产品的淘宝关键词、百度竞价的关键词等。

（3）查阅产品的详情页。查看竞品的产品详情页，可以从竞品的产品属性、海报、图片、细节展示等确定产品的卖点。

（4）竞品推广文案查阅。竞品的推广文案是企业获取竞品卖点信息的一个重要渠道。

社交电商时代,竞品的推广信息可能会发布在一些主流的互联网社交平台上,如微博、微信公众号、抖音、小红书、知乎等,可以输入关键字,筛选相关信息。通过对竞品推广文案的分析,可以了解竞品的最新卖点。

（5）查阅用户的评论。了解用户对竞品卖点的反应有很多方法,其中最简单有效的方式就是查看用户评价（图4-2）。用户对商家的正反面评价都反映了需求的满足状况,以及对商家产品卖点的反馈。

图4-2　用户对商家的点评

4.1.3　问卷调研案例:某香水店铺七夕活动专题调研

调研背景:七夕活动即将上线,策划部门将针对两组客户群体策划大型促销活动,两组客户分别是已婚/恋爱客户群和单身客户群。

调研目的:了解客户节日购物的行为习惯,以更加准确地针对目标客户设计活动、选择活动渠道、制定促销策略。

调研内容:调研的内容主要包括用户的性别、年龄、婚恋状况、节日送礼意向;她们（他们）是如何选择礼物、获取礼物信息的;是否明确知道该送什么礼物;何时购买礼物;会不会（愿不愿意）选择化妆品作为礼物;礼物的价格偏好;如果选择化妆品（香水）,影响选择的主要因素是什么;喜欢什么样的礼物（如单品、套装、自己搭配……）;喜欢什么样的促销活动等。

调研方法:问卷调研。

调研工具:淘问卷。

具体实施:在店铺主页设置"七夕专题"标签入口,引导客户进入填写。此次调研问卷共设11个问题,为无奖励问卷。

问卷回收情况:问卷上线时间为7月25—26日,共回收问卷738份,有效问卷738份。

调研结果:

（1）店铺的客户群体。20～30岁的非单身女性（图4-3）。

（2）女神节送礼意向。30岁以下比30岁以上更愿意送礼物（图4-4）。

（3）怎么挑选礼物。大部分人会上网看看有什么合适的商品,随着年龄的增长,人们越来越清楚该送什么礼物（图4-5）。

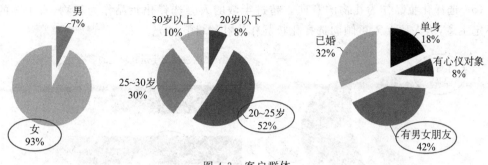

图 4-3 客户群体

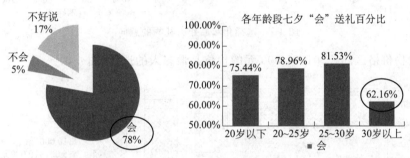

图 4-4 送礼意向

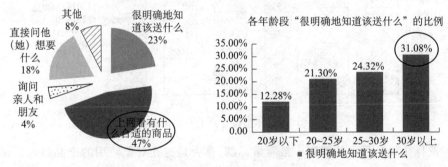

图 4-5 如何挑选礼物

（4）在什么时间购买礼物。绝大多数人都会至少提前一周购买礼物，有心仪对象的人买礼物最积极（图 4-6）。

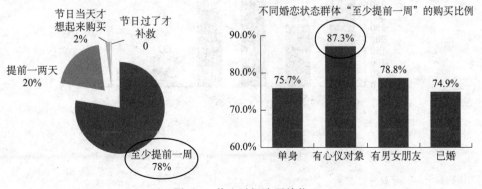

图 4-6 什么时间购买礼物

（5）选择化妆品作为礼物的意向。超过半数的人会选择化妆品作为礼物，有1/3的人拿不定主意，男人比女人更倾向选择化妆品作为礼物（图4-7）。

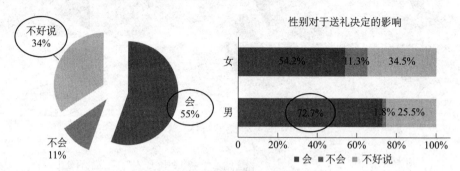

图 4-7　选择化妆品作为礼物的意向

（6）礼物价格区间。501～1 000元的价位是最多人的选择（图4-8）。

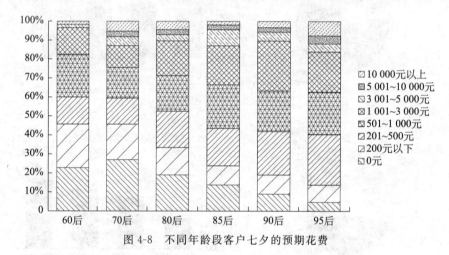

图 4-8　不同年龄段客户七夕的预期花费

（7）选择化妆品看重的要素。最看重品牌、是否是送礼对象使用的产品以及产品功能。部分客户其他选项中提到了口碑（图4-9）。

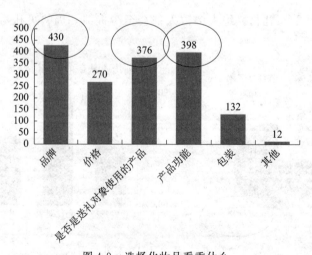

图 4-9　选择化妆品看重什么

（8）用户喜欢挑选什么样的礼物。他们最喜欢护肤套装、香水单品和自己搭配选择。男性更喜欢购买香水作为礼物,而女性则更偏爱护肤单品和香水情侣套装(图 4-10)。

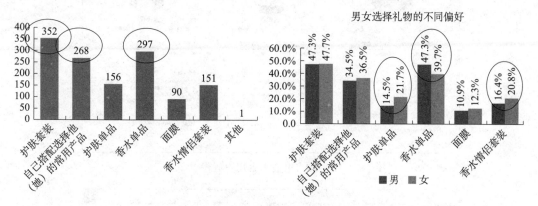

图 4-10　喜欢挑选什么样的礼物

（9）用户喜欢什么样的促销活动。打折最具有吸引力,其次是团购和秒杀(图 4-11)。

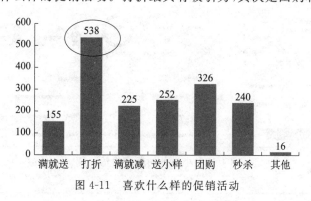

图 4-11　喜欢什么样的促销活动

4.2　大数据与市场分析

企业要想给用户提供合适的产品,首先需要了解自己的用户,摸清他们的真正需求。而用户画像是帮助了解用户的一个有效工具。

4.2.1　用户画像

用户画像也称粉丝画像,是指根据用户属性、习惯、偏好、行为等信息抽象描述出来的标签化粉丝模型,是关于用户的印象或标签的集合(图 4-12)。用户画像是由一组真实的数据推断而来,有一定的代表性的印象与标签的集合,当将这些印象和标签组合起来,就能把一个群体具象成一个抽象的"人"的形象。简单地说就是给用户打标签,通过这些高度概括的标签,可以更好地认识用户、了解用户、理解用户。扫描右侧二维码观看用户画像微课。

微课:用户画像

例如,小米公司微博有 1 000 多万粉丝,对这些粉丝进行画像后,可以看到小米公司微博粉丝在年龄、性别、星座、地区分布、兴趣等方面的特点(图 4-13~图 4-17)。

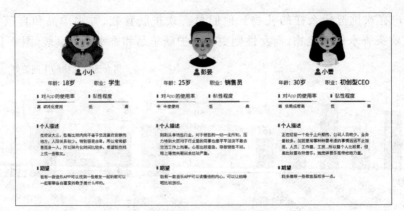

小小
年龄：18岁 职业：学生
彭昊
年龄：25岁 职业：销售员
小蕾
年龄：30岁 职业：初创型CEO
对App的使用率
粘性程度
个人描述
期望

图 4-12 电商平台用户画像

小米公司
简介：让全球每个人都能享受科技带来的美好生活。
北京 海淀区
2010年04月06日
粉丝数 1384.84万
影响力指数 752.62
电商指数 758.50
数据统计
历史微博
历史广告微博
粉丝画像
相似博主
投放评估
数据更新时间：2021-03-08 14:29
粉丝数据
118.64万 8.57%
62 0.01%
969.39万 70%
性别分布
男性 78.34%
女性 21.66%
粉丝年龄分布
18岁以下 26.48%
18~25岁 31.47%
25~35岁 15.63%
粉丝星座分布
射手座 11.05%
天蝎座 10.23%
摩羯座 9.32%

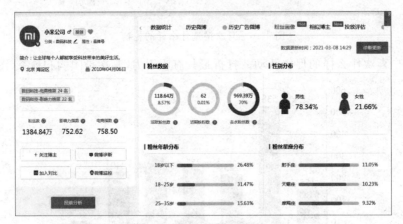

图 4-13 小米公司微博粉丝画像

粉丝年龄分布
18岁以下 26.48%
18～25岁 31.47%
25～35岁 15.63%
35～45岁 11%
45～60岁 15.42%
粉丝星座分布
射手座 11.05%
天蝎座 10.23%
摩羯座 9.32%
双鱼座 9.06%
狮子座 8.96%

图 4-14 小米公司微博粉丝年龄星座分布

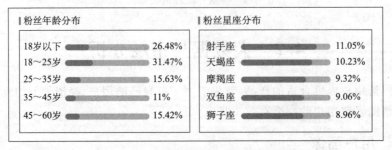

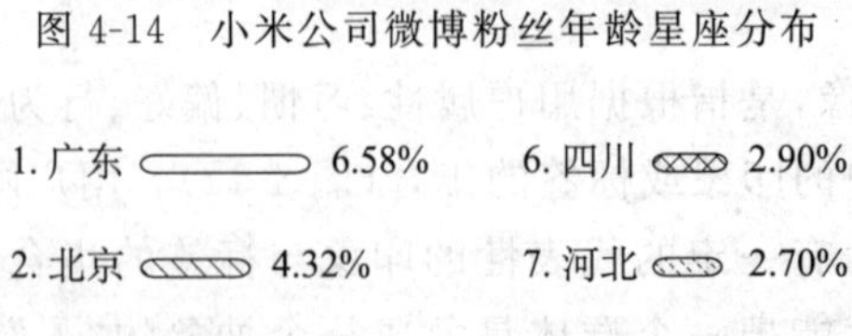

1. 广东 6.58%
6. 四川 2.90%
2. 北京 4.32%
7. 河北 2.70%
3. 河南 3.87%
8. 浙江 2.65%
4. 江苏 3.82%
9. 安徽 2.34%
5. 山东 3.09%
10. 上海 2.29%

图 4-15 小米公司微博粉丝地区分布

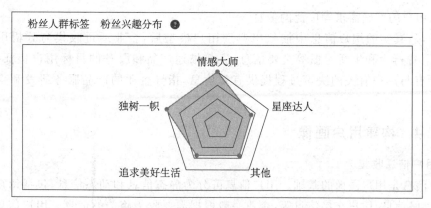

图 4-16　小米公司微博粉丝人群标签

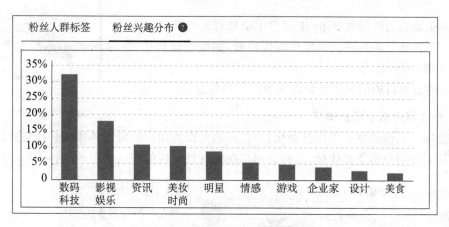

图 4-17　小米公司微博粉丝兴趣分布

4.2.2　用户画像与精准营销

大家也许都有过类似经历：当在购物网站有过购物或搜索行为后，网站会给我们推送各种同类型的产品或相关的互补商品；当成为某个消费品牌的注册会员后，特殊的日子（如生日、会员日）会收到品牌商发来的祝福短信以及优惠券；当打开新闻 App 时，系统总是给推送符合个人爱好的内容……这样的例子还能举出很多，其实企业的这些行为就是基于用户画像的精准营销。

不管是做精准营销还是个性化推荐，企业首先需要对用户做画像。有了精准的用户画像，企业就可以做到"用户需要什么，企业就生产什么；用户需要什么，企业就提供什么"，在真正意义上实现用户需求导向。

4.2.3　标签与用户画像

标签是对某一类特定群体或对象的某项特征进行抽象分类或概括。用户画像的本质就是对用户特征的"标签化"。用户画像的核心在于给用户"打标签"，如年龄、性别、地域、用户偏好等，每一个标签通常是人为规定的特征标识，用高度精练的特征描述一类人。

由此可知，用户画像可以为企业提供足够的信息，能够帮助企业快速找到精准的用户群体及获取用户的准确需求等广泛的信息。

同时,从真实的用户信息中抽象出典型用户模型后,企业通过收集与分析用户的社会属性、消费行为和生活习惯等主要信息,完整描述产品和服务的目标用户特征,就能为企业中所有与用户有关的决策过程提供有效信息,指导企业的产品服务研发和市场营销活动。

4.2.4 构建用户画像

1. 用户信息收集

用户信息是用户画像的基础。用户信息可分为静态信息和动态信息,包括用户行为信息、用户偏好信息、用户交易信息等,企业一般根据需要收集相关的信息。用户信息主要来自以下几个渠道。

(1)企业自己的网站、App上用户主动填写或留下的信息。

(2)企业社交账号提供的用户画像功能,如微信公众号、微博、小红书等都提供了相应的用户画像功能。

(3)通过有目的的调研和访谈获取的用户信息。

2. 构建用户画像标签体系

构建用户画像的核心工作是给用户打"标签",即将用户的每个具体信息抽象成标签,利用这些标签将用户形象具体化,从而为用户提供有针对性的产品和服务(图 4-18)。

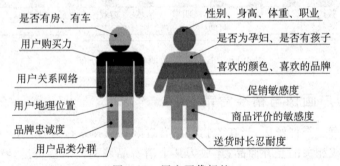

图 4-18　用户画像标签

用户画像包含的内容并不完全固定,不同企业对于用户画像有着不同的理解和需求。根据行业和产品的不同,所关注的特征也有所不同,但主要还是体现在基本特征、社会特征、偏好特征、行为特征等方面(表 4-1)。

表 4-1　C 端用户画像标签体系

基本特征	社会特征	偏好特征	行为特征
性别 年龄 学历 地域(居住地)等	婚姻 家庭 社会角色 社交 职业、收入状况 资产状况等	兴趣偏好(浏览/收藏内容、时间/频次、评论内容、互动内容等); 消费偏好(品牌偏好、产品偏好、价格偏好、潜在需求等)	上网行为(使用的手机、浏览的内容、访问时长、页面停留时间等);消费行为(购买渠道、购买频次、客单价、最近一次消费日期等)

以上分析的是 C 端用户画像标签体系。为了清楚掌握 B 端用户特征,识别用户需求,及时跟进产品与服务。与 B2C 用户画像一样,B2B 用户画像也可以从基本特征、用户角色、偏好特征、行为特征等维度出发(表 4-2)。

表 4-2 B 端用户画像标签体系

基本特征	用户角色	偏好特征	行为特征
地域 行业 规模 营业额 经营状况 行业排名 行业地位 发展速度等	产品需求者 产品使用者 采购者 审批者	品牌 质量 价格	需求发起 采购行为 沟通行为 使用行为

用户画像是虚构的角色,可以帮助了解用户的需求、体验、行为和目标,认识不同的人有不同的需求和期望,也可以识别出到底哪些用户对产品感兴趣,进而指导产品组合设计。

4.2.5 用户画像需要注意的问题

1. 静态标签与动态标签

静态标签是指在一定的时间范围内具有相对稳定性的信息,它是建立用户画像的基础,也是最基本的用户信息。如性别、学历、婚姻、职业、地域等。

动态标签是指在一定的时间范围内动态变化的信息,用户偏好特征和行为特征会随时发生动态变化。如用户的上网行为、产品偏好、购买行为等。

企业只有结合静态标签和动态标签,给用户打上不同的标签,才能建立完整立体的用户画像。

2. 用户画像的维护和完善

用户画像要建立在真实的信息基础之上。由于用户特征和信息会随着时间发展而变化,所以用户画像应该是动态的。再加上企业产品的变化和发展也可能带来新的用户群体,以往的用户画像无法涵盖新增用户群体的标签和数据信息,所以企业需要对用户画像信息进行动态的维护和完善。

4.3 网络市场细分

4.3.1 网络市场细分的意义

19 世纪 50 年代,美国著名的市场学家温德尔·斯密提出市场细分的概念,基于市场"多元异质性"的市场细分理论为企业选择目标市场提供了基础。

网络营销市场细分是指企业在调查研究的基础上,依据网络消费者的购买欲望、购买动机与习惯爱好等的差异性,把网络营销市场划分成不同类型的群体,每个消费群体构成企业的一个细分市场。网络营销市场可以分成若干个细分市场,每个细分市场都由需求和愿望大体相同的消费者组成。在同一细分市场内部,消费者需求大致相同,不同细分市场之间,则存在明显的差异性。扫描右侧二维码观看网络市场细分微课。

微课:网络
市场细分

市场是一个综合体,是多层次、多元化的消费需求的集合体,任何企业都不可能满足所有消费者的需求。企业网络营销要取得理想的效果,就要定义自己的目标市场,为自己定义的目标市场中的客户服务。网络营销市场细分是企业进行网络营销的一个非常重要的战略步骤,是企业认识网络营销市场、研究网络营销市场,进而选择网络目标市场的基础和前提。

4.3.2　网络市场细分的程序

网络市场细分作为一个过程,一般要经过以下的步骤。

1. 明确研究对象

企业首先要根据战略计划规定的任务、目标及选定的市场机会等,决定将要分析的产品市场,进而确定是将这一产品的整体市场还是从中划分出来的局部市场作为细分和考察的对象。

2. 拟定市场细分的方法、形式和具体变量

企业首先根据实际需要拟定采用哪一种市场细分的方法,而后选择市场细分的形式,即决定从哪个或哪些方面对市场行细分。最后还要确定具体的细分变量,将其作为有关的细分形式的基本分析单位。

3. 收集信息

企业对将要细分的市场进行调查,以便取得与已选细分方法、细分形式及细分变量有关的数据和必要的资料。

4. 实施细分并进行分析评价

企业运用科学的定性和定量方法分析数据,合并相关性高的变量,找出有明显差异的细分市场,进而对各个细分市场的规模、竞争状况及变化趋势等方面加以分析、测量和评价。

5. 选择目标市场,提出营销策略

一个企业要根据市场细分结果来决定营销策略,这要区分以下两种情况。

(1) 如果分析细分市场后,发现市场情况不理想,企业可能放弃这一市场。

(2) 如果市场营销机会多,需求和潜在利润令人满意,企业可根据细分结果提出不同的目标市场营销策略。

4.3.3　网络市场细分标准

一种产品的整体市场之所以可以细分,是由于消费者或用户的需求存在差异性。在B2C市场上,市场是由以满足生活消费为目的的消费者构成的,消费者的需求和购买行为等具有许多不同的特性,这些不同的需求差异性因素,便是 B2C 市场细分的基础。由于引起消费者需求差异性的因素很多,在实际操作中,企业一般是综合运用有关标准来细分市场

的,而不是单一采用某一标准。

消费者市场细分的标准主要有四类,即地理因素、人口因素、心理因素、行为因素。以这些因素为标准来细分市场就产生出地理细分、人口细分、心理细分和行为细分4种市场细分的基本形式。

1. 按地理因素细分市场

互联网虽然打破了常规地理区域的限制,但是不同地理区域之间的人口、文化、经济等差异将会长期存在。

地理细分是指按照消费者所处的地理位置、自然环境来细分市场,例如,根据国家、地区、城市规模、气候、人口密度、地形地貌等方面的差异将整体市场分为不同的细分市场。

地理因素之所以作为市场细分的标准,是因为处在不同地理环境下的消费者对于同一类产品往往有不同的需求与偏好,他们对企业采取的营销策略与措施会有不同的反应。

地理变量易于识别,是细分市场应予以考虑的重要因素,但处于同一地理位置的消费者需求仍会有很大差异。所以,简单地以某一地理特征区分市场,不一定能真实地反映消费者的需求共性与差异,企业在选择目标市场时,还需结合其他细分变量予以综合考虑。

2. 按人口因素细分市场

按人口统计因素,如年龄、性别、家庭规模、家庭生命周期、收入、职业、教育程度等为基础细分市场。消费者需求、偏好与人口统计变量有很密切的关系,例如,只有收入水平很高的消费者才可能成为高档服装、名贵化妆品、高级珠宝等的经常买主。人口统计变量较容易衡量,有关数据也相对容易获取,由此构成了企业经常以它作为市场细分标准的重要原因。人口因素主要包括以下几个方面。

(1) 性别。男性与女性在产品需求与偏好上有很大不同,如在服饰、鞋帽、化妆品等方面的需求明显有别。

(2) 年龄。不同年龄的消费者对商品需求的特征也有着明显的差异。一般来说,儿童需要玩具、食品、童装、儿童读物;青年人则需要学习、体育和文娱用品;老年人需要营养品与医疗保健用品等。按年龄细分市场,有利于满足各年龄档次的消费者的特定需要。因此,企业必须掌握网络消费者的年龄结构、各年龄段的消费者占整个消费者群体的比重及各种年龄消费者的需求特点。

(3) 收入。不同收入的消费者对商品的需求也有明显的差异。一般而言,低收入者对商品价格会比较敏感,而高收入者更看重商品的品质以及购买的方便性。例如,同是外出旅游,在交通工具以及食宿地点的选择上,高收入者与低收入者会有很大的不同。正因为收入是引起需求差别的一个直接而重要的因素,所以企业应该用不同档次、不同价格的商品去满足具有不同支付能力的消费者。

(4) 职业与教育。按消费者职业的不同,所受教育的不同以及由此引起的需求差别细分市场。例如,由于消费者所受教育水平的差异所引起的在志趣、生活方式、文化素养、价值观念等方面的差异,会影响他们的购买种类、购买行为、购买习惯等,不同消费者对居室装修用品的品种、颜色等有不同的偏好就是一个证明。

(5) 家庭生命周期。一个家庭在不同阶段,家庭购买力、家庭人员对商品的兴趣与偏好有较大差别。

大多数企业通常采用两种或两种以上人口因素来细分市场。

3. 按心理因素细分市场

根据购买者所处的社会阶层、生活方式、个性等心理因素细分市场就叫心理细分。

（1）社会阶层。社会阶层是指在某一社会中具有相对同质性和持久性的群体。处于同一阶层的成员具有类似的价值观、兴趣爱好和行为方式，不同阶层的成员则在上述方面存在较大的差异。很显然，识别不同社会阶层的消费者所具有的不同特点，对很多产品的市场细分将提供重要的依据。

（2）生活方式。通俗地讲，生活方式是指一个人怎样生活。人们追求的生活方式各不相同，有的追求新潮时髦，有的追求恬静、简朴，有的追求刺激、冒险，有的追求稳定、安逸。

（3）个性。个性是指一个人比较稳定的心理倾向与心理特征，它会导致一个人对其所处环境做出相对一致和持续不断的反应。企业依据个性因素细分市场，可以为其产品更好地赋予品牌个性，以与相应的消费者个性相适应。

4. 按行为因素细分市场

根据购买者对产品的了解程度、态度、使用情况及反应等将他们划分成不同的群体叫行为细分。许多人认为，行为变量能更直接地反映消费者的需求差异，因而成为市场细分的最佳起点。按行为因素细分市场主要包括以下几点。

（1）购买时机。根据消费者提出需要、购买和使用产品的不同时机，将他们划分成不同的群体。如有些商品是节日礼品或婚嫁特殊品，消费者购买时间有一定的规律性。

（2）追求利益。依据消费者通过购买、消费产品期望得到的主要利益进行市场细分。消费者购买某种产品总是为了解决某类问题，满足某种需要。然而产品提供的利益往往并不是单一的，而是多方面的。

（3）使用者状况。根据顾客是否使用和使用程度细分市场。通常可分为经常购买者、首次购买者、潜在购买者、非购买者。

（4）使用数量。根据消费者使用某一产品的数量大小细分市场。通常可分为大量使用者、中度使用者和轻度使用者。

（5）品牌忠诚程度。企业还可根据消费者对产品的忠诚程度细分市场。有些消费者经常变换品牌，另外一些消费者则在较长时期内专注于某一品牌或少数几个品牌。通过了解消费者品牌忠诚情况，品牌忠诚者与品牌转换者的各种行为与心理特征，不仅可为企业细分市场提供基础，同时也有助于企业了解为什么有些消费者忠诚本企业产品，而另外一些消费者忠诚于竞争企业的产品，从而为企业选择目标市场提供启示。

（6）购买的准备阶段。消费者对各种产品的了解程度往往因人而异。有的消费者可能对某一产品确有需要，但并不知道该产品的存在；还有的消费者虽已知道产品的存在，但对产品的价值、稳定性还存在疑虑；另外一些消费者则可能正在考虑购买。针对处于不同购买阶段的消费群体，企业可进行市场细分并采用不同的营销策略。

（7）态度。企业还可根据市场上顾客对产品的热心程度来细分市场。不同消费者对同一产品的态度可能有很大差异，如有的持肯定态度，有的持否定态度，还有的持既不肯定也不否定的无所谓态度。针对持不同态度的消费群体在广告、促销等方面应当有所不同。

4.4　网络目标市场选择

网络目标市场即企业商品和服务的销售对象,是企业决定要进入的市场,企业的一切营销活动都是围绕目标市场展开的。网络目标市场选择是在对网络市场细分的基础上,结合企业自身的资源条件和营销目标选择适当的细分市场的过程。扫描右侧二维码观看网络目标市场选择微课。

微课:网络目标
市场选择

4.4.1　网络目标市场评估

网络营销目标市场选择的恰当与否,不仅直接关系着企业的经营成果及市场占有率,而且直接影响企业的生存与发展。因此,在对网络营销市场进行细分之后,要对各细分市场进行评估,分析各细分市场是否值得开拓。一般而言,企业考虑要进入的目标市场,应具备以下几个标准或条件。

1. 有一定的规模和发展潜力

企业进入某一市场是期望能够有利可图,如果市场规模狭小或趋于萎缩状态,企业进入后难以获得发展,此时,应审慎考虑,不宜轻易进入。当然,企业也不宜以市场吸引力作为唯一取舍标准,特别是应力求避免"多数谬误",即与竞争企业遵循同一思维逻辑,将规模最大、吸引力最强的市场作为目标市场。大家共同争夺同一个顾客群的结果是造成过度竞争和社会资源的无端浪费,同时使消费者本应得到满足的需求遭受冷落和忽视。

2. 竞争者未完全控制

企业应尽量选择那些竞争相对较少,竞争对手比较弱的市场作为目标市场。如果某个细分市场已经有了众多的、强大的或竞争意识强烈的竞争者,那么企业要进入该细分市场就会十分困难。

3. 符合企业目标和能力

某些细分市场虽然有较大吸引力,但不能推动企业实现发展目标,甚至分散企业的精力,使之无法完成主要目标,这样的市场应考虑放弃。另外,还应考虑企业的资源条件是否适合在某一细分市场经营。只有选择那些企业有条件进入、能充分发挥其资源优势的市场作为目标市场,企业才会立于不败之地。

4.4.2　网络目标市场选择策略

经过网络市场细分之后,选择和确定网络目标市场时,目标市场选择策略一般有 5 种(图 4-19),假设某企业经营三种产品,分别为 P1、P2、P3,目标市场细分为三个子市场,分别为 M1、M2、M3。

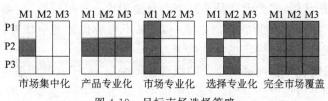

图 4-19　目标市场选择策略

1. 产品市场集中化策略

产品市场集中化策略是指在众多的子市场中,企业只选择一个细分市场,并且集中力量生产或经营一种产品,供应给这一细分市场。当企业的资源有限,细分市场并无竞争对象,或是企业在此单一细分市场拥有关键的成功要素时,企业可以考虑采用这种策略,即集中火力攻击单一细分市场,例如,图 4-19 中企业可能只选择把产品 P2 销售给 M1 市场。

2. 产品专业化策略

产品专业化策略是指企业在某个专业领域享有良好的声誉,可以凭单一的专业化产品、服务满足数个细分市场的需要。企业面对所有的细分市场只生产经营一种产品,如供各类顾客阅读的书籍。例如,图 4-19 中企业可能把 P2 产品分别销售给 M1、M2、M3 三个细分市场。

3. 市场专业化策略

市场专业化策略是指企业集中满足某一特定顾客群的各种需求,向同一细分市场提供不同类型的产品。例如,图 4-19 中企业把 P1、P2、P3 三种产品销售给相同的 M1 市场。

4. 选择性的专业化策略

选择性的专业化策略是指企业有选择性地进入几个不同的细分市场,并向这些细分市场分别提供不同类型的产品。如果各细分市场之间相关性较小,且各细分市场都有着良好的营销机会与发展潜力,同时也符合企业的目标和资源水平,就可采用此种策略。这种策略的优点在于可分散企业的风险,即使某一细分市场经营不理想,企业仍可在其他细分市场上赢利。例如,图 4-19 中企业把 P1、P3 产品销售给 M2 市场,P2 产品销售给 M1 市场。

5. 全面覆盖策略

全面覆盖策略是指企业全方位进入各细分市场,为所有细分市场提供消费者所需要的所有产品或服务。这种策略通常只有那些拥有丰富资源的大型企业才适合采用。

4.5　网络市场定位

4.5.1　网络市场定位的意义

所有想在互联网上获得成功的企业,都必须找到适合自己的细分市场。人们总能发现许多小企业最终成为互联网上的大赢家,原因之一就是它们做出了正确的市场定位。

网络市场定位就是通过营销活动的策划与开展,为企业及产品创造一种明显区别于竞争者的特色性差异,并把这种差异形象、生动地展示给顾客,争取目标顾客的认同,使企业产品在顾客心目中形成一种独特的、深刻的、鲜明的印象,从而形成网上市场企业独一无二、不可替代的竞争优势。扫描右侧二维码观看网络目标市场定位微课。

微课:网络目标
市场定位

通过网络市场定位不仅明确了企业的顾客和竞争对手,还有利于建立企业及产品的市场特色。由于在同一市场上企业面临众多提供类似商品和服务的竞争者,如果企业没有很好地进行市场定位,就不容易在市场上与竞争者区分开来,消费者也就不会对企业及其产品和服务形成独特偏爱,所以对网络市场进行科学有效的定位成为企业吸引消费者留住消费者的必然之举。

4.5.2　市场定位的策略

企业进行市场定位,就是要着力宣传那些会对其目标市场产生重大影响的差异,以确定企业在目标顾客心目中的独特位置。企业可以依据提供给目标市场的产品或服务、本身拥有的资源、目标市场的消费者、竞争对手状况等因素来进行市场定位,以在消费者心中形成明显区别于竞争对手的差异。企业最常用的市场定位策略有以下几种。

1. 属性定位

属性定位针对消费者或用户对某种产品某一特征或属性的重视程度,强有力地塑造出本企业产品与众不同的鲜明的个性或形象,并把这种形象生动地传递给顾客,从而使该产品在市场上占据适当的位置。

2. 利益定位法

根据产品所能满足的需求或所提供的利益、解决问题的程度来定位。企业从产品设计、生产的角度,赋予商品能满足目标市场客户喜好的特性及优点,但不可否认的一个事实是每位客户都有不同的购买动机,真正影响客户购买的决定因素,绝对不是因为商品优点和特性加起来最多。商品有再多的特性与优点,若不能让客户知道或客户不认为会用到,对客户而言都不能称为利益。反之,企业若能发掘客户的特殊需求,找出产品的特性及优点,满足客户的特殊需求,或解决客户的特殊问题,这个特点就有无穷的价值。

3. 产品使用者定位

产品使用者定位策略能正确找出产品的使用者或购买者,使定位在目标市场上显得更突出。如一家网络化妆品专卖店,可以将目标市场集中在某一女性群体,并明确她们的年龄、职业、兴趣爱好、社会地位、地理区域等。

4. 竞争者定位

竞争者定位策略是直接针对某一特定竞争者,而不是针对某一产品类别。在某些时候,企业将自己和一个知名的竞争者比较,是进入潜在顾客心中的有效方法。

5. 空档定位

空档定位策略是指企业把产品或网络服务定位在那些为许多顾客所重视的,但尚未被开发的市场空间。实施空档定位策略时企业必须考虑以下问题:市场空当还未被竞争者发现,且有一定的规模,同时自身有足够的资源和能力。

6. 多重定位

企业将市场定位在几个层次上,或依据多重因素对产品进行定位,使产品给消费者的感觉是多种特征、多重效能。作为市场定位体现的企业和产品形象,都必须是多维度、多侧面的立体。

4.5.3　市场定位策略的执行

企业在分析了各种不同的定位策略之后,接着就要认真评估本企业所提供的产品或服务、目标市场及在竞争中的关系,这样才能实施具体的定位策略。在实践中,应将企业及产品或服务固有的特性、独特的优点、竞争优势等,和目标市场的特征、需求、欲望等结合在一起考虑。市场定位策略的执行一般有以下三个步骤。

1. 确认企业潜在的竞争优势

消费者一般都选择那些能给他们带来最大价值的产品和服务。因此,赢得和留住顾客的关键是比竞争者更好地理解顾客的需要和购买过程,向他们提供更多的价值。通过提供比竞争者更低的价格,或是提供更多的价值以使较高的价格显得合理。企业可以把自己的市场定位为向目标市场提供优越的价值,从而企业可赢得竞争优势。

市场定位的基础是差异化,确认企业潜在的竞争优势也就是要明确企业有哪些地方可以与竞争者形成差异,进而在消费者心目中留下特殊的印象。

首先,企业可以从产品、服务、形象上分析与竞争对手的差异在哪里,以及这些差异是否比竞争对手更佳。其次,企业要列出目标市场,明确目标市场消费者的特征和需求,并推测消费者会对哪些差异感兴趣。

在经过分析以后,企业也许会发现多种潜在竞争优势或差异,这种情况下,企业接下来要做的事情就是选择正确的竞争优势。

2. 选择正确的竞争优势

在企业的市场定位中,既可以根据单一差异化因素定位,也可以同时采用多种差异化因素定位。在具体选择竞争优势时,企业应该首先考虑哪些是对消费者有实际意义的、值得推广的;哪些是竞争对手不具备而自己具备的,或竞争对手具备而自己可以做得更好的;此外,还要考虑所选择的竞争优势是否容易被模仿,以及消费者的可察觉性和经济上的承受能力;最后还要考虑企业的盈利性。

但是不管选用一种差异因素还是多种差异因素,企业要尽可能避免犯以下错误。

(1) 定位过窄。本来可以适应更广泛的顾客需要,结果因为定位过窄而失去大批顾客。

(2) 定位过宽。企业缺乏真正明确的定位,不能突出差异性。具体表现为公司发现消费者对其印象模糊或不觉得具有特殊之处。

(3) 定位过度。企业言过其实地吹嘘自己的功效或好处,使消费者不敢相信。

(4) 定位混乱。将导致消费者产生混乱不清的印象,如果企业对产品的一连串定位会使消费者无法正确认识产品,则使企业产品的品牌形象弱化。

3. 有效、准确地向市场传播企业的定位

一旦选定自己的市场定位,企业就必须采取切实步骤把理想的市场定位传达给目标消费者。企业所有的营销组合策略必须围绕这一市场定位展开,给企业定位要求有具体的行动而不是空谈。

 **本章练习**

思考与讨论

1. 对比互联网环境下在线调研与以往传统的调研形式之间的差别。

2. 大数据环境下的市场细分可以怎么做?

3. 网络信息收集如何确保信息的真实可靠？

4. 结合自己的使用感受，如何提升使用搜索引擎收集信息的效率？

5. 哪些企业的市场定位给你留下了深刻印象？为什么？

网络实践

1. 通过互联网收集铜、铝等有色金属或钢铁、木材等大宗商品最近两年来国内市场的供求及价格变化情况，并画出对应的统计图表（图表可以按月份或季度制作）。

2. 百度指数使用：查阅一个自己感兴趣的品牌，了解该品牌关键词的趋势、需求图谱、人群画像。

3. 选择一个与电商相关的调研项目分析确定调研目标，通过在线问卷平台（如腾讯问卷、问卷星）设计问卷开展调研。问卷的问题设计要集中围绕所选择项目的具体调研目标，问题数量为 15 个左右。

创新·创意·创业

结合本章所学，为自己的项目设计合理的调研方式，调研分析项目所处的市场环境、面对的用户以及自身拥有的资源，并在此基础上为自己的项目进行合理的定位，最终形成一份详细完整的分析报告。

第5章

网络营销 4P 策略

本章内容提要

无论是传统营销还是网络营销,产品、价格、渠道、促销都是企业营销的核心问题。随着消费群体、消费需求、营销媒介等的变化,企业的营销策略必须适应这种变化。

本章将学习互联网环境下的网络营销产品策略、网络营销价格策略、网络营销渠道策略、网络营销促销策略。

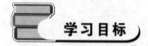

学习目标

知识目标

(1) 理解 4P 组合在网络营销中的重要地位。

(2) 深刻理解互联网时代新产品开发迭代的特点。

(3) 理解价格对购买行为的影响,理解影响网络营销定价的因素,熟悉网络营销常见的价格策略。

(4) 理解线下线上渠道的融合,理解全渠道营销思想。

(5) 熟悉和了解各种网络促销方式。

技能目标

(1) 能够就不同行业不同的产品类型为企业找到最佳的网络营销方式。

(2) 掌握互联网营销新产品开发的途径。

(3) 具备一定的渠道统筹能力,能够对企业的线上和线下渠道进行统一规划。

(4) 能够根据企业的经营需要策划实施网络促销。

(5) 能够根据市场状况制定和修订产品的价格。

(6) 能够实现产品策略、价格策略、渠道策略、促销策略之间的组合协同。

(7) 能够在网络营销思想的指导下开展专题营销策划和综合营销策划。

素养目标

(1) 能够突破自我,拥抱变化。

(2) 具备一定的创新思维,具有较好的接受新事物的能力。

(3) 具有一定的系统性思维能力,思维敏捷,富有创意。

(4) 具有较强的竞争意识和抗压能力,具有一定的挑战精神和魄力。

（5）具有良好的职业道德和法治意识，自觉遵守职业操守和相关法律法规。

引导案例

乐蜗家纺 LOVO 的 4P 策略

LOVO（乐蜗）家纺品牌于 2009 年 3 月推出，定位于"新锐设计师设计，互联网直卖床品，没有中间环节"的家纺品牌。经过数年的发展，LOVO 家纺品牌已是罗莱生活旗下最大的电子商务品牌，逐渐成长为中国家纺家居垂直类领域深受消费者欢迎和具有影响力的品牌。

"LOVO"诠释的是当下年轻消费群体的全新生活态度，四个英文字母分别代表：life（幸福生活）、onward（上扬前行）、valuable（价值认同）、oasis（自然健康）。

LOVO 家纺在线销售产品包括套件、被子、枕头、床垫、盖毯、家居服饰、靠垫、毛浴巾和夏令用品等 30 大类，超过上千余种优质商品（图 5-1）。

图 5-1　LOVO 官方旗舰店

LOVO 家纺聚焦于互联网，为年轻消费者提供更有品位、更具美学、更有仪式感的生活方式。LOVO 家纺秉持顺应当代中国年轻、时尚消费者的生活方式及消费需求的理念，在持续进行产品和品牌的升级，不断创新、与时俱进，在年轻时尚家纺家居行业前行。设计风格符合当下都市年轻人生活方式和流行趋势，也为消费者呈现了更时尚的床品美学新潮流。

从年轻人的洞察出发，LOVO 家纺持续打造符合年轻人喜好的时尚床品，赋予产品从花型设计、材质到功能的美好体验和小惊喜。2021 年秋冬季，LOVO 全新研发撸猫绒床品系列，上市之后，打造了"撸猫绒"全新材质品类词，依靠柔软亲肤、一触即暖、抗菌防螨等功能，热度持续高涨，因为其名称新颖有趣并且和材质特点巧妙结合，引起行业众品牌争相模仿，出现"猫猫绒""撸猫感绒"等产品。

LOVO 家纺 IP 跨界联名产品也是品牌的一大特色，旗下先后签约了小黄鸭 B·duck、哆啦 A 梦、宝可梦等头部 IP，打造出行业多个 IP 爆款系列。依托时尚 IP 跨界合作，LOVO 家纺倡导年轻、时尚的床品消费主张，利用品牌 IP 持续强化，也成为品牌拉新年轻消费者重要手段之一。

2018 年年初,LOVO 家纺与国际知名定位公司合作,为品牌制定出全新的战略定位,即互联网直卖床品,新锐设计师设计。LOVO 家纺负责人表示,本次战略的核心在于新锐设计师设计的定位。众所周知,家纺行业的同质化竞争非常激烈,为突破这一瓶颈,LOVO 家纺将率先全面启动新锐设计师、设计工作室的合作,为 LOVO 定制具有国际时尚感的床品设计,为中国消费者带来床品美学的全新体验。

家纺行业步入了快速发展阶段,LOVO 家纺通过品牌战略升级,以全新的面貌应对年轻时尚消费群体在生活品质层面更高的需求和期待,为消费者带来更多惊喜。

5.1 网络营销产品策略

5.1.1 解决用户痛点

痛点有两大含义:一是用户在正常的生活当中所碰到的问题、纠结和抱怨,如果这些事情不解决,他就会浑身不舒服,甚至会很痛苦;二是企业出于营销需要营造出来的"痛点",即让用户感觉不购买该企业的产品和服务就会有种"痛"的感觉,不购买就会发生后悔情况的这种"痛"感。

例如,小米刚进入手机市场,定义就是"发烧友"的手机,过去只有极客才会去刻意追求的体验,小米将其完善,并喊出口号,引导消费。对于手机用户使用产品的各种貌似多余的细节进行改进,在传统企业看来,都是一些画蛇添足的事情,小米却引导用户去关注它。小米的产品并没有达到颠覆的境界,但却靠对细节的创新和打磨,真正解决了手机用户的痛点。小米也因此在这么短的时间内成为数字时代制造行业的巨头,通过互联网来了解用户的需求,收集用户的需求并快速迭代,使产品越来越受用户的欢迎。

5.1.2 提供产品组合

产品组合是一个企业提供给用户的一组产品,它可以是不同系列的多个产品的组合,也可以是同一系列的多个产品的组合,还可以是同一产品的批量(多个数量)组合。通过提供产品组合,一方面可以给市场用户提供便利,让某个需求及周边相关需求一次得到满足;另一方面对于高频易耗的产品进行批量销售,不仅降低了产品的单价,为用户节省了成本,满足了用户的需求,也有利于提升企业的产品销售。

例如,小米公司能够给用户提供非常丰富的产品组合(图 5-2),包括手机电话卡、电视盒子、笔记本显示器、家用插线板、出行穿戴、智能路由器、电源配件、健康类、儿童类用品、耳机音箱、生活箱包等不同产品线的产品,能够满足不同类型用户的不同消费需求。手机又分为小米系列和红米系列。小米系列以针对高端市场为主,红米系列主要定位中低端市场。小米手机下面又分数字系列、MIX 系列与 Note 系列。类似地,小米电视、笔记本电脑也分为小米系列和红米系列。

由于产品组合的广度、深度和关联度同销售业绩有密切的关系,因此,在网络营销中,确定经营哪些产品或服务,明确产品之间的相互关系,是企业产品组合策略的主要内容。扫描右侧二维码观看网络营销产品策略微课。

微课:网络营销产品策略

图 5-2　小米商城

1. 扩大产品组合策略

扩大产品组合策略也称全线全面型策略,即扩展产品组合的广度和深度,增加产品系列或项目,扩大经营范围,以满足市场需要。这将有利于综合利用企业资源,扩大经营规模,降低经营成本,提高企业竞争能力;有利于满足客户的多种需求,进入和占领多个细分市场。

2. 缩减产品组合策略

缩减产品组合策略是指降低产品组合的广度和深度,减少一些产品系列或项目,集中力量经营一个系列的产品或少数产品项目,提高专业化水平,以求从经营较少的产品中获得较多的利润,故也称市场专业型策略。该策略有利于企业减少资金占用,加速资金周转;有利于广告促销、分销渠道等的目标集中,提高营销效率。

5.1.3　品牌延伸策略

品牌延伸是指利用现有品牌名进入新的产品类别,推出新产品的做法。品牌延伸能够让企业以较低的成本推出新产品,因而它成为企业推出新产品的主要手段。

品牌延伸并非只是简单借用表面上已经存在的品牌名称,而是对整个品牌资产的策略性使用。品牌延伸策略可以使新产品借助成功品牌的市场信誉在节省促销费用的情况下顺利地进入市场。

例如,茅台联合蒙牛推出冰淇淋产品(图 5-3)。2022 年 5 月,茅台与蒙牛签署战略合作框架协议,在冰淇淋等预包装产品领域开展深入合作,随后推出了茅台冰淇淋产品,包括三种口味,经典原味和香草口味冰淇淋含 2% 的 53 度飞天茅台,青梅煮酒味冰淇淋飞天茅台含量比例为 1.6%。高品质鲜乳与幽雅的茅台酒完美融合让消费者品尝到独特的味道。

5.1.4　产品定制策略

在今天的消费市场中,用户呈现出的个性化特点逐步凸显。个性化营销是市场的需求,也是企业发展过程中必不可少的重要环节。将同样包装、同等质量的产品卖给所有用户,或将同一品牌的不同包装、不同质量的产品卖给若干用户群,这种传统的营销策略对用户的吸引力越来越弱,越来越不能满足用户的个性化需求。

随着科技的不断发展,生产制造向生产"智"造方向转变,同时大数据通过相关性分析,将用户和产品进行有机串联,对用户的产品偏好等进行个性化定位,进而反馈给企业的产品研发部门,使其推出与用户个性相匹配的产品。

　　现在,越来越多的 C2M 反向定制商品,让消费者可以享受"许愿式生产",获得最适合自己的产品和服务。从给用户提供消费品,用户被动接受到主动根据用户需求反向定制个性化产品,C2M 模式越来越受到市场关注。在新零售大行其道之下,C2M 模式也成为众多企业战略打法的新选择。例如,美的空调全屋定制,按面积下单服务(图 5-4)。

图 5-3　茅台冰淇淋

定制你的专属空调

当地专业工程师　上门测量　设计方案
预约上门　　　专业放心　快速配型

图 5-4　美的空调定制服务

　　2021 年,C2M 定制款手机在京东"6·18"又一次成为热门。凭借长链条、高价值的消费资源及先进算法,京东为手机品牌提供从用户洞察到选品、定价、采购、履约、预测,再到产品研发、运营、营销、售后等一体系的全链条智能生态服务,实现合作品牌各环节资源的合理利用及效率提升。通过 C2M 反向定制模式,京东让手机品牌方在知道用户需求的情况下,能更有针对性地生产制造产品,在提升合作品牌经营效益的同时,最大化满足消费者的各种个性需求。

　　目前,除了京东,阿里巴巴、拼多多、苏宁易购等大平台也都在布局 C2M。

知识链接

　　消费者给工厂提要求,消费者需要什么,工厂就生产什么,这就是 C2M(customer-to-manufactory)反向定制模式。利用这种 C2M 反向定制模式,可以让工厂为每一位消费者定制商品,还能减少交易流通环节,有效降低生产成本,未来的制造业,不是标准化和模式化,而是个性化、智能化,利用新制造取代旧制造。

5.1.5　新产品开发策略

1. 新产品开发过程

　　互联网在创意形成、概念测试、产品开发以及市场检验等环节,可以有效帮助企业开发适销对路的产品。

　　首先,通过互联网企业可以实现宽范围、低成本、交互式的市场调研,发现顾客的现实需求和潜在需求,形成原始创意,从而形成产品构思。此外,互联网也为企业快速跟踪科技前沿,掌握竞争者动向,加强与供应商和经销商的联系,收集各种信息提供了极大的方便。

　　其次,借助计算机辅助设计和制造系统把要测试的产品概念做成实物模型放在网上,从而观察、测试消费者的行为并收集网络消费者的意见,此为概念测试,其成本低、灵活性强,调查者可随时改变被测试产品的设计,并能与顾客进行即时、广泛的交流。

再次,顾客通过网络全程参与和协作产品的研制开发工作,有关供应商和经销商也可以直接参与新产品的研制与开发,这种全程的沟通与协作极大限度地提高了产品研制开发速度和成功的可能性。

最后,通过市场测试企业可以估计产品的销售潜力、消费者的价格接受水平,并识别产品和已提出的营销方案的弱点,避免实际上市时出现失误带来的损失,即市场检验。

2. 新产品概念设计

新产品概念设计是指从分析用户需求到形成概念产品的一系列有序的、有组织的、有目标的设计活动,表现为从模糊到清晰、由粗到细、由抽象到具体不断演进变化的过程。产品概念设计的最终目的是开发新产品,而新产品必须满足用户需求,这就要求产品设计以用户需求为重要设计依据。用户的需求可分为显性需求和隐性需求,用户的显性需求能够通过市场调查分析直接获知,进而指导产品的概念设计;而用户的隐性需求则需要企业充分挖掘需求信息,预测用户的期望。

3. 常见的新产品开发策略

(1) 创新型产品。使用新技术带来的产品创新。

(2) 新产品线。市场上已经有的产品,而企业首次介入生产的产品。

(3) 现有产品线的增补产品。在企业现有产品线上增加新的产品。

(4) 现有产品的改进或更新。替换现有产品的新产品,新产品改善了原有产品的某些功能或扩大了原有产品的感知价值。

(5) 降低成本的产品。以较低成本推出同样性能的新产品。

(6) 重新定位产品。进入新的目标市场或改变原有产品市场定位推出的新产品。

5.2 网络营销价格策略

为产品制定一个最合适的价格,对大多数企业来说都是一个不小的挑战。合理的产品定价不仅能够满足顾客的需求,还能有效应对市场竞争,进而实现企业的盈利目标。

企业在进行网络营销定价时必须综合考虑各种因素,采用合适的定价策略。例如,航空公司机票的价格采用的就是多种价格模式,不仅有特价机票,还会根据购买时间提供不同的价格折扣。在淘宝、京东等电子商务平台上,很多商品有尝鲜价、促销价、秒杀价、预订价,还有三年包修价等多种价格满足不同客户需求。在互联网时代商家的定价策略将变得越来越灵活。扫描右侧二维码观看网络营销价格策略微课。

微课:网络营销
价格策略

5.2.1 影响定价的因素

1. 产品自身的竞争力

产品自身的竞争力是影响定价的一个重要因素,如产品的稀缺性。如果是创新性产品,市场缺乏同类产品,定价就可以定得高一些;如果产品的品质相比竞品明显优异,也可以有更高的定价;此外,像产品的知名度和美誉度等都会影响产品的最终定价。

2. 定价目标

定价目标是企业定价要达到的目的。常见以下定价目标。

（1）利润目标。通常用投资回报率表示。可以追求高利润率或满意"利润率"，或是追求短期或长期的利润目标。

（2）市场目标。包括保持市场占有率，增加销售量，提高市场占有率、强化市场渗透等目标。

（3）竞争目标。包括市场份额最大化，维持生存，阻止新的竞争者加入，击败竞争对手等。

不同的定价目标直接影响产品的最终价格。例如，如果企业想培养用户的使用习惯，那么应该定一个更低的价格；如果想提升市场占有率，企业一般会将产品价格定得较低，保持较低的利润，甚至不考虑盈利；如果企业的定价目标是提升产品总营收，那么企业通常会将产品定价指向公司的核心创收产品，且保证一定的利润率；如果企业的定价目标是提升产品利润率，企业一般会将产品定价指向高价格、高利润产品，提升商业化整体利润率，聚焦高端产品运营。

例如，在智能手机行业，苹果手机的定位一直为高端手机，即高价格、高利润的手机，而国产手机的价格在过去很多年都在 2 000～3 000 元徘徊。随着手机性价比时代的结束，很多厂商也进入高端手机领域，例如，华为、OPPO、VIVO 等厂商都在不断提高旗舰机型的定价。

3. 供求关系

价格受市场的供求关系影响，是经济学的一个基本原理。如果市场需求旺盛，产品供应不足，产品价格就可以定得高一些；相反，如果市场需求不足，产品供过于求，市场竞争激烈，企业产品定价往往需要定得低一些。

产品价格在受市场供求影响的同时，价格的高低也会直接影响需求。在正常的情况下，市场需求会按照与价格相反的方向变动，价格上涨，需求减少；价格降低，需求增加。

4. 产品成本

成本决定了一个产品价格的下限。

电商企业的成本一般可由固定成本和可变成本构成。固定成本是指不随生产或销售收入的变化而变化的成本，如办公场所的租金、人员工资、管理费用、仓储成本等。可变成本是指跟着业务开展状况而发生相应变化的成本，如产品采购成本、包装成本、物流快递成本、交易佣金、税收、推广费用、库存成本等。从长期看，任何产品的价格都应该高于所发生的成本费用，在生产经营过程中的耗费才能从销售收入中得到补偿，企业才能获得利润，生产经营活动才能继续进行。扫描右侧二维码阅读一般商家的电商成本构成。

文档：一般商
家的电商成
本构成

5.2.2　产品的基础定价方法

1. 定价的三种基础方法

企业产品定价通常需要考虑消费者的需求与购买能力，产品的自身因素，市场竞争状况。相应的也就形成了企业产品定价的三种基础方法：基于成本的定价、基于竞争对手的定价和基于产品感知价值的定价。

（1）基于成本的定价。成本是企业生产经营过程中所发生的实际费用，客观上要求通过商品的销售得到补偿，并且价格应该高于成本，超出的部分表现为企业利润。以产品单位成本为基本依据，再加上预期利润来确定价格的定价方法，是企业最常用、最基本的定价方法。在这种定价方法下，把所有为生产某种产品而发生的耗费均计入成本的范围，计算单位产品的变动成本，合理分摊相应的固定成本，再按一定的目标利润率来决定价格。

基于成本的定价可以简单地表述为

$$产品价格 = 成本 + 期望的利润$$

或

$$产品价格 = 成本 \times (1 + 期望利润率)$$

（2）基于竞争对手的定价。一款产品是否具有市场竞争力，能否在众多竞争对手中脱颖而出，价格有时候是关键。尤其是当企业提供的产品或服务与竞争对手基本相同，且用户对产品价值能够直接感知的情况下应该尝试基于竞争对手的定价方法，产品定价对标竞品价格。否则性价比低的产品一眼就会被发现，很容易被用户抛弃。

以手机为例，一旦某手机厂商推出新款手机，网络上便会流传产品的对比图。而其他手机厂商，一定会充分对比相似定位的竞品以后，根据对比情况来调整定价。

（3）基于产品感知价值的定价。通常情况下，企业会非常关心产品的成本，而往往会忽略一点：产品的用户认为这个产品能提供多少价值？这个概念被称为感知价值（perceived value）。感知价值是消费者所能感知到的利益与其在获取产品或服务时所付出的成本进行权衡后对产品或服务效用的总体评价。消费者感知价值体现的是顾客对企业提供的产品或服务所具有价值的主观认知，而区别于产品和服务的客观价值。

基于产品价值的定价是指企业根据产品为客户创造的价值进行产品定价，最终确定的价格取决于客户对产品价值的感知。基于产品价值的定价方法的出发点是用户需求，认为企业生产产品就是为了满足用户的需要，所以产品的价格应以用户对商品价值的理解为依据来制定。用户对产品价值的认知和理解程度不同，会形成不同的定价上限，如果价格刚好定在这个限度内，那么用户既能顺利购买，企业也能获得更高的利润。

2. 评估客户的感知价值

企业要进行产品定价，需要评估客户的产品感知价值，即客户认为这个产品能够为他提供多少价值。客户感知价值是客户在感知到产品或服务的利益之后，减去其在获取产品或服务时所付出的成本（图 5-5），从而得到的对产品或服务效用的主观评价。

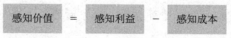

图 5-5　客户感知价值

没有一个产品可以满足所有人，不同用户对产品不同功能的看法也不相同。企业要确定客户的感知价值，可以结合产品的基本定位。即在明确产品用途及客户细分需求后，对客户感知价值进行客观评估，进而会产生一个预估的价格定位。

具体来说，客户的感知价值包括产品的功能、作用、效果、品质、颜色、款色、服务、性价比等。

可以通过访谈或问卷调研等方式来了解用户对产品的不同功能特点的重视程度和感知价值,以及他们的心理价位,最终可以通过类似以下的语句来描述用户的感知价值。

客户会用_____来满足_____,为此,他们愿意支付_____元。

如果产品或服务能够满足用户的需求,解决消费痛点,并且拥有较好的性价比,就会让用户感到物超所值。

3. 竞品价格信息收集

企业在给产品定价的时候必须考虑竞争者的产品和价格。企业需要对市场上的同类产品及替代品做价格调研,主要收集分析竞品的市场定位、竞品的品质、竞品的价格、竞品的销量、竞品的成本、竞品的价格变化趋势等,为企业产品做定价参考。如果企业的产品和竞争者的同种产品质量差不多,那么两者的价格也应大体一样;如果企业的产品不如竞争者的产品,那么价格就应定得低一些;如果企业的产品优于竞争者的产品,那么价格就可以定得高一些。

5.2.3　组合套装定价

近年来,组合套装定价已经成为企业一种常用的营销策略,也是很多电商平台都在使用的一种促销方式。组合套装是最佳的促进成交的方式之一,它会让买家产生赚取了优惠的错觉,使企业的产品有机会更快售出。

1. 组合套装定价概念

组合套装定价是指将两种或两种以上的相关产品作为一个组合制定一个价格进行销售,它销售的是产品组合而不是单个产品。产品组合套装的价格一般低于套装内几个单品单独购买的价格之和。扫描右侧二维码观看组合套装定价微课。

微课:组合
套装定价

消费者通过对收益和成本进行评估得出对产品或服务的感知价值。而且,购买意愿受到感知价值显著的正向影响。也就是说,感知价值越大,消费者所产生的购买意愿越强烈。研究表明,组合套装对购买意愿有正向影响。

组合套装定价很好地利用了价格锚点效应,推销产品套餐。组合套餐定价在零售行业应用广泛,其核心思想是单买某一个产品价格较贵,不划算,但是购买产品套餐价格相比更加便宜,以此来吸引用户购买。

📜 知识链接

价格锚定是指当消费者对产品价格是否适合不确定的时候,会采取避免极端原则和权衡对比原则来判断这个产品的价格是否合适。这方面的一个典型案例是英国《经济学人》杂志曾经做过的一个定价实验。

《经济学人》杂志曾提供三种订阅套餐:59美元的电子版;125美元的纸质版;125美元的纸质+电子版组合套餐。

这三种订阅套餐被拿去给100名学生做测试,询问他们会选择哪一种套餐。结果,84个人选择了纸质+电子版组合套餐,16个人选择了电子版,没有人选择单独的纸质版。

但是如果把"125美元的纸质版"这个选项去掉,大家的选择就不一样了——有68个人选择了更便宜的电子版。

事实上,看起来根本不划算的纸质版在这里只是一个价格诱饵,它虽然不会带来 125 美元纸质版的销售,但是能直接影响客户做出的判断。因为这个诱饵突出了组合套餐的优势。

在一些非标准化的产品和销售场景中,如何让用户接受你的价格,价格锚定效应可谓是至关重要。既可以给用户一个更高的锚定价格,让用户对现在的价格满意;也可以将一些性价比低的产品作为对比,提高用户对现有产品的性价比感知;甚至可以与高端奢华的品牌合作,提高用户对产品的心理预期价格。

2. 组合套装定价的意义

组合套装定价,不管是企业还是消费者都能从中受益。

首先对于用户而言,组合套装定价一方面可以降低选择和购买成本;另一方面可以尝试使用一些以前没接触过但是很好用的产品。

对于企业而言,组合套装定价不仅可以降低用户对价格的敏感度,促进用户购买,扩大产品销售,提升客单价,提升销售和利润,还能通过组合套装定价使新产品得到有效的推广。

此外,组合套装定价还能避免消费者意识到价格歧视。例如,产品 A 要清仓,如果单纯打折,原价 50 元现在只卖 10 元,可能会使老客户或近期消费者产生挫败感(昨天 50 元买的,现在才 10 元)。如果产品 A 和其他商品组合销售,就能够避免出现价格歧视问题。

3. 组合套装的两种基本形式

组合套装定价作为企业的一种常见的营销手段,其有两种基本的形式。

(1) 同一产品的多种数量组合,即 $a \cdot n$ 型套餐,这里 a 代表某一产品,n 代表数量,例如洗发水两瓶装或三瓶装。

(2) 几种不同产品的套装,即 $a+b+\cdots$ 型套餐,这里 a、b 等都代表某一产品,例如自然堂(CHANDO)凝时鲜颜 10 件套(洁面 125g + 冰肌水 160mL + 乳液 120mL + 精华 40mL)(图 5-6)。

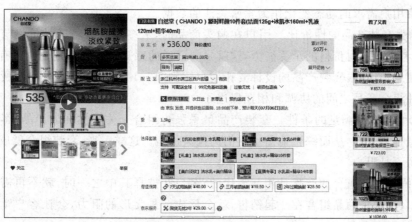

图 5-6　自然堂的不同套装

4. 选择用来做组合套装的单品

套装产品设计不合理,不仅无法达到营销目标,还会干扰用户的购买选择。所以企业做组合套装定价,需要研究自己的产品中哪些适合用来做组合套装。企业不仅要确保套装产品在功能或目的上是互补的,还要确保这些产品会畅销。当然,特定的情况下,也可以选择功能彼此独立的产品。

要想设计出合理的套装产品,企业可以分析以往的销售记录,看看用户经常一起购买哪些产品,这些经常在一起购买的单品就可以作为套装产品来设计。企业还可以通过一些电商平台来了解套装的组成及定价,例如,有些平台具有"经常一起购买""人气配件"功能(图5-7)。当然,还可以通过消费者调研的方式来获取相关信息。

图 5-7 京东产品组合功能

5. 准确估算套装产品的成本和收益

在做套装产品定价时,一定要准确地估算套装产品的成本和收益。做任何一项生意或是策划产品的销售,都不可避免地需要付出额外的成本费用。虽然同时也可以获得比单独销售更高的额外收益,但是,只有当额外的收益大于额外的成本时,产品套装定价方案才是可行的。

6. 组合套装定价需要注意的问题

(1) 组合套装要以用户需求为导向。不同的用户对同一产品会有不同的心理期望,即便是同一个消费者,其需求也永远处于动态变化之中。随着社会发展和技术的进步,用户的消费场景和体验场景也在不断地变化,这也导致了用户的需求不断地更新迭代。因此,企业平时应该将用户需求的动态变化作为紧密关注的数据。

(2) 增强套装产品的性价比。用户在购买商品时,大多数人会将产品价格与心理价格进行比较,考虑他们对价格的承受能力,这就是前面说的感知价值。不是企业所有的产品和服务都能随意地组合,套装产品的设计要让用户感到"1+1>2"的效果,有物超所值的感觉取决于几种组合产品之间的协调和相互促进。

(3) 套装组合应满足的条件。套装产品最忌强行组合。关联性强的产品,客户很容易接受它们组合在一起,从而综合地衡量它们的购买价值。这样一来,套装组合就成了一种真正的动力而不是阻力。

相反,假如套装组合的产品是相互替代的,客户在选择其中之一时,就不再需要另外一种商品,那么这两种商品组合在一起销售,就会形成一种无形的阻力,会让客户觉得是在浪费他们的钱。

此外,套装产品的目标客户应有大量的重叠部分,这样才能保证两种或几种同时组合销售的产品是企业的目标客户所需要的。

(4) 将消费选择权真正地交还给用户。自愿是市场交易的基本原则,双方自由选择,将选择权交还给用户,是对用户最基本的尊重。对于套装产品的设计,需要给予用户自主选择的权利,推荐真正实用划算的套装,而不是通过套装组合强买强卖。否则,会损害企业的品牌形象和口碑,得不偿失。

5.2.4　批量折扣定价

批量折扣是企业用来鼓励消费者大量购买或集中购买的一种方法,在电商交易中有普遍的应用。

批量折扣是指企业根据消费者所购商品数量的多少,给予不同的折扣优惠。消费者购买的数量越多,折扣越大,以鼓励消费者增加购买量,或集中向一家企业购买,或提前购买。

尽管批量折扣使产品价格下降,单位产品利润减少,但随着产品销量的增加、销售速度的加快,使企业的资金周转次数增加了,规模经济效益使企业的流通费用减少了,产品成本降低了,企业不但不会降低利润,而且会迅速收回投资,降低经营风险,提升企业总盈利水平,是薄利多销的一种很好的形式。

1. 批量折扣的基本形式

批量折扣有两种基本的形式:累计批量折扣和一次性批量折扣。

累计批量折扣是指顾客在一定时期内(如一个月、半年、一年等),购买企业产品累计达到一定的数量或金额时,按总量给予一定的折扣。其目的是鼓励顾客持续购买本企业的产品,建立长期稳定的顾客关系,有利于企业合理安排生产经营。

一次性批量折扣是指顾客单次购买某种产品达到一定数量或购买多种产品达到一定金额而给予一定折扣优惠的定价策略。例如,企业规定,一次购买 100~200 件,按标价给予 10% 的折扣,200 件以上给予 15% 的折扣,不足 100 件没有折扣。其目的是鼓励顾客加大一次购买数量,促进产品多销、快销,便于企业大批量生产和销售。

2. 批量折扣的优惠形式

批量折扣的优惠形式既可以是直接优惠也可以是间接优惠。

直接优惠包括满折(单次或累计消费金额满多少给予相应折扣的优惠)、满减(单次或累计消费达到规定金额后,可以在总价基础上减免一定的金额,如满 100 元减 10 元)、满减券(单次或累计消费达到相应的金额后,可以用来抵扣产品部分价格的一种券,如满 500 元赠 1 张 50 元抵扣券)。

间接优惠包括满赠(消费者购买金额满多少时,可获得商家免费赠送的另一种物品)。

3. 批量折扣定价流程

(1) 分析不同用户群体的需求。不同用户群体的经济支付能力、对产品和服务价值的理解、对产品价格的反应以及购买决策等方面存在着极大的差异,企业不能用同样的批量折扣方式满足所有的用户群体。因此,企业在进行批量折扣定价时,首先需要对不同目标群体的需求进行分析。

(2) 分析产品适合哪种批量折扣。一次性批量折扣对短期交易的商品、季节性商品、零星交易的商品,以及临近过期、滞销、易腐、易损商品的销售比较适宜。而累计批量折扣适用于顾客对产品和服务有持续性需求,企业着眼于构建长期的顾客关系。

(3) 收集竞品的批量折扣信息。如今大多数行业领域的市场竞争都十分激烈,企业的定价行为不单单是自身的个体行为,而必须放到竞争环境中去考虑。如果定价不合理,最终会影响企业自身形象定位,不但不能获得更多业务,而且会使一些现有顾客或潜在顾客远离自己。

(4) 批量折扣的标准和比例。批量折扣的关键在于合理确定给予折扣的起点、折扣档次及每个档次的折扣率。假如享受折扣的批量起点定得很高,则只有很少的顾客才能获得优惠,绝大多数顾客将感到失望;而如果批量起点定得很低,折扣比例不合理,又起不到鼓励顾客购买和促进企业销售的作用。因此,企业应结合产品特点、销售目标、成本水平、企业资金利润率、需求规模、购买频率、竞争者手段以及传统的商业惯例等因素来制定科学的折扣标准和比例。

(5) 合理设计批量阶梯。使用批量折扣定价设计批量阶梯时,需要注意以下三点。

① 批量折扣可以不等比。用户购买的数量越大,优惠的幅度也应该越大。

② 批量折扣起点要有吸引力。批量折扣起点不能设得太高,不然,顾客一看这个起点根本够不着,那就不会形成购买动力了。

③ 批量折扣紧盯产品成本。利用批量折扣定价虽然可以刺激用户购买,但基准价格一般不能低于成本。例如,来了一个超大订单,企业给打 5 折,但成本怎么都控制不到售价以下,那么这样的销售量越多,企业就赔得越多。

总之,企业产品的价格是影响市场需求和购买行为的主要因素之一,直接关系到企业的收益。企业的产品价格策略应用得当,会促进产品的销售,提高市场占有率,增强企业的竞争力。反之,则会制约企业的生存和发展。好的批量折扣方案应该能够兼顾企业的短期和长期利益。

5.2.5　网络营销产品定价应该注意的问题

1. 合理确定产品定价目标

定价目标一般可以从三个方面来考量,即提升市场竞争力、满足市场用户需求、赚取整体利润。这三个定价目标又可以细分为几个子目标,包括提升市场份额、提高市场增长速度、提高消费者满意度、增加每消费者贡献值、降低产品推广成本、达到目标利润等。

产品定价可以是为了达成其中一个目标,也可以是对几个目标的综合考虑。

产品在定价前,需要依据企业战略、市场战略、产品组合战略等,确定该系列或该产品的定价目标。

2. 产品定价要与企业的品牌定位保持一致

品牌定位会影响产品定位,从而影响产品价格。例如,专注打造高端的品牌推出的产品和低端品牌的产品相比,即便产品在成本、功能和效果上不存在任何差异,价格也会相差很大。

品牌作为企业的无形资产,具备较强的市场影响力,也是消费者建立信任感的基础,需要企业从各个方面去持续维护和打造,推出与品牌定位相符的产品,就是其中的手段之一。

3. 确定合理的利润率

确定合理的成本利润率是一个关键问题,而成本利润率的确定,必须考虑市场环境、行业特点等多种因素。某一行业的某一产品在特定市场以相同的价格出售时,成本低的企业能够获得较高的利润率,并且在进行价格竞争时可以拥有更大的回旋空间。

此外,同一企业的不同产品应该有不同的商业化目标,例如,低利润产品,用于抢占市场或提升市场占有率,满足大部分消费者需求;中利润产品,用来进一步提高消费者贡献值,聚焦优质客户运营,提升消费者忠诚度;高利润产品,用于提升商业化整体利润,聚焦战略客户运营。

4. 注意定价三个主要因素之间的关系

成本、竞争、客户感知价值是影响价格的三个主要因素,但是具体到某个产品定价,这三个因素发挥的作用不是同等重要的,往往以其中一个为主体,其他两个为辅助,最后来确定产品的价格。

5.3 网络营销渠道策略

互联网带来了时间和距离的新概念,开拓了新的销售渠道和市场。传统营销已经不能适应消费者的需求,经营者迫切地寻求变革,以期尽可能地降低商品从生产到销售的整个供应链上所占用的成本和费用。扫描右侧二维码观看网络营销渠道策略微课。

微课:网络营销
渠道策略

如今,市场上出现了一批新兴的互联网公司,这些公司依托自身优势,整合各种资源,搭建起了一个个在线网络营销平台,为传统企业提供在线的分销渠道。

5.3.1 网络营销渠道的特点与类型

网络营销渠道是指商品和服务从生产者向消费者转移过程的具体通道或路径。

1. 网络营销渠道的特点

网络营销渠道使信息沟通由单向变为双向,从而增强了生产者与消费者的直接联系。一方面,企业可以在互联网上发布有关产品的价格、性能、使用方法等信息;另一方面,消费者也可以通过互联网直接了解产品信息,做出合理的购买决策。同时,生产者还可以迅速获得消费者的反馈信息。

在传统营销渠道中,中间商是极其重要的组成部分。中间商之所以在营销渠道中占有重要地位,是因为利用中间商能够在广泛提供产品和进入目标市场方面发挥最高的效率。中间商凭借其业务往来关系、经验、专业化和规模经营,提供给企业的利润通常高于自建渠道所能获取的利润。但互联网的发展和商业应用,使传统营销中间商凭借地缘原因获取的优势被互联网取代,同时互联网的高效率的信息交换,改变着过去传统营销渠道的诸多环节,将错综复杂的关系简化为单一关系。互联网的发展改变了营销渠道的结构。

2. 网络营销渠道的类型

网络营销渠道可以分为两大类:一类是通过互联网实现的从生产者到消费(使用)者的网络直接营销渠道;另一类是通过融入互联网技术后的中间商机构提供网络间接营销渠道。

新兴的中间商由于融合了互联网技术,大幅提高了中间商的交易效率、专门化程度和规模经济效益(图5-8)。

当然,也有很多企业同时使用网络直接营销渠道和网络间接营销渠道。在买方市场条件下,通过两种渠道销售产品比通过一条渠道更容易实现"市场渗透"。

图5-8 网络营销渠道

5.3.2 企业营销渠道重构

1. 全渠道营销

市场已经形成线下+线上全渠道二元市场结构。企业建立线下线上融合的全渠道市场营销体系势在必行。

对很多快消品企业来讲,未来的市场体系、渠道结构一定要实现线下线上高度融合的全渠道市场结构。所以,企业需要尽快结束线下与线上市场各自为战、相互独立、单打独斗的局面,重构线下线上融合的全渠道市场体系。

线上线下全渠道发展将是大势所趋,线上线下供应链、物流、用户等通过"数据共享"实现打通,实体零售与电子商务的商业形态不再对立,融合发展将成为电子商务发展的"新常态"。

2. 三只松鼠的全渠道营销

三只松鼠不断开拓分销渠道,建立"线上+线下"的销售模式。

（1）线上营销渠道。

① 三只松鼠一直是以旗舰店为主的方式在线上立足的,而线上营销最大的优势就是可以快速推出一款产品并对新品进行测试。

② 除旗舰店以外,基于微信生态圈的社交电商是线上营销的另一种渠道,线上营销可以更快、更有效率地让消费者理解商品,从而等商品一成熟便迅速推向全国。

（2）线下营销渠道。三只松鼠寻求新的增量市场,大举扩张线下门店。三只松鼠线下门店主要分为投食店（图5-9）和松鼠联盟小店,投食店是三只松鼠直营店,而松鼠联盟小店则是介于直营店和加盟店之间的联盟店模式。

图5-9 三只松鼠投食店

① 直营连锁的三只松鼠投食店,2021 年累计数量达到 140 家。

② 松鼠小店,店铺形态包括街店、Mall 店、高速店,甚至是旅游景区店,这是三只松鼠目前正在尝试的联盟店。通过这些营销渠道,三只松鼠可以便捷地服务消费者,同时这种营销渠道也是品牌展示、消费体验和互动的场所。

③ 2020 年,三只松鼠部署新分销业务,并将其定义为实现全国化泛分销市场的覆盖,包含以零售通、新通路为主的数字化平台类分销,以 KA 和连锁便利店为核心的区域分销。

④ 经销商渠道,三只松鼠在 2021 年新增加经销商渠道,并将其作为线下扩张的主要模式。当年,三只松鼠经销商从无到有,一年间净增加 292 家经销商。同期,新分销业务实现营收 16.09 亿元,同比增长 38.16%,占总营收 16.47%。

2022 年,三只松鼠陆续推进新分销业务,布局全国重点城市和县级下沉市场,线上线下齐发力。截至 2022 年 10 月,三只松鼠已累计与 885 家经销商伙伴建立长期稳定的品牌授权经销合作,这意味着三只松鼠正致力于打造出一个覆盖电商、分销、门店等的立体化销售渠道网络。

5.4　网络营销促销策略

5.4.1　网络促销的形式

网络促销是指利用现代化的网络技术向虚拟市场传递有关产品和服务的信息,以启发需求,引起消费者的购买欲望和购买行为的各种活动。网络营销中常见的促销形式如下。扫描右侧二维码观看网络营销促销策略微课。

微课:网络营销
促销策略

1. 折价促销

折价也称打折、折扣,是目前网上最常用的一种促销方式。网上商品的价格一般比传统方式销售时低,才能吸引人们购买。而幅度比较大的折扣可以促使消费者进行网上购物的尝试并做出购买决定。目前大部分网上销售商品都有不同程度的价格折扣。

2. 有奖促销

在进行有奖促销时,提供的奖品要能吸引促销目标市场的关注。同时,要会充分利用互联网的交互功能,充分把握参与促销活动群体的特征和消费习惯,以及对产品的评价。

3. 赠品促销

一般情况下,在新产品推出试用、产品更新、对抗竞争品牌、开辟新市场情况下利用赠品促销可以达到比较好的促销效果。

4. 积分促销

积分促销在网络上的应用比起传统营销方式要简单和易操作。网上积分活动很容易通过编程和数据库等来实现,并且结果可信度很高,操作起来相对简便。

想一想

可以利用"满""减""折"设计什么样的促销活动?

5.4.2　网络促销的策划

1. 网络促销活动的流程

每一次促销活动都必须深入了解促销信息在网络上传播的特点,分析网络信息的接收对象,设定合理的网络促销目标,通过科学的实施程序,打开网络促销的新局面。网络促销的实施程序可以由六个方面组成。

(1)确定网络促销对象。网络促销对象是指对企业的产品和服务有需求的网络消费群体,这一群体主要包括三部分人员:产品的使用者、产品购买的决策者、产品购买的影响者。

(2)设计网络促销内容。网络促销的最终目标是希望引起购买。这个最终目标是要通过设计具体的活动内容来实现的。消费者的购买过程是一个复杂的、多阶段的过程,促销内容应当根据购买者目前所处的购买决策过程的不同阶段和产品所处的寿命周期的不同阶段来决定。

(3)决定网络促销方式。由于企业的产品种类不同,销售对象不同,促销方法与产品种类和销售对象之间将会产生多种网络促销的组合方式。企业应根据自己产品的市场情况和顾客情况,扬长避短,合理组合,以达到最佳的促销效果。

(4)制订网络促销预算方案。网络促销预算的制定需要在实践中不断学习、比较和体会,不断地总结经验。只有这样,才可能用有限的精力和资金收到尽可能好的效果,做到事半功倍。

(5)衡量网络促销效果。网络促销的实施过程到了这一阶段,必须对已经执行的促销内容进行评价,衡量一下促销的实际效果是否达到了预期的促销目标。

(6)加强网络促销过程的综合管理。在对网络促销效果正确评价的基础上,对偏离预期促销目标的活动进行调整是保证促销取得最佳效果的必不可少的一环。同时,在促销实施过程中,加强各方面的信息沟通、协调与综合管理,也是提高企业促销效果所必需的。

2. 网络促销活动的切入点

网络促销活动的策划可以从以下几个角度切入。

(1)时间角度。时间包括季节变化,各种各样的节假日。例如在一些节日里强调"团圆、情感、家庭"等,而从商家来看,强调的是"送礼"的概念。给自己送礼,也可以给爱人、父母、长辈、领导、同事、朋友送礼。在节假日促销活动中,比较适合主推价格较高、包装精美、符合送礼对象和使用场景的商品。例如某一家居企业可以利用新年来临之际策划一次抽奖活动吸引新用户(图 5-10)。

(2)商品角度。与前面从时间角度做活动策划思路不同的是,还可以从商品本身的角度策划一场活动。与负责商品运营的人员沟通后,提炼出某些类商品的共性,如平板电视品类里的高清概念、空调中的节能环保概念、化妆品中的美白防晒概念、家居用品的收纳概念等,都是随着季节的变化的常备主题。在做活动策划时,只需将符合某类概念的商品集中在一起展示,并做好此概念的功能详细说明,配以条理清晰的图文展示,就是一个不错的促销活动。

(3)热点事件角度。如能借助热点事件,往往会收到事半功倍的效果。作为一个活动策划人员,对网络事件有一定的敏感度是必备的素质。此外,也可以通过一些网络工具来跟踪社会热点事件,如微博热搜、百度指数、微信指数等。

图 5-10　家居品牌的促销活动

（4）主动创造事件角度。主动创造的事件，往往需要顺势而为，不能逆潮流而动，要能预判借助的事件本身是否能引起关注度。

5.4.3　FAB 法卖点挖掘

当提到某个企业的某一款产品时，其用户会想到什么；在用户面临众多的可供选择的产品时，他们是如何做出选择的。类似的问题往往都与产品的卖点相关。企业的产品要想赢得用户，获得粉丝的追捧，离不开卖点的挖掘与提炼。

1. 卖点及核心卖点

互联网行业有句话："挖不出产品的卖点，打不到买家的痛点，就卖不出去你的产品。"那到底什么是卖点呢？

产品的"卖点"也是产品的竞争点，是与其他同类商品相比所具有的独特优势和特点。"卖点"的来源主要有两个方面：一方面是产品的设计人员根据消费者的需求设计出来的优势和特点；另一方面是通过营销策划人员的想象力、创造力赋予其的优势和特点。"卖点"不论从何而来，只要能在营销的战略战术中化为消费者能够接受、认同的利益和效用，就能达到产品畅销、建立品牌的目的。

卖点有多种角度，可以是材质，可以是外观，可以是工艺，可以是这个品牌虚拟的某个特质等，但是，核心卖点只有一种，就是能够体现这个产品最核心竞争力的一个点。核心卖点可以在瞬间让客户记住，从而体现出这个产品区别于其他产品的竞争力。

2. 卖点挖掘的原则

一般来说，产品卖点的挖掘，需要从消费者、产品自身、竞争对手三个方面考虑。一个好的卖点必须是竞争对手的产品没有的，并且能够打动消费者的。

（1）消费者最关心的。产品的卖点一定是消费者最关心的那些点，而且，那些点恰恰也是解决消费者痛点的关键。不管产品有多少亮点，如果消费者不感兴趣、不关注，或不能解决消费者的痛点，亮点也终究没有办法变成卖点。

（2）产品自身具备的。消费者关心和关注的那些点，必须是产品自身实实在在具备的点，而不是弄虚作假，诉求与实际不符，欺骗消费者。

（3）竞争对手没有或没提及过的。所谓差异化卖点，就是指与竞争对手的卖点不同。这种不同可以是企业自身拥有，而竞争对手没有的。或即便竞争对手拥有这样的卖点，但从未提及过。独特的卖点是吸引消费者购买产品或服务的重要理由。

3. FAB 法则

FAB 对应三个英文单词：feature、advantage 和 benefit。F（feature）是指产品的特征和属性（包括看得见的和看不见的）。A（advantage）是指产品的作用或优势，是 feature 的延伸。B（benefit）是指利益或价值，是因为产品的前两个要素，能够给消费者带来的利益或价值（解决问题，满足需求）。从概念可知，FAB 事实上关注的是客户的"买点"。

在社交电商活动过程中，如果能准确找到产品的 F、A、B 三个要素，就可以挖掘出有说服力的独特卖点，这就是 FAB 的卖点挖掘法。

可以用"因为……所以……这意味着……"的逻辑思路去套用 FAB 法则（图 5-11），因为 F 这个属性，所以有 A 的这个功能优势，这意味着，能够满足 B 的需求。例如，有一款床上小桌子需要挖掘卖点。这款小桌子的其中一个属性 F，做了带杯托的设计，对应的作用 A，可以放茶杯；对应的利益 B，是不用再怕茶杯倾倒带来的麻烦（图 5-12）。按照这样的逻辑，还能挖掘出很多属性，例如桌边的圆角设计，桌面的卡槽设计，桌腿的硅胶防滑套等，从属性延伸出对应的作用，再通过属性和作用展开说明这对买家能有什么样的好处。

图 5-11　FAB 三要素的关系

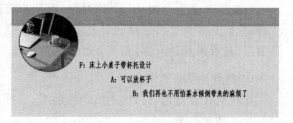

图 5-12　FAB 法卖点挖掘应用举例

4. FAB 卖点挖掘流程

（1）了解用户需求。挖掘产品的卖点，企业首先要知道用户的需求是什么，用户有哪些痛点没有解决，用户会在什么点上感到惊喜和兴奋。例如一款同样的护肤品套装，一个企业不考虑用户喜欢什么风格或是否有送礼需求，直接用一个普通的盒子包装，另一个企业则通过小红书、抖音等平台了解到用户的审美偏好与需求，并且让设计师设计出一款仪式感满满的精致礼盒，可想而知，最后的结果是怎样的。可以通过以下方式了解用户的需求。

① 客服咨询。收集买家与客服的聊天记录，可以在聊天记录里面提取用户的需求。例如购买前买家的咨询问题最能反映买家的需求及顾虑，买家咨询较多的问题可能是买家比较关注但卖家在描述商品时没有考虑到的。售后买家向客服反馈的对产品的评价和建议都是卖家优化产品卖点的重点。

② 商品评价。商品评价能较真实地反映买家自己的需求和对产品某些点的喜好及不满。在评价版块，查看自己产品或竞争对手产品的顾客评价，将所有的产品评价收集起来，把重要高频出现的词语统计出来，把多次出现的关注点罗列出来，最终作为卖点。

③ 问卷调研。问卷调研是收集用户原始信息的一种常用方式，企业可以设计调研问卷

对用户的需求进行全面的调研分析。

（2）分析产品自身的属性。产品卖点的挖掘，最基础的是从产品自身属性及特色出发。例如产品的内在方面，包括产品的材质、质量、工艺、安全性能、参数、内在结构等；外在方面，包括产品的款式、风格、颜色、价格等。此外，产品属性还包括企业的服务、承诺、荣誉、理念、情怀等。

5. FAB 卖点挖掘需要注意的问题

（1）FAB 法则发挥作用的前提。想要发挥 FAB 法则真正效用的唯一前提，就是找到消费者的真正需求点，即消费痛点。只有真正清楚消费者的"痛点"在哪，才能从产品属性引申到作用（产品优势），进而表述产品所能为消费者带来的利益。如果从一开始，消费者的"痛点"就没抓准。例如，顾客想买的是一件"保暖舒适"的羽绒服，可你一个劲地就"款式版型"这一卖点大书特书，怎么着也转不到"面料保暖"的正题上，这种情况下，就算是把 FAB 法则玩出花来，也照样打动不了顾客的心。

（2）FAB 法则使用要点。

① 实事求是，切勿夸大。用数据和事实说话，才能令人信服。不能夸大其词，更不能贬低攻击友商。

② 语言简洁，表达清晰。在描述产品卖点时，尽量用简单易懂的语言，少用专业术语。

③ 主次分明，突出重点。不要把关于产品的所有信息都灌输给顾客。应该有重点，有主次，这样顾客才容易记住。

④ 学习借鉴，更应创新。卖点往往不是从经验中获得的，更不是从简单的模仿、借鉴中得来的，而是需要捕捉、挖掘、提炼，更需要独创。

本章练习

思考与讨论

1. 简述产品层次、产品组合、产品线、产品项目、产品组合的长度、宽度、深度、关联度的含义，以及对网络营销的意义。

2. 过去几年实体书店为什么会纷纷倒闭？列举各种可能的因素。

3. 查阅一些网络店铺，了解产品定价情况：分析可能影响定价的各种因素，列举各种定价和价格的形式。

4. 了解电子商务价格战，并谈谈个人看法，价格在市场竞争中到底能起到什么样的作用，不打价格战行吗？

5. 电商为什么喜欢各种"造节"？

网络实践

1. 分析一个企业或一个网店的产品组合构成状况（如产品线、产品组合的长度、宽度、深度、关联度等）。

2. 调查了解一家熟悉的企业线上线下融合经营情况。

3. 一年中的电商销售节点的维度可以分为与家人相关（如父亲节、母亲节）、法定节假日或传统节日（如春节）、电商节庆（如"6·18""双十一"）等，根据示例完成表 5-1。

表 5-1 电商销售节点

序号	维　度	1月	2月	3月	4月	5月	6月	7月	8月	9月	10月	11月	12月
1	与家人相关												
2	法定节假日/传统节日												
3	电商节庆						6.18					11.11	
4													
5													
6													

创新·创意·创业

请结合本章所学，为自己的项目制定详细的产品、价格、渠道、促销策略，形成一份完整的策划报告。

第6章

网络营销传播

本章内容提要

"酒香也怕巷子深",面对日益激烈的市场竞争,广告是企业最基本的推广方式。当然,除了产品的推广,企业日常的信息传播和品牌营销同样很重要,而新兴的互联网媒体为此提供了许多可能。

本章将从网络广告、新媒体营销两个方面展开学习,探究企业如何利用各种不同的网络广告,以及如何搭建新媒体营销矩阵并有效展开新媒体营销活动。

学习目标

知识目标

(1) 熟悉常见的网络广告形式和网络广告投放平台。

(2) 理解信息流广告,理解网络广告定向。

(3) 熟悉各类新媒体的特征与共性,理解新媒体账号矩阵的营销意义。

(4) 理解新媒体账号认证的意义。

(5) 理解内容对于新媒体营销的重要意义。

技能目标

(1) 能够根据企业经营需要安排网络广告计划,具备一定的网络广告策划、创意、实施能力。

(2) 熟悉互联网媒体资源和工具,熟悉网络社区的运作规律。

(3) 能够根据网络广告定向原理,合理选择网络广告投放平台。

(4) 能够根据企业新媒体传播需要搭建新媒体账号矩阵。

(5) 能够规划企业新媒体营销的内容体系。

素养目标

(1) 心系国家,关注国家和社会的发展。

(2) 弘扬优秀传统文化,增强文化自信。

(3) 具有一定的系统性思维能力,思维敏捷,富有创意。

(4) 具有较强的服务意识、应变能力和良好的沟通能力。

(5) 具备良好的职业道德和法治意识,自觉遵守职业操守和相关法律法规。

引导案例

良品铺子新媒体营销

"良心的品质,大家的铺子",良品铺子致力于成为传递快乐的零食王国。2006 年,第一家良品铺子出现在武汉街头。创业之初,良品铺子就决意把全世界的美味零食带到顾客家门口。在实现品牌愿景的过程中,良品铺子不断沉淀积累、创新突破,从最初的小店逐步蜕变为现今的平台级企业。

2019 年,在多样化、多场景、高品质、高频次的消费诉求驱动下,良品铺子将"高端零食"确立为企业战略发展方向(图 6-1)。良品铺子优选全球精品食材,匠心打造每款产品,既重视健康与安全,也追求高颜值和好风味。

图 6-1　良品铺子官网

据良品铺子年报数据,良品铺子 2021 年营收 93.24 亿元,其中 61.16% 是由会员贡献的,包括门店会员、电商会员、微信会员等在内的全渠道总体可触达会员已经达到 1.2 亿人。目前,良品铺子私域已积累沉淀超过 8 000 万用户。

良品铺子对新媒体营销提升到了战略层面,单独成立了社交事业部。独立团队、独立预算,在移动社交领域和内容营销版块投入了重兵和资金。

在社交电商方面,良品铺子通过布局微信公众号和微博等社交平台,通过微博官方账号和"良品铺子＋"的系列小程序在社交方面提高与消费者的互动频率,加强与消费者的链接,完善了内容传递与消费者购买之间的通路(图 6-2)。

图 6-2　良品铺子微信公众号、视频号、小程序

良品铺子在全国有 3 000 多家线下门店,8 000＋门店导购。良品铺子对客服微信进行了精细化的打造,建立了真实 IP 的形象。导购可通过优惠权益,吸引用户添加企业微信号,再引导进入社群。良品铺子还通过各种活动,建立了以地域划分的良品铺子粉丝俱乐部,以粉丝地域群为单位组织开展社群活动。

良品铺子美食微博账号有 130 多万粉丝,主页面内有粉丝群的引导,用户可申请加入。微博主要内容包括品牌宣传、活动宣传、产品推广等。

除在微博、微信这样的社交平台进行营销以外,良品铺子还通过抖音、快手等短视频平台进行营销传播。良品铺子在抖音建立了账号矩阵体系,总粉丝数超过 1 000 万。其中,账号"良品铺子"有 400 多万粉丝,账号"良品铺子旗舰店"有 260 多万粉丝,账号"良品铺子官方旗舰店"有 130 多万粉丝。视频内容主要包括产品介绍、福利活动介绍、直播推广等。

在新媒体内容创造方面,良品铺子的社交事业部,专门负责各类优质、创新内容的开发。2016 年 5 月,良品铺子成立视频生产中心,打造自有内容品牌——核桃 TV,开创了食品类企业自制多样化视频栏目的先河。2017 年,良品铺子进一步加码,把原创内容创意基地打造成"核桃 TV 梦工厂",涵盖录影棚、直播间、录音室等。随后,良品铺子推出"好食光"等美食烹饪、旅游攻略节目,"愤怒的小鸟零食礼盒"等病毒视频、配音秀、微电影、综艺直播一系列产品。

同时,良品铺子也在探索与网络主播与红人合作,在直播平台进行"带货"。借助网红进行社群营销,不仅可以提高品牌知名度,还可以降低消费者信息搜索成本,从而提高产品销量。

良品铺子在新媒体营销方面规划如此细致,从各方面为粉丝们提供了足够的关注理由。而随着越来越多的 KOL 加入,也在不断扩大品牌知名度,直播、原创视频节目等新形式,更让粉丝们时刻保持新鲜感。

（资料来源: https://www.517lppz.com/about/about-history, https://baijiahao.baidu.com/s? id＝1568302565747635＆wfr＝spider＆for＝pc,https://business.sohu.com/a/617809517_439800)

6.1　网络广告

网络广告是广告主通过互联网以文字、图片、音频、视频或其他形式,直接或间接地推销自己的商品或服务的商业广告。

1994 年 10 月 14 日,作为第一个吃螃蟹者,美国的《连线》杂志推出了网络版 Hotwired,其主页上传了 AT＆T 等 14 个客户的 Banner 广告,标志着互联网广告的诞生。1997 年3 月,Intel 公司在 ChinaByte 网站上投放了中国的第一个商业性网络广告,表现方式是468 像素×60 像素的动画 Banner 广告(也称旗帜广告),标志着中国网络广告的诞生。

相比传统媒体广告的独特优势,越来越多的企业,特别是中小企业发现,网络广告是众多的广告形式中性价比最高的广告形式。由于中小企业资金有限,可用于广告营销方面的投入也相对较少,在传统媒体上,只能做一些不起眼的小幅广告或分类广告,效果很难显现,而网络广告以其多样化的表现形式和传播方式,可以满足更多企业的不同需求。

自网络广告在我国诞生以来,其市场发展迅猛。据资料显示,1998 年中国网络广告市场规模仅有 1 800 万元,到 2015 年中国网络广告市场规模突破了 2 000 亿元,首次超过报纸、杂志、电视和广播四大传统媒体广告收入之和。2010—2020 年,我国互联网广告市场规模复合增速达 40％以上,到 2021 年中国互联网广告规模接近 5 000 亿元。

　　网络广告的投放形式方面,与 2020 年相比,美妆、游戏、网络购物、手机通信、家用电器等典型行业的媒介流量在 2021 年有明显导向短视频行业倾向。视频类平台通过高黏性和个性化推荐内容能够为品牌带来持续营销触点和价值,其中短视频成为视频类广告投放重点,并在短期内保持增长趋势。

　　同时,随着我国移动互联网的快速普及和媒体用户的迁移,移动端网络广告占互联网广告市场的比例逐年增加。2021 年,移动端广告市场占中国互联网广告行业整体市场规模的 88.8%。

6.1.1　网络广告的类型

　　了解网络广告的各种形式,掌握网络广告的媒体资源是成功的网络广告营销的基础,对于企业网络营销具有重要的意义。当前,我国移动互联网常见的广告类型主要包括以下几种。

1. 开屏广告

　　开屏广告是指 App 启动时出现的广告画面,它以 App 启动作为广告曝光时机,一般提供五秒的可感知广告展示。用户可以点击广告跳转到目标页面,或点击右上角的"跳过"按钮,跳转到 App 内容首页。开屏广告可以图片、视频、Flash 等形式加载(图 6-3)。

图 6-3　开屏广告

2. 插屏广告

　　插屏半屏广告是移动端广告的一种常见形式,一般会在应用开启、暂停、退出时以半屏或全屏的形式弹出,显示需要提示的具体内容,具有视觉冲击力强、定位精准、效果显著等特点(图 6-4)。

3. Banner 广告

　　Banner 广告又叫横幅广告,形式与 Web Banner 广告类似,常出现在 App 页面的顶部、中部或底部,展示直观,能快速吸引用户注意。

4. 公告

　　公告这种广告形式常出现在电商类 App 上,通过消息广播的形式给用户传递相关广告信息。

图 6-4 视频贴片广告、信息流广告、插屏广告、搜索广告

5. 私信通知

一些电商类应用的"消息功能",以私信的形式将商品信息发送给用户,用户可以通过查看私信了解商品详情。私信通知具有精准性,通过后台分析用户喜好发送特定商品信息。

6. 搜索广告

搜索广告是指广告主根据自己的产品或服务的内容、特点等,确定相关的关键词,撰写广告内容并自主竞价投放的广告。当用户搜索到广告主投放的关键词时,相应的广告就会展示(关键词有多个用户购买时,根据竞价排名原则展示),并在用户点击后按照广告主对该关键词的出价收费,没有点击则不收费(图 6-4)。

7. 视频贴片广告

视频贴片广告通常适用于视频类、内容分享类 App,可设计为前贴(视频播放前出现广告)、中贴(视频播放中途出现广告)、后贴(视频播放结束出现广告)等,一般可设置 5 秒、15 秒、30 秒、60 秒甚至更长的广告时长(图 6-4)。

8. 信息流广告

(1) 信息流广告的概念

信息流广告(news feeds ads)是位于社交媒体用户的好友动态或资讯媒体和视听媒体内容流中的广告,这种广告伴随着信息而出现,用户在浏览信息时会不经意间浏览到广告。信息流广告适用于以内容输出为主的 App,例如新闻资讯类、视频类、音频类、社区类等应用(图 6-4)。

信息流广告是目前最主流的广告形式之一,它的最大特点是能巧妙地与内容结合在一起,"内容即广告,广告即内容",是一种让用户易于接受的广告形式。目前信息流广告已成为很多品牌付费推广的首选。

(2) 信息流广告的类型

① 新闻资讯类。今日头条、一点资讯、腾讯新闻客户端、网易新闻客户端等都属于资讯类的信息流广告平台。这些平台的主要特点是用户使用时间长、使用频次高、用户黏

性强。

② 社交媒体平台。微信、微博、百度贴吧等都属于社交类信息流广告平台,这些平台的主要特点是用户年轻、互动性强、可实现二次传播。因为是社交媒体平台,所以拥有大量的用户信息,可进行广告的精准投放。

③ 视频类平台。视频类的信息流广告平台主要包括腾讯视频、爱奇艺、优酷等长视频平台和抖音、快手、微信视频号等短视频平台。短视频平台是目前最受关注信息流广告平台。

④ 搜索引擎类。以百度为代表的搜索引擎类的信息流广告的特点主要是用户使用量大,精准度高。

⑤ 知识问答类。知识问答类如百度知道、知乎等,其特点是用户数量庞大,且以年轻用户为主要消费群体,具有长尾效应,在用户搜索的过程中获得持续不断的流量。

(3) 信息流广告的特点

① 流量庞大。截至 2022 年 6 月,我国即时通信用户规模达 10.27 亿,占网民整体的 97.7%;网络视频(含短视频)用户规模达 9.95 亿,占网民整体的 94.6%;网络新闻用户规模达 7.88 亿,占网民整体的 75%。

② 定向精准。信息流广告利用大数据挖掘,如根据性别、年龄、职业、兴趣、作息时间、地域等定向,用技术实现用户与广告的智能匹配,能够帮助广告主获得精准的流量,从买广告位变成了买用户。

③ 形式丰富。信息流广告不会单单以某种形式出现,而是以文字、小图、大图、组合图、动态图、视频等多种形式出现在用户的视线中,表现形式丰富,可以轻松满足多种广告展示需求。

④ 用户体验好。信息流广告不像传统的广告"强行"出现在用户的眼前,它在合适的时间合适的场景给合适的人展示合适的广告创意,实现润物细无声——广告即内容。信息流广告的每一次出现都是基于算法,建立在数据的支撑下展示广告,不会给用户带来困扰,带给用户良好的消费体验。

(4) 信息流广告投放技巧

不管是在哪个营销平台,信息流广告的投放核心策略都离不开"定向+创意+文案+着陆页"四个方面之间不同策略的组合。

① 用户定向。任何形式的广告,都必须先进行用户调研,通过收集的用户标签及对用户的理解,搭建用户画像,再根据不同类型的用户,选择不同的受众定向,进行有针对性的广告投放。

② 广告创意。人们日常接触的广告那么多,单单是针对性的投放是远远不够的,还需要好的广告创意。信息流广告的创意元素包括文案、图片、视频、着陆页等,将这些创意元素进行合理的搭配组合,就能够影响信息流广告的最终效果。

③ 广告文案。信息流广告文案的撰写通常与推广目的有关,目的不同,文案的侧重点也会不同。例如,品牌推广文案需要突出该品牌在行业的地位、口碑、服务等;促销文案与价格、优惠、节日、活动信息有关;追求曝光量和 CTR 的文案,要迅速抓住网民注意力,极具吸引力;如果目标追求转化率,文案应该与落地页和产品高度匹配。

> **知识链接**

CTR(click-through-rate)即点击通过率,是指网络广告的点击到达率,即该广告的实际点击次数除以广告的展现量。CTR是衡量互联网广告效果的一项重要指标。

由于信息流广告的特点,通常广告的内容性越强,效果就会越好,因此要求广告主必须不断优化广告,让广告真正成为内容的一部分。

④ 广告着陆页。着陆页也可称为落地页和引导页,是广告链接的指向页面。在信息流广告投放中,着陆页是非常重要的一环,是广告投放的桥梁,广告投放人员需要的是让用户在落地页中完成广告主所希望的动作,例如下载、购买、加购等。

产品、落地页和广告创意所传达的内容要尽量一致,如果内容相差太大,会带来相反的效果,转化率自然就不高。此外,充分利用好着陆页的营销转化工具,如在线咨询、在线表单、电话拨打等,相关的转化按钮在适当位置出现,不断给客户做引导,进而提高页面的转化率。

6.1.2　网络广告定向投放

1. 网络广告定向原理

"我知道有一半广告费浪费掉了,但我不知道是哪一半。"困扰美国百货业之父 John Wanmaker 的问题,直到今天仍然在困扰着众多的广告主。而网络广告的精准定向投放是解决这一问题的有效途径。

网络广告的精准定向投放是指充分利用各种互联网新媒体,根据不同用户的属性,如年龄、性别、收入、兴趣爱好、所处区域、上网时间等(图6-5),通过网络广告定向技术,以精准的渠道将营销信息传达给准确的目标受众,这样既能节省营销成本,又能起到良好的营销效果。

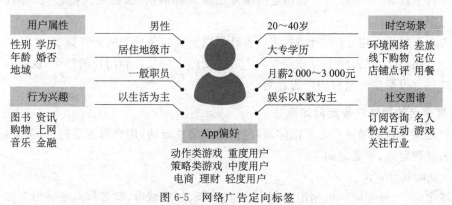

图 6-5　网络广告定向标签

根据中国广告协会的定义,互联网定向广告是"通过收集一段时间内特定计算机或移动设备在互联网上的相关行为信息,例如浏览网页、使用在线服务或应用等行为,预测用户的偏好或兴趣,再基于此种预测,通过互联网对特定计算机或移动设备投放广告的行为"。

所谓"定向",实际上是对受众的筛选,即广告的显示是根据访问者来决定的,先进的广告管理系统能够提供多种多样的定向方式。扫描右侧二维码观看网络定向广告微课。

微课:网络
定向广告

结合各互联网广告平台定向服务和程序化广告的发展来看,目前网络广告定向服务的维度可以有很多细分,整体可分为三大类几十个不同维度。

(1) 基础定向。基础定向包括用户的基础属性(如性别、年龄、所处地域等)、用户环境(如网络环境、手机品牌、手机价格等)、用户行为(如登录、浏览、点击、下载等)、人生阶段(如求学、职业、婚姻家庭等)、行业人群(如教育、IT、金融等)、用户兴趣(如新闻资讯、影视、文学、投资理财、旅游、美食等)。

(2) 内容定向。网络广告展示可以根据用户浏览的内容推测用户的兴趣,进而推送相关广告。现在一些主流互联网媒体会对其自身的优质内容打上标签,这样广告主在选择广告投放时,可以从内容维度进行定向。

(3) 投放排期。不同的投放需求所需的投放时段不同,广告主可以根据时间来设置广告投放时段,限制只在特定时间针对客户出现广告。时间可以是一天当中的某些时段,也可以是某些特定的日期或特定的季节。

2. 定向投放广告系统

定向投放广告系统一般包括四个组成部分:在线投放引擎、离线分布式计算平台、在线实时流计算平台、数据高速公路(运转以上三部分数据流)。

在线投放系统的日志接入数据高速公路,由数据高速公路快速转运到离线数据处理平台和在线流计算平台;离线数据处理平台周期性地以批处理方式加工过去一段时间的数据,得到人群标签和其他模型参数,存放在缓存中,供在线投放系统决策时使用;与此相对应,在线流计算平台则负责处理最近一小段时间的数据,得到准确实时的用户标签和其他模型参数,也存放在缓存中,供在线投放系统决策时使用,这些是对离线处理结果的及时补充和调整。

当广告主投放广告时,可以查询定向条件覆盖人群的情况,根据这些信息,广告主进行出价和下单。

广告主下单后会建立广告计划,将广告计划以及定向条件加载到存储器。

当一个用户访问后,线上服务会查询广告计划的定向条件和用户的画像,根据两者的匹配来筛选适合投给这个用户的广告计划。

3. 某平台的网络广告定向体系

下面是某平台的网络广告定向体系,包括基础属性定向、用户行为定向、兴趣爱好定向、自定义人群包定向、智能定向。

(1) 基础属性定向。

地域定向:地域定向是根据用户的当前位置、IP、历史城市、服务器地址等因素加权得出的,其中当前位置优先级最高。地域定向可以定位到省市、县区、商圈。

性别、年龄定向:如果用户在使用相关应用时没有填写性别和年龄,广告系统会根据用户的行为来判断用户性别和年龄。

(2) 用户行为定向。

用户首次激活时间:主要是针对平台的新老使用用户有区分投放需求的广告主。有的广告主长期在该平台投放广告,可能已经多次给老用户投放广告了,但是广告主想要给一些没看过广告的新用户投放广告,就可以使用用户首次激活时间为定向。

互动行为定向:根据用户在平台所有产品中产生的互动行为加权得到的标签,如 App

推广互动行为、电商互动行为、咨询互动行为等，提供类目词与关键词两种选择，提供关键词推荐功能，类目词与关键词同时叠加。

（3）兴趣爱好定向。广告系统通过分析用户点击浏览过的文章或广告标签，分析用户的兴趣主题、兴趣词，通过对某一类兴趣分类，根据兴趣关键词进行定向投放，从而覆盖对应的目标用户。

例如用户平时喜欢看一些动漫类型的文章，那么在用户身上就会有相应的标签，广告系统就会给这类用户推送匹配的企业广告。

（4）自定义人群包定向。人群包就是将用户进行分类，如根据用户的使用设备，将用户分为几个类别。定向人群包指将广告投放给该人群包中的人。还有一种是排除人群包，就是广告投放过程中排除掉人群包中的用户。

（5）智能定向。智能定向不需要广告主选择定向，自动把广告投放给感兴趣的人群。

6.1.3　网络广告投放平台

不同的网络媒体有不同的特点，选择合适的媒体是网络广告投放非常关键的一环，广告投放得越精准，广告效果越好。当前，我国互联网领域的广告平台主要有以下几种。

1. 百度营销

在数十年的发展中，百度逐步完善自身功能，以满足用户的需求（图 6-6）。随着平台用户的日益增长，不仅是品牌企业，很多中小商家也看中了百度平台的流量优势，纷纷通过其进行在线营销。

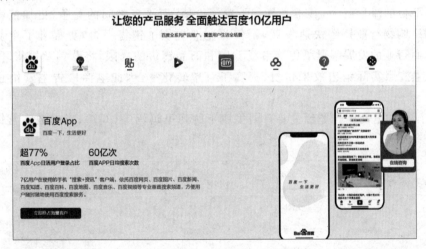

图 6-6　百度营销

百度旗下的应用丰富，包括百度 App、百度贴吧、百度地图、好看视频等，这就为广告展现提供了丰富的资源。

在搜索引擎广告市场方面，全球最大的中文搜索引擎百度市场占有率高达 80%，百度 App MAU 超过 6 亿，每天有数亿人次用户使用百度查找信息。

百度搜索引擎竞价广告是百度最传统的广告形式，在百度不断新增广告产品的同时，百度关键词竞价广告依然是企业主偏爱的广告形式。扫描右侧二维码观看搜索引擎营销微课。

微课：搜索
引擎营销

搜索引擎广告是指广告主根据自己的产品或服务的内容、特点等，确定相关的关键词，撰写广告内容并自主定价投放的广告。当用户搜索到广告主投放的关键词时，相应的广告就会展示（关键词有多个用户购买时，根据竞价排名原则展示），并在用户点击后按照广告主对该关键词的出价收费，无点击不收费。

百度关键词竞价广告有众多优势，这也是其受广告主喜爱的原因。

（1）用户量大，广告曝光量大。百度是目前使用人数最多的中文搜索引擎，其在中国搜索引擎市场拥有近80％的市场份额，能够将企业主的广告向数亿百度搜索用户投放，可以帮助企业进行巨量的广告曝光，吸引更多的用户进入企业的网站。

（2）按点击效果计费。百度关键词竞价广告是一种按效果付费的广告形式，企业在百度投放的广告仅在被用户点击后，才会被计费，用户未点击的广告是不需要计费的，这样就可以节省企业的广告费用，避免不必要的浪费。

（3）精准投放。基于用户搜索的"关键词"来向其定向投放广告，"关键词"可以理解为用户的需求，通过合理的关键词分析，可以做到广告的精准投放，将广告投放至目标客户，提升广告的转化效果。

除了关键词广告，百度为广告主提供的另一重要广告形式是信息流广告。百度信息流广告是百度自家平台的信息流广告产品，广告主要展现在手机百度首页资讯列表、百度知道信息列表、百度贴吧信息列表、百度百家等百度自家的信息列表中。百度信息流广告会依托百度搜索的大数据，为广告主提供定向投放参考，帮助广告主提高广告的精准度。

2. 电商广告平台

电商平台的流量巨大，其本身具备了营销价值，而平台之间的竞争，更加依赖于营销推广。网络购物行业持续快速发展，不仅为企业提供了销售平台，更提升了企业的营销空间。电商行业的发展颠覆了传统市场营销和商品销售的局限，将营销及销售环节打通。电商广告主按照实际销售效果付费，提高了订单转化率，因此电商广告主营销意愿相对较高。

当前国内的电商广告平台主要有阿里旗下的阿里妈妈（图6-7）、京东数字营销平台京准通（图6-8）等。

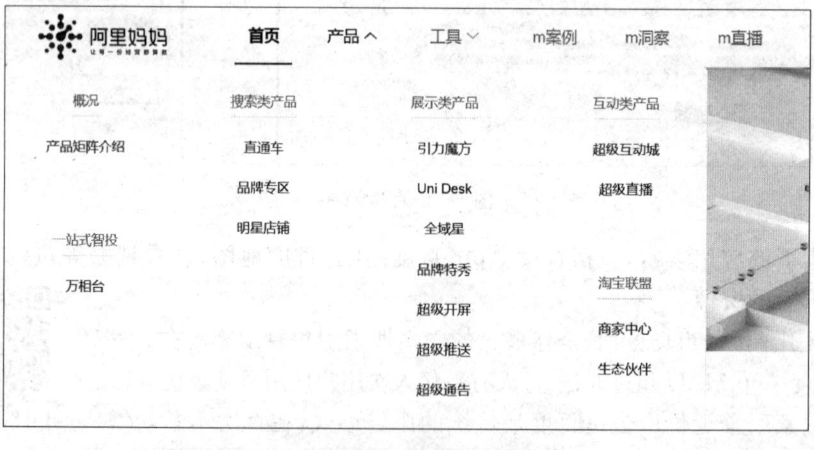

图 6-7　阿里妈妈提供的广告服务

图 6-8　京东数字营销平台京准通

阿里妈妈的产品包括：覆盖全域消费者的搜索、展示、信息流、互动等营销产品及阿里巴巴商业化营销 IP；满足商家全链路经营诉求的各种数智商业工具，如以消费者为中心的数智经营指标体系 DEEPLINK，一站式数智经营操作系统万相台，通过图文、视频、落地页素材及智能化创意帮助优化创意效果与效率的创意中心等。

京准通是京东旗下的数字营销推广平台，拥有多样化的广告营销产品、智能化的投放系统和完善的服务体系，可以为品牌及供应商客户提供精准、高效的一体化电商营销解决方案，帮助客户实现营销效果的最大化。京准通希望将消费者、商家、媒体资源整合在一起打造一个营销闭环，为消费者提供优质导购服务，帮助商家提升营销 ROI，助力媒体合作伙伴实现流量变现，开创多方共赢的局面。

3. 腾讯广告

腾讯拥有丰富的海量流量产品，覆盖用户各个使用场景，7×24 小时无缝触达企业的目标客户。腾讯主要广告产品包括微信广告、QQ 广告、腾讯视频广告、腾讯新闻广告、QQ 浏览器广告、腾讯音乐广告、腾讯游戏广告、优量汇（图 6-9）。

图 6-9　腾讯广告首页

微信广告：微信广告是基于微信生态体系，整合朋友圈、公众号、小程序等多重资源，结合用户社交、阅读和生活场景，利用专业数据算法打造的社交营销推广平台。

QQ 广告：基于海量用户社交关系，用科技和多元玩法赋能品牌在社交、运动、购物、游戏等场景中与年轻用户深度互动。

腾讯视频广告:基于在线视频媒体平台,覆盖移动/PC/TV 三端,可在娱乐休闲语境下,高效触达年轻高质人群,让品牌"被喜欢,被看见"。

腾讯新闻广告:基于新闻资讯平台,广告融入资讯场景,持续影响主流消费群以及三四五线消费蓝海人群。

QQ 浏览器广告:QQ 浏览器"搜看一体"综合信息平台,集"搜刷用看"于一体,多维场景覆盖;搜索特色场景高效触达用户。

腾讯音乐广告:中国音乐娱乐服务领航者,旗下包括音乐流媒体、社交娱乐两大主要业务,涵盖 QQ 音乐、酷狗音乐、酷我音乐、全民 K 歌四大产品。

腾讯游戏广告:中国游戏行业的领先品牌,中国最大的网络游戏社区,也是全球用户最多的数字娱乐平台。

优量汇:基于腾讯广告生态体系,依托于腾讯广告平台技术,在合作媒体上展示的广告产品;汇集超过 10 万个优质 App,月覆盖用户数超过 5 亿。

4. 巨量引擎

巨量引擎是抖音集团旗下综合的数字化营销服务平台,致力于让不分体量、地域的企业及个体,都能通过数字化技术激发创造、驱动生意,实现商业的可持续增长(图 6-10)。

图 6-10　巨量引擎首页

巨量引擎的营销资源包括今日头条、西瓜视频、抖音、穿山甲、懂车帝、Faceu 激萌、幸福里、番茄小说、住小帮、图虫等。

6.1.4　网络广告策划

AIDA 法则告诉我们,让目标受众注意到企业的产品信息是购买过程的起点。但是,目标受众注意到企业广告信息,不一定就会对广告信息产生兴趣,也许只是简单地瞟一眼,就转向其他页面,所以,在注意到企业广告信息的基础上还要想办法让目标受众感兴趣,这样目标受众才会愿意更深入地了解企业的产品信息。在目标受众对产品有了比较详细的了解之后,就应该想办法让用户产生购买的欲望,进而促使目标受众最终把购买欲望转化为符合广告目标的行动。至此,企业的广告目标得以最终实现。

网络广告策划首先要确定广告的主题,广告主题是中心思想。广告创意必须紧密围绕广告主题,广告创意是通过艺术构思来表现广告主题,广告创意必须先有广告主题。但广告主题仅是一种思想或概念,如何把广告主题表现出来,表现得更准确、更有感染力,才是广告创意的宗旨。如果没有很好的表现广告主题的广告创意,广告就很难吸引人的注意、很难达到效果。

1. 网络广告的 AIDA 法则

购买行为的产生有四个过程,即 attention(注意)—interest(兴趣)—desire(欲望)—action(行动),简称 AIDA(图 6-11)。

图 6-11   AIDA 法则

attention(注意)在网络广告中意味着网络消费者通过互联网对广告信息的接收,逐渐对广告主的产品或品牌产生认知和了解。

interest(兴趣)是指网络广告受众注意到广告主所传达的信息之后,对产品或品牌发生了兴趣,希望进一步了解相关信息。在这种情况下,目标受众通常会点击广告,进入广告主设置的页面获取更详细的信息。

desire(欲望)是指感兴趣的广告浏览者对广告主提供的商品或服务产生购买欲望。

action(行动)是指广告受众把浏览网页的动作最终转换为符合广告目标的行动。

2. 网络广告主题

网络广告主题是指广告宣传的重点和所要表达的中心思想,是广告内容和目的的集中体现和概括,是广告诉求的基本点、广告创意的基石。广告主题在广告的整个运作过程中处于统帅和主导地位。广告设计、广告创意、广告文案、广告表达均要围绕广告主题展开。广告主题使广告的各种要素有机地组合成一个完整的广告作品。

一个主题不明确的广告,等于什么也没有"告诉"。策划广告主题,是为了让消费者容易理解广告告知他们的是什么,要求他们做什么,从而达到广告的目的。

3. 网络广告创意

网络广告创意简单地说就是通过大胆新奇的手法来制造与众不同的视听效果,最大限度地吸引网络消费者,从而达到品牌传播与产品营销的目的。更进一步说,网络广告创意是指网络广告中有创造力地表达出品牌的销售信息,以迎合或引导网络消费者的心理,并促成其产生购买行为的思想。网络广告创意由网络广告诉求和网络广告表现两部分组成。

网络广告诉求是网络广告宣传中所要强调的内容,俗称"卖点",它体现了整个广告的宣传策略,往往是广告成败关键之所在。倘若广告诉求选择得当,会对消费者产生强烈的吸引力,激发起消费欲望,从而促使其实施购买商品的行为。

网络广告表现也即网络广告创意表现，是传递网络广告创意策略的形式整合，即通过各种传播符号形象地表述广告信息，以达到影响网络消费者购买行为的目的。网络广告创意表现的最终形式是网络广告作品。网络广告创意表现在整个网络广告活动中具有重要意义，它是网络广告活动的中心，决定了网络广告作用的发挥程度。此外，还要注意落地页的设计。

网络广告创意不仅要遵循广告创意的基本思想，还应该结合互联网与网络消费者的基本特点。

（1）针对产品特点选择合适的创意主题。网络广告创意首先应该从分析广告商品的特性开始，广告创意主题要恰当地展现商品的特性。分析广告的主要诉求点，围绕商品特点展开创意，使广告创意引人注目又紧密体现商品特点，从而完成网络广告创意与表现的完美结合。

（2）以互动为出发点。好的创意不仅可以创造点击率，还可以提升用户体验。将互动融入创意，使受众在信息浏览中了解商品的信息，通过互动建立对品牌及商品的认知，从而提升广告信息的传播效果。

（3）简洁的广告信息。网络广告的创意在信息发布与设计方面还要注意广告信息的简洁性，只有简洁有创意的广告才能脱颖而出，给浏览者留下深刻的印象。网络广告信息的组织一定是围绕一个中心点的简洁的创意，"少即是多"提倡在网络广告中用最少的元素来表达最丰富的信息。如果网络广告信息繁杂，很容易因信息传递不明确而使浏览者失去兴趣，导致广告信息传递的中断。

（4）娱乐性创意主题。在网络广告创意中加入娱乐能更好地吸引观众的注意力。将广告营销重点和网络广告设计结合在一起，通过娱乐的方式将广告信息融入网络广告的创意中。但在网络广告中使用娱乐作为创意点也要注意一些问题。例如，奥美互动亚太区数码创意总监林淳分析："那些真正打动人心的东西，目前来看，第一是有奖励，第二有好玩的东西，但是这些对品牌不一定有多大提升。"其中"好玩的东西"就是指网络广告创意中的娱乐性。网络广告创意中的娱乐决不能为娱乐而娱乐，而是以企业品牌提升为目的的娱乐。

（5）创意表现与技术相结合。网络广告创意和网络技术相结合有利于创意的更好表现，通过新技术的融入，使广告创意更完美地展现。技术将影响广告创意，新技术可以带来更好的用户体验，使网络广告身处信息海洋脱颖而出。选择与品牌营销策略配合度高的技术才能真正驱动互动网络广告创意。

4. 网络广告文案

网络广告文案是指网络广告画面中的文字。网络广告文案写作是一个创意实现的过程，在这个过程中，网络广告文案策划人员要对网络广告创意策略和表现策略进行语言文字的表现。这个表现是与其他制作和表现者一起，形成一个完整、有效的网络广告作品。因此，网络广告文案创作过程是一个发展创意、表达创意的过程，是一个运用语言文字与目标受众沟通的过程。扫描右侧二维码阅读两种不同类型的文案。

文档：两种不同类型的文案

6.2　新媒体营销

新媒体主要包括社交类媒体(如微信、微博)、新闻资讯类媒体(如公众号、头条号、百家号)、短视频媒体(如抖音、快手、微信视频号)、直播平台(如抖音直播、视频号直播、快手直播)等。

6.2.1　新媒体营销账号搭建

1. 新媒体账号基础设置

企业新媒体营销要先从账号搭建开始。

(1) 账号的定位。企业账号的定位是指企业希望通过新媒体渠道达成什么样的营销目标。账号定位不仅需要结合企业自身情况和受众群体的特点,同时还可以参考同行和一些做得好的企业。企业可以通过分析一些表现优秀的企业的做法,如名称、头像、风格、调性、账号数据等,借鉴各家所长。

(2) 账号的基本设置。企业账号的基本设置包括新媒体账号的名称、头像、简介。如同企业的名片,能够让用户一看便知这家企业叫什么,是做什么的,能为用户提供什么价值。

账号取名:一个好的账号名称能够自带流量,帮助企业更好地进行营销传播。账号取名应该考虑方便搜索、理解、传播(传播成本低)。企业新媒体账号常见的取名方式包括直接使用品牌名称、品牌名＋领域或行业、品牌名＋官方字样(如 TCL 官方服务)。

账号头像:头像可以表明账号主体,加深用户印象。头像设置时,企业可以优先选取 Logo 或品牌名,还可以适当个性化。

账号简介:账号简介可以阐述账号内容方向,告知用户账号对于用户的价值。

2. 新媒体账号矩阵搭建

媒体矩阵就是多个账号通过内容生产、粉丝运营等策略组合在一起。通俗来讲,就是把不同的账号关联起来形成一个整体,例如,企业可以打造一个由企业官方微博、企业高管微博、企业员工微博组成的营销矩阵。新媒体矩阵常见的包括微博矩阵、公众号矩阵、短视频矩阵、直播矩阵等。

一个企业或产品想要获得更多的关注,就需要借助各种营销手段去推广宣传,而利用新媒体矩阵可以有效地提高品牌的曝光度与影响力。此外,企业获取新用户的成本和难度越来越高,通过打造属于自己的新媒体矩阵则可以大幅降低企业的获客成本。如果企业在各大新媒体平台都有自己的用户群体和流量池子,只要能够将它们整合起来并合理地布局,就可以实现低成本引流的目的。

以短视频账号矩阵为例,短视频账号矩阵和多个短视频账号是有本质区别的,多个短视频账号之间的关联性很低,而短视频账号矩阵是一种通过大号带动小号,让不同账号之间的粉丝实现共享的一种策略。常见的打造短视频账号矩阵的方法有以下几种。

(1) 对账号进行定位。运营短视频账号像做品牌一样,第一件事便是对短视频账号进行定位。只有在清楚了自己的定位以及未来的方向之后,才会在未来做到更加聚焦。

(2) 给账号设立一个形象。像品牌 Logo 设计、品牌 VI 设计一样,都会给用户带来一个很直观的印象。短视频账号运营也一样,为账号建立视觉形象,用户可以通过查看图像了解账号是做什么的。

（3）账号之间要有一定的相关性。以餐厅为例，短视频的内容必须具有某种统一性，例如从原料采购、运输，到后厨加工、菜品上桌供客人品尝，在这整个过程中，可拍摄的短视频环节非常多。在不同的账号之间侧重点可以稍有不同，但都是围绕着"吃"来创作内容。

（4）对于优质内容的细分。当运营的众多账号中有一个账号突然之间大火，这个时候，就要考虑是什么原因导致的这一现象，将这个账号经营的内容再往下细分、深挖，建立更深的关联账号，并且要给这些账号引流造势，这样才能保证找到爆火的那个点。

6.2.2　新媒体账号认证

相比普通用户，通过新媒体平台认证的账号会获得平台提供的更多服务、更多的推荐。同时，通过账号认证还能够提升企业的品牌形象，增加内容的可信度和权威性，方便网民识别，有助于账号涨粉，达到更好的营销效果。下面以微博认证为例来看企业认证能获得的优势。扫描右侧二维码阅读微博营销及优势。

文档：微博营销
及优势

微博认证从主体上分为个人认证（图 6-12）和机构认证（图 6-13）。平时看到的微博橙V 和红 V 都是属于个人认证账号，蓝 V 是机构认证账号，如企业、学校、政府等。蓝 V 发布的信息通常代表官方权威发布，认证主体对所发布内容的真实性负责（图 6-14）。

图 6-12　微博个人认证

图 6-13　微博机构认证

图 6-14　小米蓝 V 认证

企业认证专享以下几种特权。

1. 身份特权

（1）个性化主页设置。为了更好地展示品牌形象，企业可以自定义计算机端的官微主页，根据品牌需要更换顶部背景图，也可以在管理中心设置首页轮播图片和视频，提升品牌形象、深度宣传品牌理念。

首页轮播图片及视频会展示在企业官微主页，并置于所有微博的最上方处。轮播图最多可设置五张，每张图片都可链接到任一文章、活动、卡券或轻应用。视频最多可上传一个，支持新浪播客、优酷网、土豆网、酷 6 网、我乐网、爱奇艺、凤凰网等视频网站的视频播放页链接。

（2）微博年费会员。微博年费会员是指按年支付方式开通的微博会员。相比于普通会员，年费会员拥有更加尊贵的身份和更多专属特权。

① 年费会员特权。

装扮特权：专属模板、动态模板、自动换装、自定义封面图、卡片背景等。

身份特权：专属标识、专属昵称、优先推荐等。

功能特权：微博置顶、微博屏蔽、自定义来源、读书特权、游戏特权等。

手机特权：客户端专属主题、短信特别关注、微博红名等。

② 年费会员专属特权。

会员等级加速，独享 15 点/天成长值。

额外 200 点成长值奖励。

专属年费勋章和标识。

每天最高八个等级经验值加速，成长快人一步。

（3）专属客服。微博专门为企业打造的 VIP 专属客服团队，为企业提供更优质服务，企业可享受电话客服优先接听。

用户认证成为企业后，如在运营微博时有任何疑问，都可拨打企业专线客服，中高级认证用户可享有专属客服特权。

2. 营销特权

（1）粉丝头条。粉丝头条依托于微博海量用户和社交关系，是可以帮助企业快速实现博文和账号推广的营销工具。企业使用粉丝头条后，可以将指定微博展现在其粉丝微博信息的第一位，同时还可投放给更多潜在用户，精准扩大传播范围，有效提高微博曝光、增加粉丝互动、提高微博关注度，迅速积累社交资产。

粉丝头条包含博文头条、帮上头条、账号头条。

博文头条：企业的微博推广利器，可以使微博置顶在粉丝微博的第一位，不仅可以展示给企业粉丝，还可以通过人群定向、兴趣定向、指定账号相似粉丝等精准投放给除企业粉丝以外的更多微博用户。

帮上头条：利用帮上头条将他人博文置顶至其粉丝微博的第一位，借助明星、大 V 的影响力进行宣传，是企业营销宣传、增加品牌曝光和提升销售的秘籍。同时帮上头条独有的冠名功能，能增加更多的账号和品牌曝光机会，还可借助其庞大的粉丝影响力，将其转化为自己的忠实粉丝。

账号头条:帮助企业快速获得大量优质粉丝,积累社交资产的账号推荐工具,通过精准算法把企业账号推荐给最有可能关注企业的用户,用户主动关注,切实有效地提升企业的活跃优质粉丝数。

(2)微热线。微热线是微博面向企业用户提供的一款基于微博客户端的通话产品。企业通过微热线,将微博账号与企业电话绑定后,用户在浏览企业官微时,即可一键拨打,联系企业,同时自动关注官微。在企业发布的每一条微博下方和企业官微主页都有微热线入口,多个展示入口方便用户一键联系企业。

微热线是微博为企业与用户搭建的便捷沟通桥梁,除快速联系外,企业还可以在后台看到来电用户的微博昵称,并可查看企业话单情况,回访高质量客户,轻松实现订单转化。

基础认证用户在审核通过后,会赠送50通微热线;中级认证用户赠送100通微热线,用完以后额外购买可享9折身份权益;高级认证用户会赠送200通微热线。

(3)地理位置认领。用户可以在微博上认领企业相关的地理位置,如公司地址、店铺地址等,方便用户通过微博轻松找到企业店面位置。

同时,所有用户发布的带有某一位置的微博都会进入该位置聚合页,企业可以通过管理此地理位置聚合页,发动到店用户签到、点评,与客户互动,提升店铺人气。

企业可在管理中心添加联系地址,或在@位置小秘书账号中申请入驻店铺,完成地理位置认领。

用户认证成为企业以后,即享有认证地理微博特权。

(4)品牌话题。品牌话题独占是指企业的品牌话题主持人身份保护功能,可以把某一话题的主持人一直固定在企业官微名下。

企业在微博上创建品牌专属话题后,参与该话题的每一条微博都会在话题中形成内容沉淀,企业通过持续运营话题就可以得到更多的活动和品牌曝光。企业成为话题主持人后,私信@企业微博助理可以申请对该话题保护,保护期间该话题词不开放主持人竞争。

话题被独占后,话题词不能修改,且话题词内容需与企业品牌、企业名称有直接关联,不可存在歧义。

中高级认证用户可享受品牌话题独占特权,中级认证用户可使用1次,高级认证用户可使用3次。

3. 粉丝运营

(1)抽奖平台。抽奖平台是微博官方唯一抽奖工具,企业借助此工具可进行单条微博的转发抽奖活动,其结果更具公正性、可信度。同时抽奖平台是企业官微回馈用户、传播企业营销信息、提升官微关注度及粉丝量最便捷的商业工具。

抽奖平台对企业抽取次数无限制,奖品类型支持实物奖品、虚拟奖品和现金。企业可对用户参与规则进行深度过滤垃圾用户、@好友、关键字筛选等条件的设置。抽奖规则、结果完全公开,保证抽奖的公正性。

企业发布的抽奖微博里需明确说明抽奖规则(用户参与条件、开奖时间等信息)及要送出的奖品,并按平台规则进行备案。抽奖时活动发起方须严格执行预定的活动规则,禁止随意修改规则,增加附加条件。

抽奖完成后,系统会自动发出一条中奖公示微博,同时,系统会自动给中奖者下发中奖私信,私信中会包含填写收货地址的链接,中奖者需要在 7 天内点击私信链接填写收货地址,逾期未填写者,企业有权不发放奖品。企业需在开奖结束后 15 天内邮寄出活动奖品。

用户认证成为企业后,可使用抽奖平台创建抽奖,并设置不同的奖品类型。购买中/高级认证权益用户,还可享受过滤垃圾粉、参与抽奖、默认关注等高级权益,给企业抽奖活动带来更多玩法及更精准、高效的定位目标用户,具体见表 6-1。

表 6-1　企业认证抽奖平台权益

名　　称	基础认证权益 (600 元)	中级认证权益 (5 000 元)	高级认证权益 (9 800 元)
创建抽奖活动	√	√	√
抽奖玩法-过滤垃圾用户	—	√	√
抽奖玩法-@好友	—	≤3 个	≤3 个
抽奖玩法-关注我	—	√	√
抽奖玩法-同时关注其他多个账号	—	—	√
抽奖玩法-转发命中关键字	—	√	√

(2) 卡券平台。微卡券是微博官方开发的优惠券、代金券等的发放工具,为企业提供了便捷的优惠促销工具,帮助企业在短期内获得更多用户关注并带来直接到店消费转化。

企业可通过管理中心的微卡券工具创建免费优惠券及代金券,设置卡券信息后提交审核,审核通过后,卡券会按企业设定的时间上线。

企业可在卡券后台查看、推广、验证和管理卡券,同时可查看卡券售卖和传播进展,如卡券领取人数、领取名单、浏览量、访客量等数据,帮助企业对卡券效果进行有效把控(表 6-2)。

表 6-2　企业认证卡券发放权益

名　　称	基础认证权益 (600 元)	中级认证权益 (5 000 元)	高级认证权益 (9 800 元)
创建卡券	√	√	√
管理卡券(查看数据、推广卡券、核销卡券)	√	√	√
私信提醒	提醒一次	多次提醒	多次提醒
领取/购买后自动关注商家	—	√	√
领取/购买后分享微博	—	√	√

(3) 私信互动。私信互动是助力企业借助私信进行更高效粉丝触达的工具。通过群发私信,可以快速与全量粉丝或某一分组粉丝分享企业活动、最新资讯、新品上线等企业相关信息,加强与粉丝的互动,提升粉丝黏性。

企业需通过粉丝服务平台进行群发私信,群发对象可根据用户性别、所在地区、分组等进行筛选。群发私信的形式为文字、图片、语音、图文消息、音乐,每天最多可群发一次。

私信互动是企业用户触达海量粉丝的有效通道。认证企业可免费享受一次发私信给全量粉丝,之后只能随机发给 10% 的粉丝;购买中高级权益的用户,企业可一直享有将私信发给全量粉丝的权益(有效期等于权益包有效期)。另外,企业还可以将自定义菜单跳转外链,为自身店铺导流,从而帮助企业将粉丝转化为客户(表6-3)。

表6-3　企业认证私信互动权益

名　　称	基础认证权益 (600元)	中级认证权益 (5 000元)	高级认证权益 (9 800元)
创建图文素材	√	√	√
管理图文素材	√	√	√
群发文章私信反馈	√	√	√
素材管理搜索功能	√	√	√
群发限制	首次群发免费,之后群发只能发给10%随机用户	每天1次触达全量用户、定时发布	每天2次触达全量用户、定时发布
自动回复类型	私信、关键词自动回复	关注、私信、关键词自动回复	关注、私信、关键词自动回复
自定义菜单	支持发送信息+外链跳转	支持发送信息+外链跳转	支持发送信息+外链跳转
定时发送功能	—	√	√

4. 数据分析

(1) 数据助手。数据助手是微博官方数据分析产品,整理并呈现企业微博账号运营中的核心数据,为企业的运营决策提供数据支撑。

数据助手从粉丝分析、内容分析、互动分析、相关账号分析、文章分析、视频分析等多个方面,运用多维度的数据对比,帮助企业进行专业的账号运营效果分析。

粉丝分析:帮助企业了解账号粉丝数变化趋势,以及粉丝用户画像,包括粉丝的性别、年龄、地区分布和其他更多信息。

内容分析:帮助企业了解账号发布内容的表现状况,分析粉丝对不同微博内容的喜好程度,方便企业调整发博策略,以获取更多的粉丝互动和粉丝增长。

互动分析:帮助企业了解账号的互动表现,如详细的账号互动分析、主页访问分析及影响力分析。帮助账号运营者掌握账号的影响力、互动性,保持账号粉丝的活跃度。

相关账号分析:帮助企业分析、监测感兴趣的账号及竞争对手账号的数据表现和动态。

文章分析:企业发布文章的阅读量、互动等指标的数据分析。

视频分析:企业发布视频的播放量、互动数等指标的数据分析。

中高级增值服务用户在购买数据助手基础分析产品时可享受一定的身份折扣。中级认证用户可享受9折优惠,高级认证权益用户可享受8折优惠(表6-4)。

表6-4　企业认证数据助手权益

名　　称	基础认证权益 (600元)	中级认证权益 (5 000元)	高级认证权益 (9 800元)
数据助手基础分析	—	9折优惠购买	8折优惠购买

(2) 信息监测。信息监测为企业提供数据舆情、商情的监测与预警服务。

企业用户可通过设置监测方案进行舆情关键词监测,查看全网含有该关键词的所有信息,筛查敏感信息,并监控信息走势图、媒体来源占比、媒体活跃度以及地域分布图等,还可将预警通知、监测日报以每日私信或邮件等形式发送给企业。

用户购买不同等级的认证权益,可获得相应数量的信息监测产品次数,具体见表 6-5。

表 6-5 企业认证信息监测权益　　　　　　　　　　　　　　　单位:次

名　　称	基础认证权益 (600 元)	中级认证权益 (5 000 元)	高级认证权益 (9 800 元)
监测方案	3	5	8
全网事件分析	1	3	5
微博事件分析	1	3	5
竞品分析	2	3	5
数据简报	2	3	5

(3)传播分析。微博传播分析是针对单条微博的传播情况进行数据分析的工具,通过多维度的数据分析,为企业还原微博传播的真相。企业输入单条微博地址后,系统通过智能计算呈现出其传播路径、关键传播者、引爆点、转发层级、覆盖人数、人物画像、热门转发微博等,以完整呈现此条微博的传播情况。

认证企业用户,可获得微博传播分析的使用权限,同时,基于不同的认证权益会享有不同的体验试用权。每条分析的微博都有一定的转发量,基础认证用户可享受总计 10 000 次转发量的微博转播分析,中级认证用户可享受 20 000 次,高级认证用户可享受 30 000 次,大于此量级时可进行续费购买(表 6-6)。

表 6-6 企业认证传播分析权益　　　　　　　　　　　　　　　单位:次

名　　称	基础认证权益 (600 元)	中级认证权益 (5 000 元)	高级认证权益 (9 800 元)
微博传播分析	10 000	20 000	30 000

6.2.3 新媒体内容营销

1. 新媒体营销内容定位

很多企业做新媒体营销,内容是最大的短板。如何将产品化、企业化的内容输出转化为信息、生活、兴趣、使用场景、贴近用户生活的输出,是提升用户阅读兴趣、增强用户黏性和参与度的关键。内容需要以生活、场景、娱乐为导向,结合热点事件,才会赢得更多的关注和转发量。

(1)品牌宣传定位。以用户为中心,立足点是内容。它的核心价值在于传播品牌,增加声誉。这是目前大多数企业做新媒体的定位。

(2)产品服务定位。以用户为中心,立足点是产品。它的核心价值是帮助用户解决问题,注重功能层面的创新,产品只是解决客户问题的工具。例如,一个企业在卖减肥产品,那么就应该通过各大媒体的视频、音频、文字来传播和分享关于女生减肥的锻炼方法,从而把企业塑造成减肥专家的形象,而减肥产品只是帮助企业的用户更快实现减肥的工具。

(3)做电商。以客户为中心,以商品为基础。核心价值是让顾客消费,用特色产品吸引用户和促进交易。通过价值和品牌故事打造情感产品,吸引更精准的客户产生消费。

2. 新媒体内容运营

新媒体营销最关键的一环就是要做好内容运营,只有做出能够吸引用户的内容才能抓住用户关注的目光。因此,企业在做新媒体内容创作时,一定要从用户的角度出发,通过原创、编辑、整合等手段,围绕自己的产品,输出用户需要的或是感兴趣的高质量内容。企业可以通过借助社会热点、制造话题、讲故事、内容系列化等进行内容产出。

借助社会热点:借助社会热点顾名思义就是借热点的火爆程度来进行营销,利用热点本身的裂变属性来进行有效的宣传。

制造话题:制造话题也是内容运营的一种方式。一个好的话题可以激发用户的热情,增加参与度。

讲故事:是否会讲故事将是衡量作为新媒体运营者能力高低的标准,一个好的故事可以让用户对企业或品牌有更深入的了解,他们会对企业的产品产生更浓厚的兴趣。一个好的故事也是建立企业和用户之间友好关系的一个桥梁。

内容系列化:在规划内容的时候,有意识地把主题类似、选题相关的内容归为一类,策划栏目名称以及选题方向,形成特定风格的内容集合。系列化的内容会让用户的阅读期待感更强,用户的内容预期也会更清晰,而且系列化的内容一旦形成,还会叠加内容的力量,打造出品牌更多的内容符号。

3. 借助社会热点需要注意的问题

借助社会热点即借势营销,企业从事新媒体营销需要很娴熟地利用各种各样的热点,创新营销思维。借助热点要注意两点:一是要快,再热的热点一旦过了时效性也是会消失的,时间一长就不会有用户关注,这个时候再去蹭热点,就失去了它本身的意义;二是要结合,要能够将热点和自身产品无缝对接,而这就会考验运营人员的能力。

但是,新媒体营销借助热点时,一定要懂得取舍,什么样的热点该借,什么样的热点不该借,一定要有底线。

此外,企业在借助社会热点进行话题活动设计时,需要衡量卖点相关性、场景引导性、利益刺激性、参与门槛等几个方面。

(1)卖点相关性。切不可为了追热点,为了活动而做活动,产品的卖点需要巧妙地融入,否则忙活一场,只是赚个吆喝。

(2)场景引导性。能引发共鸣的文案和配图,才能让用户有参与的兴趣。互联网上一些热点话题的流行,大多是因为触发了一些相似的生活体验,引发了相类似的感受,快速蔓延到朋友圈及其他社交平台中。

(3)利益刺激性。要么是用户参与的物质利益点,要么是用户参与的情感利益点。

(4)参与门槛。切忌过高。有的活动需要用户晒个人照片,参与者就会有很多顾忌,从而直接放弃参与。

 **本章练习**

思考与讨论

1. 网络广告的价格受哪些因素的影响?

2. 网络广告怎么样定价才是最合理的？

3. 每年网络上都会产生很多流行词，这些词为什么会流行？分析各种可能的原因。

网络实践

1. 查阅不同形式的网络广告及创意。

2. 查阅小米等企业的微博、微信公众号、抖音号内容，了解企业新媒体传播。

创新·创意·创业

结合本章所学，为自己的项目设计详细的传播与推广方案，最终形成一份完整的书面方案。

第7章

网络营销品牌建设

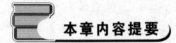 **本章内容提要**

互联网时代,消费者购物时动动手指就能从一个企业切换到另外一个企业,所以企业要想获取用户、留住用户,品牌建设就显得尤为重要。

本章将从网络品牌受众分析、网络品牌定位、网络品牌策划、网络品牌传播等方面学习企业网络品牌的规划与建设。

 **学习目标**

知识目标

(1) 深刻理解品牌的含义、品牌价值,建立网络品牌营销思想。

(2) 理解品牌的知名度、美誉度和忠诚度。

(3) 理解网络品牌定位的重要意义和方法。

(4) 熟悉网络品牌的构成要素。

(5) 理解网络品牌的情感传播。

技能目标

(1) 能够对网络品牌的受众进行分析。

(2) 能够对网络品牌进行合理的定位。

(3) 掌握品牌命名的规律,能够为品牌命名。

(4) 具备一定的网络品牌视觉形象规划和设计能力。

(5) 能够策划设计品牌的广告标语。

(6) 能够对网络品牌进行有效传播。

素养目标

(1) 具备良好的创意表达能力。

(2) 具有研究探索精神和敏锐的市场嗅觉。

(3) 具备一定的创新思维,具有较好的接受新事物的能力。

(4) 具有一定的系统性思维能力,思维敏捷,富有创意。

(5) 关心国家经济发展,关注我国企业和品牌发展状况。

三只松鼠品牌营销

三只松鼠是一家以卖坚果、干果为主的电商公司，2012年6月正式上线。2012年11月11日卖出766万元销售额。2014年11月11日，单天销售额达到1.09亿元，2014年全年销售额突破10亿元。2021年实现营收97.7亿元。

从一开始，三只松鼠的目标人群定位就非常明确，把"80后""90后"新生代群体作为目标客户。他们个性张扬、时尚新潮、对细节挑剔，代表新主流，是未来商业的主导力量。他们习惯网购，注重消费体验，所以三只松鼠选择网络作为其主要销售渠道。

针对这一类群体的消费特点和消费诉求，"三只松鼠"将品牌定位于绿色、新鲜的"森林系"。这一概念代表绿色、健康、自然、新鲜，正符合快生活节奏下的办公室一族所追求的消费理念。基于情感的概念化创新，使顾客耳目一新，大幅增强了顾客黏性，形成了独特的品牌地位。

图7-1　三只松鼠Logo

围绕定位，三只松鼠借助主人文化和三只可爱的松鼠，赋予品牌以卖萌、亲切和贴心的鲜明人格，让人倍感亲切(图7-1)。

松鼠本身就是一种容易激发人们怜爱和联想的动物，且以坚果为主食，这与其公司主营业务非常吻合，"三只松鼠"这个名字简明好记，很容易给受众留下深刻印象。

三只卡通松鼠形象生动，具有强烈的亲和力和感染力。在视觉上吸引顾客，展示了"三只松鼠"的品牌个性，同时又传递给消费者"三只松鼠""慢食快活"的品牌文化与价值。

三只松鼠Logo
彩图

三只松鼠以主人和宠物之间的关系，替代了传统商家和消费者之间的关系，客服以松鼠宠物的口吻与顾客交流，顾客成了主人，客服成了宠物。由此品牌不再是高高在上的形象，而成为亲切、真实、极富感染力的人格。

独树一帜的品牌萌系人格形象，既迎合了新生代主流消费群的价值观，又赋予了品牌势能(增强品牌的感染力和魅力)，所以一经传播就实现了引爆。

围绕定位和人格，三只松鼠在各个消费接触点不遗余力地强化萌系品牌人格形象，持续创造萌系内容。

从线上店铺的网页介绍、动漫、广告植入，到线下的包装、赠品、快递盒等全都保持一致的卖萌风格，并通过系列活动与消费者互动，在消费者心智中不断强化萌系品牌人格形象，在无形中传递品牌理念，推广产品。

2014年4月，三只松鼠成立了一家全资子公司——松鼠萌工场动漫文化有限公司，其使命就是为三只松鼠的动漫形象在中国乃至世界传播，使其成为家喻户晓的动漫经典。

通过可爱的动漫形象给所有消费者带来欢乐的同时强化品牌的互动性、沟通性、参与性与分享性，成为一个有持久生命力的人格化品牌。

从运营来看，三只松鼠本质上是在经营内容，这与进行品牌IP运作的公司基本都具有娱乐基因和媒体属性也不谋而合。

三只松鼠围绕网红、IP和二次元实现品牌的IP化和人格化，不仅开设以亩为单位的大型线下体验店,甚至投资数千万元找到原迪士尼编剧以及中美韩团队,拍三只松鼠的动画大片。

从农产品企业、互联网企业到线下品牌、文化产业和动漫企业,三只松鼠这个 IP 正在不断衍生,奔向超级 IP 之路。

通过品牌 IP 的系统运作和经营,三只松鼠短短几年就成长为中国最知名的食品企业之一,每年的"双十一"更是实现了惊人的业绩,这就是品牌 IP 运作的独特魅力所在。

创始人章燎原作为"松鼠老爹",能够迅速掌握消费者的心理,用较强的品牌营销理念,使三只松鼠品牌深入人心。三只松鼠的品牌 Logo 也是以三只松鼠为主,体现了青春活力。在产品包装上也向年轻人靠近,无论从品牌、速度、服务,还是产品品质上都做足了功课。

作为一个在电商时代成长起来的休闲零食品牌,三只松鼠深知品牌的重要性,也格外重视对品牌的维护和宣传。随着民族文化的复兴和国潮流行的趋势,三只松鼠也把握住了品牌发展的机会,随着民族文化的传播,一起深入国民的心中(图 7-2)。而随着三只松鼠的发展壮大,一步步地进军海外市场,这烙印着深深民族文化的国潮品牌,也在世界的舞台上展示其磅礴的生命力。

图 7-2　三只松鼠之中国行

截至目前,已有 100 多款 SKU 进入美国、马来西亚、泰国、新加坡等国市场,在多个主流跨境电商平台上建立了品牌旗舰店。

(资料来源:http://www.mzpp.com.cn/news/show-89297.html,https://baijiahao.baidu.com/s?id=1739060648075890298&wfr=spider&for=pc)

7.1　品牌的内涵

毫无疑问,品牌是企业对外最好的名片。当用户看到一个知名度高、口碑好的品牌时,就会有一种天然的信赖感,用户就会因此对它的产品产生一定的购买欲望。企业之间合作,品牌形象和知名度也是重要的考量指标。

网络营销的价值远远不止于推销产品,企业把自己的品牌建立起来的意义远远大于短期的产品推销。同时品牌建设已经渗透到企业发展的每一个环节。在互联网环境下,企业品牌是维持其可持续发展的重中之重。

著名的营销学家、被誉为"现代营销学之父"的菲利普·科特勒(Philip Kotler)将品牌的定义表述为:"品牌是一种名称、术语、标记、符号或设计,或是它们的组合运用,其目的是借以辨认某个销售者或某群销售者的产品或服务,并使之同竞争对手的产品和服务区别开来。"扫描右侧二维码观看品牌的内涵微课。

微课:品牌的内涵

7.1.1　品牌的重要性

品牌是一家企业信誉与权威的认证和标签,更是代表着企业强烈的自主意识。不管是质量、创新、荣誉、文化还是服务,都可以包含在企业品牌里面,品牌以经济实力和市场信誉的形式被消费者熟悉。

品牌是企业核心价值的体现，在一个信息极度膨胀，同质产品大量涌现的互联网环境下，消费者对产品和服务的认同主要依赖于品牌，迅速占领互联网品牌高地，也成为企业竞争的独特优势。

品牌解决了与消费者沟通的问题，从品牌的信息、体验、品质上，让用户得到了品牌的价值、良好的口碑，从而达到了与用户沟通，产生共鸣，让更多的消费者心甘情愿地去选择。

1. 品牌代表了企业的竞争力

在市场经济环境下，各大企业之间的竞争非常激烈，靠打价格战的时代已经远去，品牌显示着越来越重要的价值。好的品牌能够很大程度地为企业提升销售额，让企业的产品和服务拥有更强的竞争力。企业想要获得高额利润的重要途径就是拥有占据市场主导地位的品牌，甚至有时候品牌比企业主体来得更加重要。由此可见，品牌及品牌建设已经成为企业构筑市场竞争力的关键。

2. 品牌意味着客户群

品牌可以更快地获得用户的关注度。用户在选择产品的时候，品牌也会成为他们选择产品的重要因素。对于新时代的用户而言，用户对产品的黏性并不是很大，他们会随意尝试更换品牌，但是良好的品牌代表良好的产品和服务质量，凝聚着企业的形象以及顾客、公众和社会对它的信任，拥有相对稳定而忠诚的客户群，这也就意味着良好的品牌拥有更稳定的客户群，其收获的利益也更持久稳定。

正如科特勒在《营销管理》一书中所言，"每一个强有力的品牌实际上代表了一组忠诚的顾客"，网络品牌的价值也就意味着企业与互联网用户之间建立起来的和谐关系。

7.1.2　品牌的三个维度

1. 品牌的知名度

平时说这个品牌好，那个品牌好，一般是指品牌的知名度。

品牌知名度＝品牌识别＋品牌回想＋品牌传播

品牌识别就是让消费者找到熟悉的感觉，也就是接触次数越多，就越喜欢。在日常生活中高频率使用的产品，因为消费者几乎每天都要使用，就会关注这些品类里面哪些比较适合自己。

品牌回想与企业的品牌定位有很大关联，能左右客户决策。企业做一个广告，什么都能做，什么客户都适合，那客户记住你的概率就会比较低。怕上火，喝王老吉，这个定位就是怕上火，顾客也就行动了。

品牌传播，怎么样传播，应该是先有播的内容，再有传的事情，所以这些传的东西都是要简单、朗朗上口，容易让人记住，让听到的人乐于传播。

2. 品牌的美誉度

品牌的美誉度是指一个品牌获得公众、社会以及行业信任、好感接纳和欢迎的程度，是评价该品牌好坏的重要指标，是在消费者心中的影响桯度，直接能够影响消费者决策。尤其在存量市场时代、买方时代、移动互联网时代，这个美誉度更是决定生死，你做得好，服务好，美名就传得很快。美誉度是属于客户体验中、使用后的口碑传播。

品牌美誉度＝客户美誉度＋行业美誉度＋社会美誉度

客户美誉度是对产品、图片、服务流程等的优化研究,例如客户浏览企业的店铺,店铺的展示需要美到极致,让客户眼睛张大,有不一样的产品、有新奇的产品,就会抓住客户注意力。展示的每张图片,其实也是对美的诠释,需要研究到位。服务流程的细节,更是值得细细考量。

行业美誉度通过自己打造良好口碑、服务形象、人际的传播,体现品牌在行业上的整体形象,赢得行业内人士的好评与认可。

社会美誉度是指品牌是否承担了相应的社会责任,是否有推动行业发展的影响力。

3. 品牌的忠诚度

客户忠于品牌的最大条件就是品牌背后为他们创造的价值。

一般的逻辑顺序是:打造品牌知名度,然后让客户产生美誉度,维护忠诚度。在移动互联网时代,这个逻辑不太适用了,人人都是媒体,分散了、碎片化了,但是传播效率高,此时的顺序是把一个产品在个别客户中打造成铁粉,美誉度爆棚,由他们在平台上传播。所以,在这个时代,企业可以直接从美誉度来思考营销的步骤。

企业网络品牌的建设是一个持久的过程,需要时间的沉淀。企业品牌建设的本质还是需要企业提高自身产品的竞争力,在此基础上加强推广宣传,提升企业品牌的知名度、美誉度,培养客户的偏好度和忠诚度。企业通过有力的品牌营销策略和有效的客户管理,来增强客户对企业的功能体验和情感体验,巩固和加强与目标客户的联系,吸引更多忠诚的品牌使用者,这也是企业获得持久利润、走向持久成功的重要法宝。

 **知识链接**

忠诚度的衡量指标包括产品试用、光顾频率、最近使用时间、行为深度(购买数量、购买时间)、放弃购物车、取消订单、访问页面数量、停留时间、加入购物车的商品等。

7.2　网络品牌的规划

7.2.1　网络品牌的受众分析

1. 品牌受众

品牌受众是指通过各种(直接或间接)渠道来接触或感受品牌的消费者或非消费者人群。

品牌受众不仅包括品牌商品的直接消费者,还包括那些品牌商品的潜在购买者以及能对品牌形象产生一定影响的组织或人群,如投资商、供应商、中间商、同行业者、金融机构、大众媒体、政府组织等。一个品牌带给品牌受众的感受能够直接影响品牌在受众心目中的品牌形象。

受众分析应该在品牌市场生命周期的初期完成,以便了解品牌改变的迹象或新品牌的趋势。市场调研者对了解品牌受众和他们的需要起到重要作用,并且他们在品牌创意过程中提供足够的资料,再由广告代理或品牌设计公司(包括媒体策划人)来选择媒体。如果不能理解受众,为品牌所做的任何方面的工作都是没有意义的。

在互联网时代,企业需要抓住消费者的需求和特点,例如年轻的互联网用户群体,他们是品牌购买的核心力量。那么他们的特性是什么呢?爱玩、很宅、懒人经济图方便,所以就有了淘宝、饿了么。除此之外,年轻群体追求时尚、科技、品质、快乐,所以就有了小米、锐澳鸡尾酒等品牌的成功案例。

2. 品牌受众分析的内容

每一个商业品牌都包括核心认知和延伸认知两大元素,两者相辅相成。核心认知指的是品牌内涵中更独特、更个性的元素;延伸认知指的是一些并非特别关键,但也不可忽视的品牌元素。

从受众角度来看,每一个商业品牌都会在受众心智中引起两种类型的共鸣:感性的和理性的。两者互相支撑。受众总是先从感性上认识品牌,然后才会深入理性层面。因此,品牌认知可以解构为两个维度:一个维度是核心认知和延伸认知;另一个维度是理性认知和感性认知。由此通过这两个维度的交叉划分,可以将品牌认知划分为四个象限。

将品牌的各方面元素进行整理归纳,就可以对应放入四个象限中。对于某一个特定品牌,只有四个象限都有充分的且积极的内容,才能称为成功。反之,如果发现某个象限中无内容可填,或内容是负面的,那么,下一步的品牌建设经费就应该向此象限倾斜。

7.2.2　网络品牌的定位

品牌定位就是用一句话简洁、清晰、准确地告诉目标客户你是谁、有什么产品或服务、能具体解决客户什么样的问题等。网络品牌的定位非常重要,可以从以下几个方面做好网络品牌的定位。扫描右侧二维码观看网络品牌的规划微课。

微课:网络品牌的规划

1. 竞争品牌的分析

竞争品牌分析主要包括:主要竞争对手是谁;品牌与主要竞争对手品牌的相似程度如何;品牌与主要竞争对手品牌存在着哪些区别。

企业应选择与竞争对手不同的品牌定位,包括功能定位和诉求定位,这样不仅有利于塑造个性化的品牌形象,而且可以规避与竞争对手的简单竞争,更可以保证自己的品牌能够成为顾客的"第一选择"。

2. 定位网络品牌的目标客群

对中小企业来说,企业的产品可能不会太多,所以可以通过分析企业的产品或服务的目标客群与网络用户的关联,得出企业的网络业务主要面向的网络用户,即网络目标客群范围。没有一个企业能向所有人提供所有的服务,因此,选出正在努力做的和能够做得最好的那部分,以最有效的方式提供给所选定的目标客群,这是最重要的,企业需要对自己所面对的网络客群进行筛选和定位,甚至确定对于企业业务来说,最主要的网络客群会是哪些,企业应该采取怎样的品牌策略与这部分客群建立和发展良好的关系。

3. 定位网络品牌的利益或价值

在确定了网络品牌的目标客群之后,需要进一步分析,通过网络,能够向这些目标客户提供哪些有价值的信息或服务,这就是定位网络品牌利益的内容。网络品牌需要有明确的消费者诉求或利益主张,并能够在第一时间向用户明确这种主张。一个有明确定位的网络品牌,能够让接触它的网络客户很快明白它能够带来的利益,这不仅能够节省用户的时间,也有助于用户深入了解品牌以及品牌所提供的服务。

市场定位、产品定位、品牌定位之间的联系与区别？

4. 品牌定位案例：自然堂的定位

一说到自然堂，很多人都会不自觉地跟上一句"你本来就很美"。似乎这个组合已经捆绑深植于记忆之中，两者的存在就如同条件反射。

从 2006 年至今，随着积累，"你本来就很美"这句品牌 Slogan（图 7-3）已经渐渐成为自然堂重要的品牌资产之一。而对于国产化妆品行业来说，它的提出和背后蕴含的主张，绝对能称为经典。

图 7-3　自然堂 Slogan

一句平常的赞美何以根植消费者的内心。在 21 世纪初期的中国化妆品行业营销战役中，大多品牌还都在把传播重点放在品牌功效上，突出产品优势，用产品的功能性和消费者理性沟通，这也导致化妆品广告在中国出现了严重的同质化现象，消费者很难分辨出相同功能性的产品哪个更好。

随着国内化妆品行业竞争日渐激烈，在各品牌之间的产品日趋同质化的情况下，自然堂调整其传播策略，从情感诉求的角度出发，深挖"美丽"带给每位女性消费者的情感利益点，提出品牌新主张"你本来就很美"，让品牌从原本的功能层面升华到了态度和认知层面。用一种主动从内在发掘天然美的主张，在消费者的大脑中形成一种认知关联——自然＝美，用女性的自然美和自然堂所打造的天然健康的品牌形象及产品卖点联系在一起，在观念上取得消费者的认同，利用品牌主张的传递，在原有选择的基础上，给消费者更多一种选择。

任何一个成功的品牌都需要一个定位，在消费者心中去构建一个类似于神经反应一样的认知，自然堂用自己对美的观点来区隔竞品功能方面的理性诉求，找到消费者心智中的情感空位，并将品牌深植其中，这也是一个品牌最性感和最容易打动人的做法。

7.3　网络品牌的策划

7.3.1　网络品牌的命名

品牌名称是企业最重要的商业资产之一，一个好的品牌名称，能让企业在市场竞争中脱颖而出；一个好的品牌名称，能快速抢占消费者的心智；一个好的品牌名称，能改变一个品牌的命运。所以，企业在给品牌命名时一定要慎重。扫描右侧二维码阅读品牌起名四要素。

文档：品牌起名

四要素

一个理想的品牌名称应该有某种积极的联想，容易记忆、拼写、传播。例如三只松鼠，看到这个名称，消费者不仅能联想到它是一个坚果品牌，而且能联想到松鼠在树林之间欢蹦乱跳寻找坚果的情景，从而联想到品牌的天然、乐趣。

企业品牌名称可以从产品、用户、企业经营这三个维度出发去思考。

1. 从产品维度命名

品牌从产品出发命名又可以分为功能卖点、产品品类两个方向。

功能卖点方向：在品牌名称中体现产品功能卖点，带给消费者的利益，让人看到名称就能联想到产品功能。

产品品类方向：在品牌名称中体现产品品类，让人看到名字就知道是什么类型的产品。

2. 从用户维度命名

品牌从用户出发命名有情绪体验、人物形象、消费场景三个方向。

情绪体验方向：用品牌名描述消费者使用产品时的感受和情绪状态，从而给消费者带来美好联想，创造品牌体验，如喜茶、可口可乐、百事可乐等。

人物形象方向：品牌名称中带有典型的人物形象和身份，如女装品牌淑女屋。

消费场景方向：用品牌名称表达产品的消费场景，直观地让消费者感知这款产品适合什么时机和在什么场合消费。

3. 从企业经营维度命名

品牌从企业经营出发命名有企业理念和愿景、企业创始人、历史文化、品牌 IP 四个方向。

企业理念和愿景方向：品牌名称承载了企业创始团队的梦想和企业经营愿景，代表品牌理念。

企业创始人方向：品牌的名称源于创始人的名字。

历史文化方向：品牌名称取自企业或产品历史上标志性的时间节点或地点。

品牌 IP 方向：品牌名设计成一个人名，或取自动植物，这种命名方式在后期品牌经营中便于打造 IP，设计品牌 Logo 和虚拟形象/吉祥物，对用户来说则是记忆符号，如江小白、三只松鼠、花西子等。

知识链接

IP(intellectual property)原意为知识产权，随着 IP 与泛娱乐产业、移动互联、文化、商业的结合，其概念已经泛化，现在很多东西都可以称为 IP，如漫画、电视剧、小说、游戏，或是某个人、某个角色、某个品牌等。

除品牌名称外，还有产品名称。现在有很多企业的产品为了方便消费者种草，都会在产品的正式名称以外，再取一个种草名。例如哈啰单车又叫"小蓝车"，完美日记的细管口红又叫"小细跟"。

7.3.2　网络品牌视觉形象设计

网络品牌视觉形象设计的主要内容如下。扫描右侧二维码观看网络品牌的创建微课。

微课：网络品牌
的创建

1. 页面文字的视觉效果设计

在网站文字显示中，设计师需要不同的字体风格去传播不同的形象，表达不同的视觉语义。网络字体应用的基本原则：①易读性，应用在网页上的字体应使浏览者易于阅读和辨识；②字号、字体、用色的运用应体现一致性和协调性，给人以美感；③字体可以表现品牌的个性风格，但要考虑所用字体是否是大多数网络用户都可以正常浏览的字体。

关于字体,一般网页默认的字体是宋体。为了体现站点的"与众不同"和特有风格,设计者可以根据需要选择一些特别字体。例如,为了体现专业可以使用粗仿宋体,为了体现设计精美可以用广告体,为了体现亲切随意可以用手写体等。目前常见的中文字体有二三十种,常见的英文字体有近百种,网络上还有许多专用英文艺术字体可供下载。需要说明的是,当使用非默认字体时,只能用图片的形式,因为浏览者的系统中很可能没有安装这种特殊字体,从而无法显示该文字。

事实上,网络品牌可以通过字体应用标准的设计,创造出独具特色的品牌标识字体,使文字形式成为受众识别品牌的元素之一。例如对有视力缺陷的老年人而言,需要提供较大的字体,因此在设计制作网页时,不应将字体设置成绝对尺寸,而应当尽量使用相对尺寸,使用户可以进行大、中、小字等形式的选择,可以达到更好的阅读效果。

2. Logo 标识的视觉效果设计

Logo 是重要的网络品牌标识内容。Logo 标识的设计反映了品牌的品质、个性及形象。对于一个商业网站而言,Logo 即是网站的名片。而对于一个追求精美的网站来说,Logo 更是它的灵魂所在,即所谓的"点睛"之处。网络 Logo 既可以使用企业的品牌标识,也可以创作新的标识。目前,大部分网站以应用企业品牌标识为主。对于那些品牌标识系统已趋成熟的传统品牌来讲,保持线上品牌标识与线下品牌标识的一致性和相关性是非常重要的。例如,华为是我国科技领域最具代表性的企业之一,它的 Logo 也具有非常高的辨识度(图 7-4)。

图 7-4　华为 Logo

好的 Logo 应具备以下几个条件,或者具备其中的几个条件:符合国际标准;精美、独特;与网站的整体风格相融;能够体现网站的类型、内容和风格;Logo 图形化的形式,特别是动态的 Logo,比文字形式的链接更能吸引人的注意。

华为 Logo 彩图

　知识链接

Logo 是品牌资产的重要组成部分,品牌更换 Logo 不仅仅是为了品牌形象的更新,更是紧跟品牌战略升级的表现。华为的 Logo 进行了几次升级:第一代 Logo(2004 年以前)由15 片花瓣组成;面对竞争激烈的国际市场,第二代 Logo(2004—2018 年)弃用了旧标识,使用更加国际化的标识,以此凸显国际化形象,将花瓣缩减至 8 片,由聚拢到散开;第三代Logo(2018 年之后),采用了更简洁、大气的设计风格,重新设计了黑色的"HUAWEI"字体,字母"E"由原先的弧形调整为更加棱角分明的样式,和其他字母保持统一,色彩上,去除了原先花瓣上的渐变色,采用统一的"华为红",风格更硬朗锐利,一方面符合当下流行的扁平化趋势,另一方面也是品牌自信和品牌实力的体现。

3. 图像的视觉效果设计

GIF 和 JPG 文件是在网页上应用较为广泛的图像文件格式。一般而言,GIF 文件是8 位 256 色,支持连续动画格式;JPG 是一种压缩图像格式,压缩比可任选。为提高图像在网上的上传和下载速度,在网页设计中经常应用此类文件。

很多网站面临图像格式问题:当网速较慢时有很多图片无法显示,又没有图像格式的注解说明,造成用户的反感情绪。例如,应用于用户注册的"注册"按钮是图片格式,且未加图片注解,那么,由于网速等原因,可能使用户无法找到注册按钮,从而无法注册。因此,当下载速度缓慢时,图像设计越简单、越直接,效果可能会更好。但是,简单并不意味着平庸,在不修改网站技术参数的前提下,仍然可以拥有成千上万种方法创造出卓越的图像。

4. 数字动画的视觉效果设计

数字动画的表现力极强,往往可以增加网络的动态视觉效果,在形式上一般可分为二维动画与三维动画。二维动画类似于平面卡通的动画,典型的软件有 Animator、CorelMovie 等,常用于网页设计的二维动画软件有 GIF Animator。三维动画设计的软件有 Cool 3D、Web 3D 等。Flash 是一个专门的网页动画编辑软件,通过 Flash 制作的动画文件字节小,调用速度快且能实现链接功能。

尽管数字动画的表现力强,但网页设计应慎重使用动画,因为动画会制约页面的访问速度,同时也容易造成用户视觉上的干扰,影响用户的视觉感受。在使用动画图像之前,建议仔细考虑为什么一定要用动画,为浏览方便? 强调信息? 还是宣传自己的身份? 如果只是想赶时髦,那最好别用。此外,应尽量缩减动画的文件大小。

5. 色彩的视觉效果设计

当用户打开网页时,首先映入眼帘的是网页的整体色调,对页面的第一印象对网页浏览者来说相当重要。色彩不仅可向客户传递信息,更可以传递心情。不同的色彩搭配产生不同的效果,并可能影响访问者的情绪。企业应根据网站商务、产品特色、企业文化等特点确定其整体色调,再按照内容决定页面形式(结构)并进行色彩搭配。在确定色彩方案之前,必须明确网站所要传达的信息和目标。

网页设计者在设计色彩方案时通常应考虑以下几个方面的内容。

(1)了解 Web 网站所要传达的信息和品牌,进而选择可以加强这些信息的颜色。

(2)了解用户群。文化差异可能会使色彩产生非预期的反应。同时,不同地区与不同年龄层对颜色的反应也会有所不同。年轻族群一般比较喜欢饱和色,但这样的颜色却引不起高年龄层的兴趣。

(3)不要使用过多的色彩。除黑色和白色以外,四五种颜色就够了。

(4)在用户阅读的部分使用对比色。颜色太接近,无法产生足够的对比效果,也会妨碍用户阅读。白底黑字的阅读效果最好。

(5)用灰度图来测试对比。当在处理黑色、白色和灰色以外的颜色时,一般很难决定每个颜色的相对值。

(6)用好流行色彩。流行色彩很容易充斥整个 Web,用户很快就会对流行色彩感到麻木。

(7)选择色彩时要考虑功能性的颜色。将关键信息部分设定为功能性的色彩,例如大标题和超链接等。

(8)注意网站色差问题。众所周知,即使是 Web 通用颜色,在跨平台显示的时候都会有些不同。网络色彩应用标准主要确定以品牌网站或品牌网络广告等主要网络表现形式为主的网络用色标准。

一般来说,一个网站的标准色彩不超过三种,太多则让人感到眼花缭乱。标准色彩要用于网站的标志、标题、主菜单和主色块,给人以整体统一的感觉。至于其他色彩也可以使用,只是作为点缀和衬托,绝不能喧宾夺主。

6. 版式设计的视觉效果设计

网站版式设计是网页设计中最为复杂的视觉设计部分,它对设计者的大局观和整体感觉要求较高。好的网站版式设计可以对客户进行良好的视觉牵引,引导顾客轻松浏览网站的每一部分内容。

网站是一个有机的整体,网站里的每一个页面、每一个页面中的图标、字体、色彩、音效,包括页面之间的转换都必须能够支持整个网络品牌的价值。一个优秀的页面版式设计,可以做到让浏览者在不看标志的情况下,通过整体感觉就可以轻松识别出网络品牌。

网页设计除整体版面设计之外,还应进一步做到不同级别的页面的相对独立,具有清晰的层级结构和导航,使网站具有层次感、节奏感,既不单调乏味,又不杂乱无序。每个网站都是由主页、一级页面、二级页面、三级页面以及更多层页面组成,每一级页面会有若干的平级页面。具备清晰的层次结构的网站能够让浏览者轻松地在内容繁多的多层页面中迅速获取他们想要的信息。

7. 产品的包装设计

产品包装设计是产品整体形象、宣传效果和顾客视觉感官体验的重要组成部分。

产品包装所传达的是商品外在直观形象,内在美需要长期的经营,而直接打动客户的必然是产品的外观。颜值是近几年很火的词,在这个看脸的时代,产品包装设计的特点、外观是客户对产品和背后的企业直观的审视评价,让消费者记住产品的品牌、Logo以及包装上的广告语。如果能够吸引顾客,让消费者记忆犹新,产品就具有了自我介绍、自我推荐的功能,实现销售推广品牌。

现在,很多产品的包装设计本身就自带话题属性,有传播价值,可以自带流量。例如可口可乐的歌词瓶、江小白的瓶身文案(图 7-5)、星巴克圣诞前后的独特纸杯。

图 7-5　江小白包装设计

商品的包装既要体现产品的内在价值,也要符合目标客户群体的品位档次和对商品的潜在需求,所以企业借助产品包装设计能够从外观颜值让消费者对企业的文化和形象有一个初步的认识,从而对企业品牌产生记忆。

7.3.3　标语广告语设计

产品是连接品牌与消费者的核心要素,顾客选择一个品牌的前提是要先知道企业在卖什么。而标语广告语(slogan)可以有效地将产品及品牌信息传递出去,让顾客对产品和品牌有基本的认识,有助于顾客做出购买选择。所以,标语广告语对企业来说是非常重要的,一句好的标语广告语往往能够迅速扩大产品的知名度,提高产品的销量,也因此企业必须重视标语广告语设计。

1. 标语广告语

标语广告语形式上一般由非常简短的语言构成,有时甚至只由几个词语构成,它通过最简洁有力的语言准确传递出品牌的核心理念或产品的关键利益,是一种较长时期内反复使用的特定的商业用语,例如"百度一下,你就知道"(图7-6)。

2. 标语广告语的功能

标语广告语一般用于宣传及广告上,在互联网行业还会出现在网站首页及 App 开屏页中,它不仅是一句必不可少的宣传用语,在很多时候还能对品牌及产品起到巨大的助推作用,例如 OPPO R9 的 Slogan"充电 5 分钟,通话 2 小时"就迅速将 OPPO R9 送上神坛(图7-7),两个月销量破千万。甚至有一段时间,这句 Slogan 还成为人们衡量手机指标的一个标准——到底这部手机充电 5 分钟,能打多久的电话?

图 7-6　百度的 Slogan

图 7-7　OPPO R9 的 Slogan

标语广告语的主要功能有以下几个方面。

(1) 精准诠释产品卖点和功能,形成潜意识消费。要想打动消费者,传递产品特色是最直接、最有效的方式。而能够传递产品卖点和品牌理念的 Slogan,可以在市场和消费者心目中留下潜意识的认知。

如同六个核桃的 Slogan(图7-8),将产品特性和功效阐述得淋漓尽致,且无形之中精准锁定了目标消费群体,以借力场景化营销的方式,将目标受众带入消费情境之下,刺激潜意识消费行为。

(2) 直击用户情绪点,降低用户选择成本。好的 Slogan 可以成为连接品牌和消费者的情感纽带,进而击中消费者的情感诉求,引发对品牌的情感共鸣。例如"怕上火,喝王老吉"这句 Slogan 精准击中了用户怕上火的痛点,并且给出了消除恐惧的方案,高效传递了品牌的使用场景和功效,构建"上火=王老吉"的消费场景(图7-9)。

用卖点打痛点,激发起消费者的情绪触点,这样就可以瞬间打动消费者的内心。同时,这句 Slogan 已经在市场中进行了大规模的广告投放,早已在消费者心智中建立了认知壁垒和心理认同,能够大幅降低用户的选择成本。

图 7-8　六个核桃的 Slogan

图 7-9　王老吉的 Slogan

（3）传递品牌价值主张，建立品牌信任感。标语广告语的重要性还表现在它是消费者对品牌最快速了解的入口。品牌名称虽然是消费者最熟悉的，但是品牌名称几乎难以传递有价值的信息。而 Slogan 则不同，短短几个字或一句话，承载的是品牌信息的精髓。

随着消费市场中同质化现象的出现，品牌想要快速在消费群体中建立认知，可以通过一句体现品牌价值主张的 Slogan，加强用户对品牌的忠诚度，降低消费者的风险担忧，建立信任感。

例如，在运动能量饮品市场处于饱和的状态下，东鹏特饮凭借"年轻就要醒着拼"这句 Slogan，精准传递了品牌价值主张。"年轻"定位于主流消费群体，"醒着拼"与不安现状、奋力拼搏的年轻人高度契合，从而成功杀出重围，实现虎口夺食。

3. 标语广告语的常见类型

综观企业的 Slogan，总结起来有以下几种类型。

（1）产品/品牌定位型。产品/品牌定位型是在消费者对品牌业务内容普遍缺乏了解的市场环境里，或为快速占领用户心智，成为某个细分领域的第一名，在 Slogan 中突出产品或品牌定位。例如，韩都衣舍的 Slogan"年轻一点，穿韩都"（图 7-10），就传达了自己对市场的基本定位——年轻人的服装品牌。

（2）功能利益型。功能利益型通过阐述产品的功能优势或能给用户带来的利益，用最便捷的语言使消费者了解产品的关键特点和优势。例如，"困了累了，喝东鹏特饮""美团——吃喝玩乐全都有""怕上火，喝王老吉""新浪微博——随时随地，发现新鲜事""小米体重秤，喝杯水都可感知的精准"（图 7-11）。

图 7-10　韩都衣舍的 Slogan

图 7-11　小米体重秤的 Slogan

（3）行动指令型。行动指令型是标语广告语中有明确或隐含的行动指令词汇，像是给消费者下了一个行动指令，直白或含蓄地促使消费者去行动。例如"滴滴一下，马上出发""百度一下，你就知道""有问题，上知乎""马上用亮甲""找工作，我要跟老板谈""要旅游，找途牛""农夫果园,喝前摇一摇"(图 7-12)。

（4）价值主张型。价值主张型向目标群体表达某种价值主张,目标群体能够很直接地知道产品的价值。这种主张既可以是理性的,也可以是感性的。例如,瓜子二手车的 Slogan"无中间商赚差价"(图 7-13)。

图 7-12　农夫果园的 Slogan　　　　　图 7-13　瓜子二手车的 Slogan

（5）情怀理念型。情怀理念型就是抒发一种情怀或强调一种理念,注重在情感上和目标群体进行沟通。对于一些市场领先品牌,情怀理念型标语尤其适合。例如,苹果的 Slogan "Think different";红牛的 Slogan"你的能量超乎你的想象";江小白的 Slogan"我是江小白,生活很简单"(图 7-14)。

图 7-14　江小白的 Slogan

（6）情感唤起型。情感唤起型借助目标群体心目中的情感因素,向目标群体呼吁、倾诉,以引起目标群体的情感共鸣。例如,Keep 的 Slogan"自律给我自由";自然堂的 Slogan "你本来就很美"。

4. 优秀 Slogan 鉴赏

下面的 Slogan 风格各异,简洁而又令人印象深刻,都不失为优秀的标语广告语,可以为设计标语广告语提供很好的借鉴。

安踏:永不止步。

Airbnb:全球民宿预订。

阿芙精油:阿芙就是精油。

格力空调:好空调,格力造。

酷我音乐:听音乐,用酷我。

农夫山泉:农夫山泉有点甜。

携程旅游:携程在手,说走就走。

韩都衣舍:年轻一点,穿韩都。

今日头条:你关心的才是头条。

下厨房:唯有美食与爱不可辜负。

滴滴打车：滴滴一下，马上出发。

微信公众号：再小的个体也有品牌。

特仑苏牛奶：不是所有的牛奶都叫特仑苏。

农夫山泉：我们不生产水，我们只是大自然的搬运工。

5. 标语广告语设计流程

（1）确定标语广告语的目的与受众。在开始 Slogan 标语设计之初，企业首先应该考虑的是目的与受众。

标语一般有两种，即打造品牌认知或打造产品认知。前者如苹果的"Think different"；后者多为某一个具体的产品 Slogan，如网易云音乐的"音乐的力量"。

在受众方面，需要做的事情是明确企业的产品是什么，其核心功能及特点是什么，以及企业的产品目标群体到底是什么样的人，他们有什么期待，即需求和痛点问题，并对需求进行排序，明确哪些需求是重要的，哪些需求是紧迫的。

（2）全面罗列卖点。在熟悉企业文化、业务、产品的基础上，全面罗列卖点，包括企业优势、产品优势，产品优势能满足目标受众需求的内容、产品与竞品相比的优势等。

（3）收集竞品标语广告语。收集竞品标语广告语，分析竞品标语广告语的类型、卖点。竞品标语广告语也包括直接竞品和间接竞品。

（4）找出差异化卖点。调查企业自身资源可满足目标受众需求的实际情况，结合竞品的标语广告语和卖点信息，找出企业既能满足目标市场需求又能形成差异化竞争的核心卖点。

6. 标语广告语设计需要注意的问题

（1）用户思维。Slogan 无论是从产品、核心价值还是情感共鸣，设计 Slogan 的核心基础还是在于顾客需求。企业需要告诉顾客"我是谁"，是否有让顾客与品牌持续互动的价值，是否值得顾客将情感寄托于品牌。从顾客方面来说，当企业坦诚相告，顾客也会从初尝试到深度认识再到信任或是忠诚。这便是一个优质 Slogan 最佳的价值体现。

（2）突出卖点。一个产品没有卖点，或是没有区别于竞争对手的差异化卖点，就如同白羊群里的一只白羊，很难被发现。反之，如果产品差异化卖点鲜明，就像白羊群中的一只黑羊，可谓是一枝独秀。

（3）创意新颖。Slogan 创作虽然有套路可循，但不能只是简单的模仿，要有自己的创意。创意往往不是从经验中得来的，更不是从简单的模仿、借鉴中可以得来的，它需要设计人员突破常规，发挥创造力。

（4）利于传播。Slogan 是一种较长时期内反复使用的特定的商业用语，它的作用就是以最简短的文字把企业或商品的特性及优点表达出来，给人以浓郁的广告信息。因此，通过 Slogan 传递给顾客的信息既要简单明了，又要兼具自身特色，同时还要便于顾客记忆与传播。Slogan 不宜艰涩或故作高深，也不适宜为追求辞藻华丽，而使句子变得冗长，或出现生僻字词。一般而言，Slogan 不超过 40 个字。

Slogan 设计需要遵循的一些基本指导思想如下：简短易记，形象生动；突出卖点，创意新颖；阐明利益，激发兴趣；情感亲和，引人共鸣；号召力强，促发行动；适应媒体，长期使用。

7.4 网络品牌传播

过去，人们常说"酒香不怕巷子深"，可到了如今，在市场竞争激烈的当下，即便是上品的好酒，也需要包装和宣传。品牌营销传播的目的是缔造独一无二的品牌价值。

7.4.1 品牌传播的几个重要影响因素

1. 精准定位与精确到达

精准定位就是要求网络品牌传播必须拥有精准定位目标消费人群的能力。精确到达就是网络品牌传播的内容精确到达目标消费群体。由此企业在进行网络营销品牌传播的时候需要对目标消费群体进行科学分析，如他们可能出现的时间、地点以及消费习惯、心理、特征等内容，并在传播内容制作、媒体渠道选择、传播频率等方面制定有效的策略。

2. 有效互动

在网络品牌传播实践当中，一个重要的指标常常被企业忽略，就是有效互动。网络品牌传播的有效互动主要包含两个方面的内容。

（1）目标受众与品牌之间的有效互动。

（2）目标受众之间的有效互动。

前者很容易理解，后者是互联网时代企业品牌传播更加需要重视的。一些聪明的企业（如小米）常常能够通过网络品牌传播获得大量的忠实粉丝，这些粉丝群体拥有口碑传播效应，他们会自发地帮助企业传播品牌，使网络品牌传播发生几何级数效应。

3. 明确品牌认知

从某种意义上说，网络品牌传播就是在消费者心智当中构建明确的品牌认知。只有帮助消费者建立起明晰有序完整的品牌认知，才能让消费者瞬间调动品牌知识，产生品牌联想，实现消费购买。

实践中会看到很多企业并未达到网络品牌传播的期望效果，很重要的一个原因就是对品牌的认知混乱，传播的品牌特征也不明晰，导致消费者对于特定品牌没有明确的认知，无法在产生需求时瞬间调动品牌知识，产生品牌联想。

7.4.2 网络品牌的情感传播

情感传播是指让用户和企业品牌产生情感联系。用户使用企业的产品和服务，有了情感投入后，意味着品牌被取代的难度会增大。

企业可以通过粉丝营销与用户建立起更强的情感联系。雷军说，"从创业开始我们就确定，小米做的是互联网手机品牌。我们要用互联网渠道销售，用互联网与我们的用户保持交流。我们最终看重的不是我们卖出了多少台，而是用户的活跃度。"参与感是小米成功的最大秘密。

7.4.3 网络品牌社群传播

随着互联网的快速发展，流量往线上转移，越来越多的品牌开始搭建社群进行品牌营销。通过网络社群运营将人与人、人与物之间连接起来,可以提升产品营销和商家服务,增加品牌影响力和用户信任感。具体来说,企业可以通过社群实现以下营销目标。

1. 流量沉淀

企业可以通过朋友圈、公众号等引导下单。

2. 了解用户

企业可以在私域内和用户深度联系,通过社群、私聊、朋友圈可以更好地了解用户需求,帮助产品迭代。

3. 口碑传播

对品牌来说,粉丝比普通用户有着更高的黏性和互动,主动传播意愿也会更高,认可品牌带来的价值,可成为品牌发展壮大的根据地。社群里的用户都是企业的用户群体,是为产品、服务、价值而来,如果企业的产品和服务让用户满意了,他们也自然愿意和别人分享,形成口碑传播。

 **本章练习**

思考与讨论

1. 品牌和商标之间有什么样的联系与区别?

2. 品牌和名牌之间有什么样的联系与区别?

3. 品牌定位与产品定位、市场定位之间有什么样的联系与区别?

4. 品牌的知名度、美誉度和忠诚度之间是什么样的关系?

5. 网络品牌和线下传统品牌有什么样的区别?

6. 品牌传播是不是就是广告宣传?

网络实践

1. 查阅资料,了解我国互联网公司的取名方式?

2. 查阅网络,了解一些典型的企业 Logo 及风格特点?

创新·创意·创业

结合本章所学,为自己的项目做详细的品牌规划,最终形成一份完整的品牌策划书。

第8章

网络营销管理

本章内容提要

如今,企业不仅要面对网络营销活动复杂多变、营销成本越来越高的现实,还要时刻关注网络营销过程中随时可能出现的各种风险。因此,企业要想顺利实现自己的网络营销目标,必须对网络营销活动进行有效的管理。

本章将从网络营销客户关系管理、网络营销风险管理、网络营销效果评估等方面探讨学习企业网络营销管理过程中需要重点关注的问题。

学习目标

知识目标

(1) 理解客户关系管理思想,以及客户关系管理对企业经营的重要意义。

(2) 理解 RFM 分析方法,以及 RFM 分析流程。

(3) 了解企业网络营销活动中可能遇到的各种法律问题。

(4) 深刻理解舆论对企业经营的影响。

(5) 理解网络营销效果评估的意义及评估方法。

(6) 理解流量漏斗转化模型。

技能目标

(1) 能够利用 RFM 分析方法进行客户关系管理。

(2) 能够对企业客户服务进行系统规划。

(3) 能够在网络营销活动过程中自觉遵守法律和职业道德,规避经营风险。

(4) 熟悉网络营销效果评估指标,能够对网络营销效果作出客观评价。

(5) 能够根据对网络营销活动的评估改进网络营销活动。

素养目标

(1) 培养创造性地解决问题的能力。

(2) 自觉了解学习国家的相关法律法规。

(3) 具有较强的服务意识、应变能力和良好的沟通能力。

(4) 工作态度积极主动,有责任心,对本职工作认真负责,诚信敬业。

(5) 具有良好的职业道德和法治意识,自觉遵守职业操守和相关法律法规。

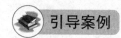 引导案例

奥迪"小满"营销视频文案涉嫌抄袭事件

2022年5月21日,是二十四节气中的"小满"。一汽奥迪携手"演艺圈常青树"刘德华,上线《人生小满》创意短视频。在这个时长2分7秒的广告里,伴着麦穗、远山、流水、道路……优美宁静的画面,刘德华用和缓沉静的声音,讲述了自己对小满节气的理解,并表达了"人生小满,不自满,知不足"的人生态度(图8-1)。视频没有过度的商业化元素,甚至没有奥迪汽车品牌的特写,全程以田园山水画面的呈现,文案与视频的融合不露声色地突显品牌的高级感。

图8-1　奥迪《人生小满》视频截图

视频文案全文:

今天是二十四节气的小满,但是有一样事情挺奇怪的:有小暑一定有大暑,有小寒一定有大寒,但是小满,一定没有大满,因为大满不符合古人的智慧。小满的这一天,雨水开始增多,江河渐满,麦穗开始逐渐饱满。但是,还没有完全饱满,所以小满这种状态特别好。小满代表了一种人生态度,就是我们一直在追求完美的路上,但并不要求一定要十全十美。

所以,从这个角度,小满其实是一年中最好的一个节气,也是我最喜欢的日子。送你一首我喜欢的诗:"花未全开月未圆,半山微醉尽余欢。何须多虑盈亏事,终归小满胜万全。"

在这一段艰难的时光里,大家给自己一点空间积蓄力量,相信一定会晴空万里乘风破浪。人生小满,不自满,知不足。大家一起加油!

文案富有哲理、视频画面优美、刘德华帅气亲和,围观者们不吝溢美之词,这一切共同为这则广告刷屏、出圈创造了条件。

小满视频一经发布便引发了广大网友的共鸣。10小时内,微信视频号的点赞和转发数就超过了10万人次,奥迪官微播放量超过了455万人次,刘德华的抖音账号收获了500万点赞。这个广告成为"2022年第一支刷屏的广告"。

然而,该广告爆红不久便陷入了抄袭的风波。5月21日晚上,ID为"北大满哥"的抖音用户发布视频表示,在奥迪发布《人生小满》视频后,很多网友跑到留言区指责满哥盗用抄袭。不满被冤的满哥无奈之下,通过逐句对比展示出,奥迪本次的小满节气营销文案与其抖音文案几乎一模一样。不同的是,满哥的原创诗句和文案分别发表于2018年中秋、2020年5月和2021年,远早于奥迪这次的广告时间。北大满哥将矛头直指奥迪和其相关团队。

很快,"奥迪小满广告抄袭"的话题上了微博热搜。

5 月 22 日,奥迪在官方微博发布了道歉声明(图 8-2),承认监管不力、审核不严,并下架了有抄袭之嫌的视频。参与制作这则广告的上思广告公司(M&C Saatchi)在它的官方公众号里发表声明,称公司奥迪服务团队系奥迪小满篇品牌视频开发团队,在视频内容开发过程中,因团队版权意识淡薄,在未与版权方沟通的情况下,直接使用了北大满哥关于"小满"的视频中文案内容,给刘德华先生、北大满哥、一汽奥迪品牌带来了巨大的不便和困扰,深表歉意,诚恳地向原作者道歉,承诺尽最大努力弥补原作者的损失。当天下午,刘德华发文称,对原创我是百分之百的尊重,今次事件,对于广告团队在创作过程中出现的问题,以及对满哥造成的困扰,我个人深感遗憾。

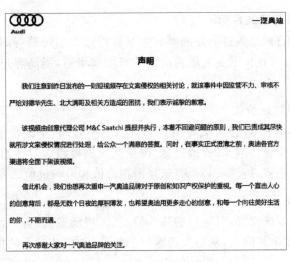

图 8-2　奥迪微博声明

当天中午,《人民日报》微博发表评论表示,广告文案被讥为复制粘贴般抄袭,奥迪公开致歉并承认"监管不力、审核不严"。一起"车祸",人仰马翻,该有人承担责任。保护原创就是保护创新,抄袭是行业丑闻,更涉嫌违法,必须零容忍。这起事件不能以道歉结束,而应成为行业反思契机,那么如何构筑有效的防范机制呢?

5 月 25 日,北大满哥在回应奥迪小满创意广告文案抄袭一事,称接受了奥迪和上思负责人的当面道歉,目前三方已经达成协议,将小满作品文案进行了免费授权。

这次事件,不仅对品牌方奥迪和刘德华个人带来了不同程度的负面影响,也给所有从事互联网营销的企业一个深刻的启示,广告主在寻求广告服务时,应健全相应的合规体系,重视知识产权问题,加强对广告内容的审核把关,进一步提升版权保护意识。

(资料来源:https://www.163.com/dy/article/H7T6UIHF0527841U.html,https://www.jiemian.com/article/7497653.html)

8.1　网络营销客户关系管理

客户关系管理是指企业为提高核心竞争力,利用互联网和信息技术管理企业与顾客之间的关系,其最终目标是吸引新客户、保留老客户以及将已有客户转为忠实客户,增加市场。客户关系管理的核心是客户价值管理,客户作为企业的重要资产,企业在尽力争取客户的同时，也必须努力保留现有的客户资源。客户关系管理可以帮助企业对潜在客户资料、销售机会、跟踪回访情况以及售后服务情况等进行有效管理，极大地提高客户的满意度和忠诚度，实现客户价值最大化，从而全面提升企业盈利能力。扫描右侧二维码观看网络营销客户关系管理微课。

微课：网络营销
客户关系管理

8.1.1　客户关系管理的基本思想

对于企业来说，客户资源是企业创造经济价值的主要源泉。如果没有稳定的客户资源，企业很难持续生存发展。

1. 明确客户关系管理的目标

客户关系管理的目标是通过有效的客户关系管理达到缩短销售周期和销售成本，增加销售收入的目的，同时寻找扩展业务所需的新的市场和渠道，提高客户的价值，增加客户的满意度和忠诚度。

2. 整理分析客户数据价值

客户数据包括客户基本信息、交易品类、频次、间隔时间、单次价值、总价值、购物习惯等。对客户数据进行整理，分析其价值趋势，确定其价值等级。对客户价值进行分析时，应关注客户价值的变化趋势，持续关心具有未来潜在价值和影响价值的客户。

3. 发现客户价值

通过建立翔实的客户档案，对客户的基本情况、客户满意度、客户忠诚度、客户利润、客户促销等进行分析，找出共同点，从而发现客户的价值所在，针对不同的价值客户采取不同的营销手段。

4. 客户生命周期管理

一般而言，客户生命周期包括五个阶段：获取期、提升期、成熟期、衰退期、离开期。所以，企业必须在客户的各个生命周期阶段考虑实施不同的营销策略。通过了解客户不同生命周期的不同需求，在相当程度上有助于公司实现营销和销售的精确化制导。例如，在提升期，企业需要聚焦于如何将现有客户培养成高价值客户；当客户进入成熟期后，企业则要加大交叉销售的力量并着手培养客户对企业的忠诚度等。

5. 树立全员服务意识

不仅停留在本产品的服务上，更要延伸服务的半径，扩大服务的内容，通过有价值的服务为客户创造价值，满足客户的个性化需求。随着社会的发展和进步，人们更注重个性化的需求，所以要针对每个客户的特点制定个性化的服务内容和形式。

6. 建立客户关系管理的制度

客户关系管理制度是客户关系管理的准则，企业必须有一套规范的客户关系管理制度。从客户接待、客户服务到客户的跟踪管理，让每个环节的客户关系管理动作都是规范标准的。

7. 创新客户关系管理的方法

客户关系管理不是一成不变的，而是应该随着科技的发展和客户的需求变化及时调整客户关系管理的内容和方式，要善于运用一切科学的手段来管理客户。

8.1.2　RFM 客户分类

1. RFM 分析方法

RFM 分析是一种将用户分层、进而针对不同用户群体进行精细化运营的方法，是最流行、最简单、最有效的客户分类方法之一（表 8-1）。

表 8-1　RFM 指标

名称	最近一次消费时间（recency）	消费频率（frequency）	消费金额（monetary）
含义	客户最近购买或访问的时间	客户购买或访问频率	客户的消费意向或购买力
举例	如最近一次购买或最近一次访问的时间	如统计周期内的购买或访问次数	如统计周期内的消费金额

R（recency）最近一次消费时间：表示用户最近一次消费距离现在的时间（或截至统计周期），一般取最近一次消费记录到当前时间的间隔，如 7 天、30 天、90 天未到店消费等，消费时间越近的客户价值越大。企业可以基于 R 值制定用户的唤醒机制。

F（frequency）消费频率：消费频率是指用户在统计周期内购买商品的次数，一般是取一个时间段内用户消费频率。例如，一年内有多少个月消费，一个月内有多少天到店等。经常购买的用户也就是熟客，价值比偶尔购买一次的客户价值大。企业可以根据用户的消费频率制定激励机制。扫描右侧二维码阅读买家会员等级划分。

文档：买家会员等级划分

M（monetary）消费金额：消费金额是指用户在统计周期内消费的总金额，体现了消费者为企业创利的多少，一般是取一个时间段内用户消费金额，例如一年内有多少消费金额，消费越多的用户价值越大。企业可以根据消费金额建立会员等级制度。

通过 RFM 分析，企业可以了解如下事实：客户购买的时间越近，往往表明对促销的反应越积极，最近一次消费时间越长，客户流失概率越高；顾客购买的频率越高，客户满意度往往也越高；消费金额区分了大笔支出的消费者和低价值的购买者；想要提高回购率和留存率，需要时刻警惕 R 值。

2. RFM 客户分类

通过 RFM 分析，可以对每一位客户进行细分，评估客户的活跃度、忠诚度和消费能力，从而对不同类型的客户采取不同的营销策略。一般情况下，可以将客户群体划分成重要价值客户、重要唤回客户、重要深耕客户、重要挽留客户、潜力客户、新客户、一般维持客户、低价值客户八个级别（表 8-2）。

表 8-2　RFM 客户细分类型

R	F	M	客户细分类型	营 销 策 略
高	高	高	重要价值客户	倾斜更多资源，VIP 服务，个性化服务，附加销售
低	高	高	重要唤回客户	主动联系，提供有用的资源，通过新的商品赢回他们
高	低	高	重要深耕客户	交叉销售，提供客户忠诚度计划，推荐其他商品
低	低	高	重要挽留客户	重点联系或拜访，提高留存率
高	高	低	潜力客户	向上销售价值更高的商品，要求评论，吸引他们

续表

R	F	M	客户细分类型	营 销 策 略
高	低	低	新客户	提供免费试用,提高客户兴趣,创建品牌知名度
低	高	低	一般维持客户	积分制,分享宝贵的资源,以折扣推荐热门商品,与他们重新联系
低	低	低	低价值客户	恢复客户兴趣,否则暂时放弃无价值客户

(1) 重要价值客户(高—高—高)。此类客户最近一次消费时间近,消费频次和消费金额都很高。此类客户是最优质的客户,企业需要投入更多的资源去维护,保持和这些客户的关系。

(2) 重要唤回客户(低—高—高)。此类客户最近一次消费时间较远,但消费频次和金额都很高。此类客户忠诚度比较高,只是最近一段时间没有来,企业需要主动和他们保持联系,可以向他们提供有用的资源,推荐最新款式,通过新的商品重新唤回他们。

(3) 重要深耕客户(高—低—高)。此类客户最近一次消费时间较近、消费金额高,但频次不高。此类客户忠诚度不高,但很有潜力,贡献度比较高,需要重点识别、重点发展。可以向他们提供客户忠诚度计划,采取交叉销售、推荐其他商品的营销策略,提升消费频次的同时提高消费金额。

(4) 重要挽留客户(低—低—高)。此类客户最近一次消费时间较远、消费频次不高,但消费金额高。此类客户可能是将要流失或已经要流失的用户,但是有一定的购买力,是有潜在价值的客户。应当分析当前问题,然后重点联系或拜访、尽量挽留,提高留存率。

(5) 潜力客户(高—高—低)。此类客户最近一次消费时间较近、消费频次较高,但消费金额不高。此类客户忠诚度较好,有一定的潜力可以挖掘,可以向他们推荐销售价值更高的商品、组合商品,或通过其他途径吸引他们购买,增大购买金额。

(6) 新客户(高—低—低)。此类客户是最近一次消费时间较近,但消费频次较低、消费金额不高的新客户。可以向此类客户提供免费试用、折扣等活动,提高客户进一步购买的兴趣,从而创建品牌知名度。

(7) 一般维持客户(低—高—低)。此类客户最近一次消费时间较远、消费频次较高、消费金额不高。此类客户消费频次较高,但是贡献不大,可以通过积分制进行管理,让他们分享宝贵的资源,以折扣推荐热门商品,与他们重新联系,进行一般维持。

(8) 低价值客户(低—低—低)。此类客户最近一次消费时间较远、消费频次较低,而且消费金额不高,RFM 值都低于平均值,是价值最低的一类客户,相当于流失状态。可以通过活动恢复客户兴趣,否则暂时放弃此类无价值客户。

3. RFM 分析流程

利用 RFM 分析法对客户进行分类的基本流程如下。

(1) 使用原始数据分别计算 R、F、M 的值。

(2) 分别给 R、F、M 按价值打分。例如按价值从低到高为 1~5 分,也可以根据具体业务来调整,或使用聚类的方法对 R、F、M 的值进行分类,然后给每个类别打分。

(3) 计算平均值。如果某个指标的得分比平均值低,标记为"低"。如果某个指标的得分比平均值高,标记为"高"。

(4) 按照客户细分类型表格中的分类规则进行比较,对客户分类,制定精细化客户营销策略。

使用 RFM 分析法的时候,需要注意 R、F、M 三个指标的定义,不同业务上指标的定义会有所不同,要根据实际业务内容灵活运用。

想一想

除了 RFM 客户分类方法外,还可以根据哪些指标对客户进行有效的分类?

8.1.3　客户服务

越来越多的企业开始接受这样的观点:服务与营销密不可分,服务就是营销。如果没有服务或服务不够专业和完善,顾客将拒绝购买企业的产品,营销也就无从谈起;如果服务水平高,将有助于开源节流,为企业带来更多的客户。而互联网为企业提供了更加快捷、方便的顾客服务手段。

互联网与其他媒体截然不同之处在于网络的"互动性"。企业通过网络不仅可以提供传统的售前、售中、售后服务,而且能提供消费者以前根本无法想象的个性化服务。因此,企业大幅提高了顾客的满意度,从而能更好地吸引新顾客,留住老顾客,实现顾客的终身价值。

企业要把客户服务思想贯彻到企业所有的经营活动中,而不是仅将服务视为依附于产品的销售。客户服务应贯穿于从产品设计到产品销售的整个过程之中,乃至产品生命周期的各个阶段。例如,在产品开发初期,开发部门就应该考虑顾客的个性化需求和技术可能,制定服务目标。在产品设计时,应确定产品的最高故障率以及最长诊断时限和修理期限,尽力提高产品的可靠性、顾客使用的安全性和经济性。随着"服务经济时代"的到来,服务营销已经成为企业树立形象、开发新顾客、留住老顾客、更好地满足顾客多种需求的最有效途径。

根据顾客与企业发生关系的阶段,网络营销服务可以分为销售前、销售中和销售后三个阶段。网络营销售前服务主要是提供信息服务,如为顾客提供产品技术指标、主要性能、使用方法与价格信息等;售中服务是为顾客提供咨询、导购、订货、结算以及送货等服务;售后服务的主要内容是为用户安装、调试产品,解决产品在使用过程中的问题,排除技术故障,提供技术支持,寄发产品改进或升级信息以及获取顾客对产品和服务的反馈。

8.1.4　客户关系管理系统的构建

客户关系管理系统(CRM)是围绕着客户信息、客户细分、客户满意度、客户忠诚度、客户商业价值等核心概念,进而展开管理的系统。客户关系管理系统将定向营销和销售自动化技术作为核心技术,目的是提高客户的购买率,使每一位客户都得到优质服务的同时,给企业带来最大化的利润。

1. 建立动态整合的客户数据管理系统

在客户关系管理系统中,需要对客户的基本资料及历史交易信息进行记录,并定期进行整合和分析,当顾客出现新的购买行为及基本资料调整时,需要对顾客原有的信息进行更新,这也是客户关系管理系统的动态性特征。而整合性特征指的是在客户数据库中不仅要体现客户的基本资料,也要和企业现有的其他资源进行整合。

2. 建立基于数据支持的客户关系管理系统

为了更好地提高企业和客户之间的关系,企业和顾客之间需要保持更多的互动。例如,一些企业在回馈用户时,会采用积分兑换奖品的方式;还有的企业会对顾客每年进店的次数进行统计,进店次数越多,可以享受的折扣也越多。而类似服务功能的实现都建立在完善的数据支持前提下。

3. 建立忠诚顾客识别系统

在老顾客的关系处理上,企业应当竭尽所能,让老顾客保持满意,以增加他们的忠诚度,在这个过程中,数据库能够起到对顾客忠诚度识别的作用。当顾客发生交易行为时,数据库应当对顾客的身份做出及时的判断,以便为其提供区别于普通顾客的服务待遇。

4. 建立顾客流失预警系统

客户关系管理系统可以对顾客的历史交易行为进行观察和分析,总结顾客的消费特征,然后对顾客未来的消费趋势以及走势进行判断,发挥系统的信息预判功能。当顾客在购买周期以及购买数量上出现明显变化时,预警系统应当进行提示,关注顾客是否存在流失的可能。顾客流失预警系统能够有效地发现顾客潜在流失的问题,也能够帮助企业梳理未被激活的老顾客,以及哪些顾客长时间不到店需要为其制定专门的服务措施等。

5. 建立顾客购买行为参考系统

顾客的购买行为是对企业产品和服务的认可,为了方便企业销售人员更好地了解顾客的消费习惯,需要通过数据库中的资料整理对顾客的偏好以及购买行为进行统计和分析,以便于服务人员对顾客提供个性化服务。例如,一些互联网平台在顾客购买产品之后会有相关的产品或服务的推荐,这种对顾客购买偏好的判断,都与顾客消费记录和历史数据分析有着直接的关系。类似服务会让顾客有被关注、被重视的感觉,从而拉近企业和顾客之间的心理距离,顾客在享受这样的服务之后,对企业的忠诚度也会提高。

8.2　网络营销风险管理

网络营销风险是指在网络营销活动过程中,由于各种事先无法预料的不确定因素带来的影响,使网络营销的实际收益与预期收益发生一定的偏差,从而使企业有蒙受损失和失去获得额外收益的机会或可能性。而网络营销风险管理是指识别、评估和判断网络营销风险,并进行决策采取行动预测风险、减轻后果、监控和反馈的全部过程。扫描右侧二维码观看网络营销风险管理微课。

微课:网络营销
风险管理

8.2.1　知识产权法律风险

1. 使用网络图片法律问题

随着新媒体传播的发展,"图文并茂"成为一篇文章能否吸引受众关注、提升传播效果的重要因素。通过各类搜索引擎搜索契合文章主题的图片成为许多编辑的首选途径,在此过程中,也往往容易侵犯他人的合法权益。

侵犯图片著作权,最主要是指侵犯作品的复制权、信息网络传播权或作品的署名权。在实践过程中,图片,特别是优秀摄影作品的复制权往往被拍摄者以独家许可的形式许可给各大网络图库。若出于商业目的将他人拥有著作权的图片用于网站或新媒体平台,就可能涉嫌侵犯权利人的复制权及信息网络传播权。

若是在摄影作品等图片中还包含他人的肖像,特别是公众人物的肖像,除了作品的复制权及信息网络传播权问题,还可能涉及侵犯他人肖像权的风险。

部分网络运营者通过在文末标注"图片来源于网络,若有侵权请联系删除"等内容意图回避相关侵权责任。然而,在司法实践中,上述免责条款并不能真正免去运营者的侵权责任。

综上所述,在网络营销传播过程中需要使用网络图片时,应该使用版权清晰的图片。

2. 未经许可使用他人文章作品内容

他人文章作品,不仅包括他人已经发表的短篇文章,还包括已经在信息网络上发表及连载的长篇小说等作品,以及将已经出版的纸质图书扫描或拍照后形成的电子版图书。

新媒体营销运营者侵犯文学作品著作权的行为最主要集中在以下几个方面。

（1）未经允许,随意转载他人已经发表在信息网络上的作品,且可能伴有未标明文章作者及文章出处的行为,从而造成侵犯了原著作权人的复制权、信息网络传播权、署名权等权利。

（2）未经允许,将已经出版的纸质图书扫描或拍照后形成电子版图书,在新媒体平台上进行免费或付费形式的传播,从而获取盈利或关注量、点赞量、回复量的行为。

（3）未经允许,随意改编他人已经发表的作品或冒用他们名义发表作品的行为。

想一想

平时发的微博、微信朋友圈图文信息,通常都是原创寥寥数语,这样的信息受法律保护吗?为什么?

3. 侵犯音乐、视频等作品的知识产权

音乐、视频类侵权行为主要集中在未经权利人允许的擅自复制、任意剪辑、切条、搬运和在信息网络进行传播的行为。

当前,音乐、视频领域被诉侵权行为仍以复制型侵权为主,同时,新类型创作和传播行为也频繁引发诉讼,如剪辑长视频画面配以文字内容制作解说类短视频,模仿他人短视频拍摄主题、内容及方式制作相似短视频等。

在网络营销传播过程中,应重视原创,加强自身对于知识产权保护的意识。在使用他人已经发表的文字、图片、视频等作品时,应事先经过权利人的许可,或尽可能地标明原作品作者姓名、作品名称,不随意使用来源不明的作品,以免出现侵权的情况。

8.2.2　虚假宣传与不正当竞争

1. 网络广告中使用违禁词

商业广告既是一种必要的商业促销手段,也是消费者获得商品和服务信息的重要渠道,它不仅对产品的销售有重大意义,也对消费者的消费选择具有较强的引导作用。《中华人民共和国广告法》(以下简称《广告法》)明确规定,广告不得含有虚假或引人误解的内容,不得欺骗、误导消费者。广告主应当对广告内容的真实性负责。扫描右侧二维码阅读《广告法》。

文档:《广告法》

但是,在互联网上,经常发现一些商家喜欢使用夸张的语言,如全网第一、最优、世界级等,这些广告词能够极大地吸引消费者的注意力,其中有些词语甚至可能会误导消费者,从而达到扩大市场占有率,获取利益的目的。

违禁词也是某些网站或平台,规范语言使用的一种强制手段。它通过设定某些或某类词汇为非法词汇进行语言规范。每个网站或平台的违禁词有所不同,且常有更新。

下面是一些电商平台提供的极限用语,如国家级、世界级、最高级、最好、最大、精确、顶级、最高、最低、最具、独家、首家、最新、第一品牌、金盘、最先、顶级、全网销量第一、全球首发、顶级工艺、最新科学、最新技术、最先进加工工艺、最时尚、极品、终极、独一无二、史无前例、万能等。

极限用语的禁止使用范围很广,包括但不限于商品列表页,商品的标题、副标题,主图以及详情页,商品包装等。

2. 直播带货涉及的法律问题

随着直播带货火热,伴随而来的各类问题也日益凸显。一些主播群体为获得人气和收益,不惜虚假宣传、夸大产品功效,导致直播带货变直播“带祸”的情况时有发生。中国消费者协会 2020 年开展的《网络直播侵害消费者权益类型化研究》,归纳出虚假宣传、退换货难、销售违禁产品、利用“专拍链接”误导消费者、诱导场外交易、滥用极限词、直播内容违法 7 类网络直播销售中存在的侵害消费者权益行为的主要类型,其中虚假宣传高居榜首。

根据 2020 年市场监管总局发布《关于加强网络直播营销活动监管的指导意见》(简称《指导意见》,国市监广〔2020〕175 号),关于商品经营者法律责任,通过网络直播销售商品或提供服务,应按照《中华人民共和国电子商务法》《中华人民共和国消费者权益保护法》《中华人民共和国反不正当竞争法》《中华人民共和国产品质量法》《中华人民共和国食品安全法》《广告法》《中华人民共和国价格法》《中华人民共和国商标法》《中华人民共和国专利法》等相关法律规定,履行相应的责任和义务。关于网络直播者的法律责任,《指导意见》规定:“直播内容构成商业广告的,应按照《广告法》规定履行广告发布者、广告经营者或广告代言人的责任和义务。”此外,《指导意见》还对广告主体身份界定、广告审查发布等问题做了说明。

8.2.3　侵犯消费者权益

中国消费者协会发布的《2021 年网络消费领域消费者权益保护报告》中指出,2021 年,网络消费领域侵害消费者合法权益的情形仍然不容忽视,主要表现如下。

(1)部分商品和服务存在质量缺陷。在新型电商业态,如直播营销、社交软件营销中更为突出。

(2)侵害消费者个人信息安全。利用数据、算法等技术手段非法收集、分析、使用消费者个人信息的行为多有发生。

(3)虚假宣传,实施消费欺诈。伴随着网络消费新业态的发展,特别是网络直播营销的发展,不法网络交易经营者虚假宣传的表现更加多样化。

(4)广泛使用不公平格式条款。如使用自我免责条款、限制消费者各项权利的条款、加重消费者义务或责任的条款。

（5）利用预付式消费损害消费者权益。拒绝提供合理退出渠道，拒绝消费者转让其合同债权，或为消费者转让债权设置不合理障碍。

（6）物流环节损害消费者权益。快件丢失或投递延误、物流信息不准确、擅自将快递存入快递柜或代收点、无正当理由拒绝送货上门、快递乱收费现象等时有发生。

（7）妨碍消费者寻求售后保障。滥用无理由退货权的排除规则、因商品质量缺陷而退换货要求消费者自行承担退换货运费等问题频现。

（8）妨碍消费者就商品或服务质量进行如实评价。利用技术手段阻止消费者作出真实评价或为消费者设置的消费者评价时间限制不尽合理等。

企业与消费者是相伴相依、共生共存的利益共同体。所以，企业尤其是知名企业，应秉持共赢思维，对自身高标准、严要求，当好保护消费者权益的第一责任人。

想一想

在以往的网络消费过程中，你遇到过商家侵权的问题吗？

8.2.4　网络舆情风险管理

在企业的经营与发展过程中，不可避免地会发生一些不可预料的突发事件，如遭到竞争对手的打压、客户的投诉、管理者言行不当、侵权、违规经营等各种因素导致的危机事件，一旦经过网络的传播，形成企业网络舆情事件之后，就极有可能在短时间内使企业的形象和利益受损。

近年来，随着各种网络新媒体的兴起，企业互联网舆情的突发风险越来越高。网络舆情风险轻则影响企业声誉和品牌形象，重则危害企业的生存与发展。舆情风险防控工作也因此成为企业经营管理工作中的一项重要内容。

网络舆情是广大网民情感、态度、意见、观点的表达、互动与传播，在一定程度上体现了民意，往往可以反映出很多现实的问题。所以，除去一些恶意事件外，网络舆情也给企业查漏补缺、防范危机提供了机遇。

1. 网络舆情风险的类别

对于企业而言，可能突发的网络舆情风险点有很多，但是常见的主要集中在以下一些领域。

（1）产品质量和服务引发的舆情。长期以来，产品质量和服务问题一直是企业面临的最常见的问题。涉及消费者投诉、不满、建议等负面舆论信息，常常能够在短时间内引发舆论共鸣，进而爆发重大的舆情危机。例如，2022 年央视"3·15"晚会曝光了"土坑酸菜"生产的内幕，相关企业被推到风口浪尖。

（2）虚假宣传或广告创意不当引发的舆情。虚假宣传或广告创意不当也是企业经常发生舆论危机的领域。酒香也怕巷子深，现代企业竞争压力大，突出了营销宣传的战略意义。宣传力度的增加也意味着宣传风险的增加。近年来，涉嫌性别歧视、打擦边球、搭错热点等营销雷区屡屡发生。

（3）因企业相关人员言行引发的舆情。企业相关人员（如企业高管、代言人）的言行不当引发的舆情。

企业高管是企业发展的领导者,他们的一举一动(如违法行为、不当言论、道德问题等)都会影响企业的经营和发展,他们的个人形象也会引发公众的关注。

合适的品牌代言人可以帮助企业扩大市场,但是代言"翻车"也会给企业带来很大的负面影响。近年来,许多代言明星被曝光涉嫌违法行为或私德有亏,企业方面被网民质疑,为什么要与不道德的明星合作?虽然品牌方事后可以迅速终止合作,然而,切断合作并不意味着完全切断负面影响,经济和品牌形象的损失仍在发生。

(4)企业内部管理引发的舆情。近年来,企业内部管理(如裁员和降薪)已经成为舆论关注的焦点。另外,企业监控员工的工作计算机、加班、面试等人力资源管理中容易滋生各种负面问题。

(5)因监管和法律引发的舆情。监管对企业的影响很大,在某些情况下,企业因上级主管部门或相关监管部门对企业的处罚,也有可能引发企业舆情危机。此外,涉及司法案件等新闻很容易被竞争对手炒作,把企业推到舆论的风口浪尖。

(6)黑公关引发的舆情风险。新传播环境下,多重力量联结和博弈延长企业身陷舆情风波的时间。规模化、专业化、产业化发展的"网络黑公关"现象值得关注。该群体专门为一些利益集团或个人争夺话语权,诋毁竞争对手,推动舆情持续发酵,达到损害竞争对手商业信誉的目的。

2. 建立有效的网络舆情处理机制

媒体、消费者、员工、利益相关方、受害人、网络大 V 等都有可能成为点燃企业负面舆情的"火星子",全民监督的氛围越发浓郁。而且国内微信、抖音、快手等平台拥有千万甚至亿级的用户基数,以及稳定的日活跃用户,突破传统媒体时代的"专业主义壁垒",成为曝光企业舆情风险的重点渠道。

网络舆情危机的爆发通常具有突发性,迟缓的危机应急管理容易引发舆论的质疑和批评,会导致不良后果。因此应对负面舆情,要健全应急管理机制,做好舆情预警监测,及时发现负面舆情的苗头并及时处置。

(1)成立舆情管理工作领导小组。企业对内应该统一舆情管理思想,提高对舆情风险的认识,加强舆情风险预防知识的宣传,培养舆情风险防范意识。此外,企业还应该从各个层面、各个环节、各个渠道,全面落实舆情风险防控措施,对不同类型的舆情事件制订详细的判断标准和预警计划,并完善舆情风险应急处置机制,在舆情发生时,具备快速反应的能力,及时干预,防止事态失控,筑起一道防控舆情风险的"防火墙"。

(2)改变舆情管理观念。新媒体时代,信息传播速度快、渠道广,很显然,过去的那些"瞒、拖、拒、删"等消极的舆情应对处置方法需要改变,应该转化为积极主动、公开和沟通的手段,把舆情引到自己想要的方向,以此实现网络舆情应对的最佳效果。

企业要建立良好的外部沟通机制,特别是要与媒体建立良好的关系,这样才能减缓舆情传播的速度,避免舆情恶化,同时也要争取时间,采取相应的舆情应对措施。

(3)建立负面舆情预警机制。俗话说"事中控制不如事前预防",企业舆情风险防范亦是如此。在纷繁复杂的网络舆论环境下,企业爆发舆情危机的概率大幅增加。因此,为了能在第一时间发现网上与企业相关的舆情信息,避免舆情发酵,企业应该建立负面舆情预警机制,妥善处理具有倾向性和苗头性问题,防患于未然。

（4）明确应对流程，强化外部沟通。在网络舆情事件发酵后，要迅速指派专人跟进，明确相对应部门和负责人的职责，根据具体情况进行全面分析，包括舆情走向、舆情传播影响范围等。与此同时，还应当强化外部沟通，尤其是行业 KOL、主流的新闻媒体、上级主管部门等，以达到为舆情应对工作减压的目的。

（5）加强舆情监测，实时掌握舆情动态。舆情事件的爆发具有随机性、及时性和多渠道性，在舆情传播过程中会持续发酵。随着舆论事件对象和主题的不断渲染和再现，讨论的话题和舆论的方向都有可能发生变化。通过加强舆情监测，可以实时掌握舆情动态。

面对海量的互联网实时信息，可借助企业舆情风险监测软件对互联网舆情进行实时监测，挖掘舆情传播的平台、网民情绪、关键传播节点、传播数量，并分析舆情事件的发展脉络和当前态势，生成分析图表及报告，为企业舆情应对提供参考。如今，一些互联网企业（如百度）可以提供专业的网络舆情分析管理服务（图 8-3）。

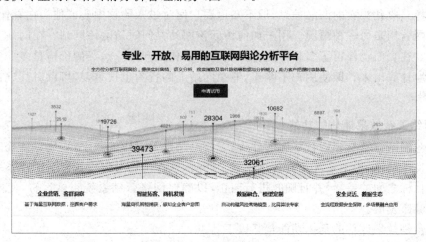

图 8-3　百度舆情服务

8.3　网络营销效果评估

8.3.1　网络营销效果评估的意义与功能

1. 网络营销效果评估的意义

评估是明确活动价值的过程。评估必须有明确的目的，但评估过程本身并不是目的，评估的终极目标是便于企业进行管理决策。

网络营销效果评估就是借助一些定量的和定性的指标，对各项网络营销活动进行及时跟踪和控制，以保证各项网络营销活动可以达到预期的效果，同时对网络营销方案的正确性和网络营销人员的工作成效进行检验。因此，网络营销效果评估非常重要。扫描右侧二维码观看网络营销效果评估微课。

微课：网络营销
效果评估

企业网络营销部门的工作内容之一就是评估和控制网络营销活动。网络营销活动的评估是为了评价所执行的网络营销计划和方案是否有效。当评价的结果表明未能达到预期目标时，就要调整网络营销计划和具体的方案，从而对网络营销活动进行适当控制。与离线营销相比,网络营销的最大优势之一是能够相对准确地计算和衡量在线营销的投入和产出。网络营销手段可以精确地记录、追踪网民在网上的每项活动,这是其他任何媒体所无法比拟的。

广告界有一个著名的说法,广告主知道他们浪费了 50% 的广告预算,但是却不知道在哪里浪费。以线下最典型的报纸广告和电视广告为例,广告媒体只能提供报纸发行量和电视节目收视率。但广告真实送达率有多高,却无从计算。看报纸的人,大部分会忽略分类广告版,其他版面的广告,能被多少人看到,也无法统计。电视节目也是如此。无法准确衡量离线广告。就电视、报纸广告产生的销售而言,更加难以衡量。在进入网络营销领域后,广告商可以在很大程度上精确测量投入及产出。

离线销售也使跟踪用户以及进行适当的改进变得困难。例如用户进入购物中心很长时间,但是,如果他什么都没买,购物中心就不会知道他在那里。如果该用户购买了商品,那么购物中心将只收到买卖的商品信息,但不知道用户何时进入购物中心或他们在看什么产品。

互联网营销是另一种情况。用户如何访问该网站?何时访问该网站?在网站上浏览过什么页面?在页面上停留了多长时间?到底购买了什么产品?购买的价格是多少?这些都可以清楚地计算出来。即使用户不购买,他在网站上的行为也很重要,可以对其进行跟踪和分析。

2. 网络营销效果评估的功能

通过对网络营销系统运行状况的评价,了解网络营销工作的效果,形成对系统的各个组成部分的良性刺激,带动系统正常持续发展。同时,该评价还可以检查网络营销系统运行状况与设定目标之间的差异,并且随时进行纠正,以确保网络营销系统正常运转,使网络营销企业持续健康发展。

网络营销效果评估的具体功能包括以下几点。

(1) 网络营销效果评估可以使企业管理者对网络营销活动进行更好的计划、管理和控制。

(2) 网络营销效果评估可以充分把握企业网络营销费用的流向,并能在众多推广平台中挑选出最适合企业发展需要的网络营销推广平台。

(3) 通过网络营销效果评估评测出哪些产品销量好,哪些产品销量不好。

(4) 通过网络营销效果评估评测出什么样的营销活动更有效。

(5) 对所有数据进行统计分析得出月度、季度、年度投资收益率。

对于网络营销效果的评价问题,实际上也就是对于网络营销各种职能的综合评价,如品牌提升、顾客关系、顾客服务、销售增长等。由于不是所有的网络营销活动都可以量化,所以客观准确地评估网络营销效果并不容易。例如,网络营销对品牌形象提升的效果就很难量化。即便对于一些可以量化的指标,也不一定能够直接反映网络营销活动的真实效果。因此,在评估网络营销效果的时候,不能单看流量或是销量这些个别指标。

8.3.2 网络营销效果评估的流程

企业应当在开展营销活动的各个阶段,对网络营销运行状况及效果进行全面的综合评价,为网络营销活动提供决策及优化依据。网络营销综合评价的主要步骤如下。

(1) 制定网络营销效果评价的指标内容。根据网络营销效果的评价对象和评价内容,确定影响网络营销效果的因素,定义相应的评价指标。根据评价指标的类别及重要性程度,构建指标体系。

(2) 确定各评价指标的权重(重要性程度)。在整个评价指标体系中,各评价指标对整个网络营销效果评价的重要性程度是不同的。因此,可根据网络营销效果评价目标,利用专家评判及对比分析等方法,确定各指标的权重。

(3) 确定网络营销中各指标的量化评价标准。根据指标所指的含义及评价内容,制定评判该指标优劣的标准,如可用百分制的方法,将指标优劣程度和相应的得分值相对应。

(4) 收集评价所需信息资料。评价信息的主要获得途径包括:①利用企业内部的财务、管理、销售、服务等部门的统计信息和数据;②由评价实施者通过咨询、访问、经验推断等方法取得的数据;③通过专项调研、专家评判、网络调查等活动取得的数据。

(5) 对网络营销进行综合评价。根据收集到的评价信息资料,对各项指标进行评分,再根据评价指标的权重,对整个网络营销活动进行综合评价。

8.3.3　网络营销效果分析要点

1. 用户留存分析

用户留存分析是一种用来分析用户参与情况或活跃程度的分析方法,也是用来衡量产品对用户价值高低的重要方法。

可以通过对用户留存情况进行分析,寻找用户的"流失点",调整产品策略。例如,在拍短视频的时候,发现到第五秒完播率是 90%,但是到第七秒完播率就下降到 50%,通过分析这两秒的视频内容,可以帮找出用户不喜欢的内容,下次进行视频拍摄时就会注意这方面的内容展示了。

2. 数据对比

数据对比是网络营销分析中最常用的分析方法之一,它是指将两个或两个以上的数据进行对比,从而找出数据的变化规律和趋势的分析方法。对比分析需要注意的就是确定标准,常用的标准有时间、空间和特定值。

根据时间对比分析,可以划分为一段时间内的数据对比、和前期的对比、和往年同期的对比等,然后评估当期数据的变化情况,对当期营销效果进行一个判断。

根据空间对比分析,可以分为和竞争对手的对比、和自己之前的产品数据进行对比、对不同营销渠道中相同产品的数据进行对比等。尝试寻找出当期产品的问题。

根据特定值对比分析,就是选择一个特定的数值与实际的数值进行对比,如目标值、平均值、预期值等。

3. 网络营销渠道分析对比

将网络营销的渠道进行细分,分别统计和分析网站 PV、UV、UV 占比、新增访客、用户成本、有效线索量、线索转化率。不同的渠道会有不同的人群属性,这直接影响着推广效果,最终的转化率会存在差异。

例如,某企业通过百度搜索、有道智选、今日头条进行推广得到一组数据(一个月),企业可以从多个角度分析各渠道对网站推广的影响,做出不同的资源配置和投放策略(表 8-3)。

表 8-3　几个渠道的营销数据

渠　道	PV	UV	UV 占比/%	新增访客	用户成本	有效线索量	线索转化率/%
百度搜索	23 458	12 143	19	12 123	26 823	5 573	27
有道智选	12 566	5 532	8	5 367	10 344	2 146	10
今日头条	19 427	9 367	14	9 350	38 779	3 248	16

在网络营销活动过程中,企业可以尝试多种渠道,经过一段时间后分析各渠道的投入产出比,然后选择最合适的渠道。

8.3.4　效果评估的常用指标

在进行网络营销效果评估时,新媒体运营需要关注粉丝数、阅读数、转发数等指标;做 SEO 需要关心收录、排名、权重等指标;投放网络广告则要关注 PV、UV、UV 占比、新增访客、用户成本、有效线索量、线索转化率等指标。

此外,每个企业因其发展阶段、产品线生命周期的不同,对网络营销方式的选择及对应关键指标的要求也不同。所以企业可以根据自己的需求对营销方式或指标进行增加或删减。

1. 流量统计指标

流量泛指网站(App)、网店、公众号、小程序等的访问量,是用来衡量用户数量以及用户所浏览的网页数量等的指标,常见的统计指标包括独立访问者数量、总访问者数量(含重复访问者)、页面浏览数、用户的平均停留时间等。

独立访问者数量:独立访问者数量也称独立用户数量,是流量统计分析中一个重要的数据,并且与网页浏览数分析之间有密切的关系。独立访问者数量是指在一定时期内访问网站(App)、网店等的人数,每一个固定的访问者只代表一个唯一的用户。访问者越多,说明推广传播效果越好,也就意味着网络营销的效果卓有成效。因此,独立访问者数量是最有说服力的评估指标之一。

页面浏览数:在流量统计分析中,页面浏览数一般是在一个统计周期内的网页浏览总数,以及每天平均网页浏览数。这个数字表明了网站的访问情况,可以用作网站推广运营效果的评估指标之一。

2. 用户行为指标

用户行为指标主要反映用户是如何来到网站(App)、网店的,在网站上停留了多长时间、访问了哪些页面等,主要的统计指标包括:用户在网站的停留时间;网站跳出率;用户来源网站(也叫"引导网站");用户所使用的搜索引擎及关键词;在不同时段的用户访问量情况等。

用户来源分析:网站用户来源统计信息,为网络营销人员从不同角度分析网站运营的效果提供了方便。例如,至少可以分析常用的网站推广手段带来的访问量。

用户来到一个网站的方式通常有两种:一种是在浏览器地址栏中直接输入网址或点击收藏夹中的网站链接;另一种是通过别的网站引导而来,即来源于其他网站。用户来源网站,有时也称引导网站,或推荐网站。许多网站统计分析系统都提供了用户来源网站统计的功能,这对于网站推广分析具有重要意义。

搜索引擎和关键词分析:通过网站流量统计数据,可以对用户使用的搜索引擎及关键词进行统计分析,具体指标包括:关键词的使用情况统计;最重要的搜索引擎分析;最重要关键词的分析;分散关键词的分析等。搜索引擎关键词分析,对于制定和改进网站的搜索引擎推广策略至关重要。

3. 用户的浏览方式

通过分析用户浏览网站的方式,可以知道用户的来源及使用的相关设备,其统计指标主要包括:用户所有地理区域分布状况;用户上网设备类型;用户浏览器的名称和版本;用户计算机分辨率显示模式;用户所使用的操作系统名称和版本。此外,除要分析自己网站的访问情况外,专业的网站访问分析还应该包括对竞争者网站的分析评估。

8.3.5　网络广告效果评估指标

网络广告效果是和网络广告目标相对应的概念,在网络广告的投放过程中和投放结束之后都需要监测网络广告的效果。在评估网络广告效果时,应该遵循相关性原则和有效性原则。

相关性原则要求网络广告的效果测定的内容必须与广告主所追求的目标相关。有效性原则则要求网络广告效果的评估工作必须达到测定广告效果的目的,要以具体的、科学的数据结果而非虚假的数据来评估广告的效果。所以,那些掺入了很多水分的高点击率等统计数字用于网络广告的效果评估是没有任何意义的,是无效的。这就要求采用多种评估方法,多方面综合考察,从而使网络广告效果评估得出的结论更加可靠。

常见的网络广告效果评估指标包括广告展示量、广告点击量、广告到达率、广告二跳率、广告转化率等。

(1) 网络广告展示量(impression)。广告每一次显示称为一次展示。统计周期通常有小时、天、周和月等,也可以按需设定。展示量一般为广告投放页面的浏览量,广告展示量的统计是 CPM 付费的基础。

CPM(cost per mille impressions):CPM 是指每千次印象费用,是一种按展示付费的网络广告定价方式,只要展示了广告主的广告内容,广告主就要为此付费。

(2) 网络广告点击量(click)。网民点击广告的次数称为广告点击量。统计周期通常有小时、天、周和月等,也可以按需设定。广告点击量与广告展示量之比称为广告点击率,该值可以反映广告对网民的吸引程度。广告点击量统计是 CPC 付费的基础。

CPC(cost per click):CPC 是指每次点击成本。网民的每一次点击都会为广告主带来真实的流量或是潜在的消费者,广告主为每次广告的点击行为付费。

(3) 网络广告到达率(reach rate)。网民通过点击广告进入被推广网站的比例。统计周期通常有小时、天、周和月等,也可以按需设定。广告到达量与广告点击量的比值称为广告到达率,广告到达量是指网民通过点击广告进入推广网站的次数。

网络广告到达率通常反映广告点击量的质量,是判断广告是否存在虚假点击的指标之一。广告到达率也能反映广告着陆页的加载效率。

(4) 网络广告二跳率(2nd-click rate)。通过点击广告进入推广网站的网民,在网站上产生了有效点击的比例。统计周期通常有小时、天、周和月等,也可以按需设定。网络广告带来的用户在着陆页面上产生的第一次有效点击称为二跳,二跳的次数即为二跳量。广告二跳量与广告到达量的比值称为二跳率。

网络广告二跳率通常反映广告带来的流量是否有效,是判断广告是否存在虚假点击的指标之一。网络广告二跳率也能反映着陆页面对广告用户的吸引程度。

(5) 网络广告转化率(conversion rate)。通过点击广告进入推广网站的网民形成转化的比例。统计周期通常有小时、天、周和月等,也可以按需设定。转化是指网民的身份产生转变的标志,如网民从普通浏览者升级为注册用户或购买用户等。转化标志一般指某些特定页面,如注册成功页、购买成功页、下载成功页等,这些页面的浏览量称为转化量。广告用户的转化量与广告到达量的比值称为广告转化率。

网络广告转化量的统计是进行 CPA、CPS 付费的基础。广告转化率通常反映广告的直接收益。

CPA(cost per action):每次行动的费用,是根据每个用户对网络广告所采取的行动收费的定价模式。用户的行动可以是软件的下载安装,也可以是注册行为或购买行为,或是其他。

CPS(cost per sale):按广告带来的销售额收费。

8.3.6　流量漏斗转化模型

数据分析能够帮助企业更好地进行运营决策,为转化用户提供参考与数据支撑。

在对流量转化的数据进行分析时都会基于一种逻辑方案——流量漏斗转化模型。

可以形象地认为企业的互联网产品本身就是一个虚拟的漏斗(图 8-4),用户在浏览产品到最终完成下单行为(或其他认定的转化行为,如注册、关注、转发等)中一部分被直接阻挡在"滤网"之上、一部分顺利地达到预设的"转化行为区域"。

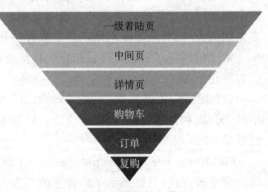

图 8-4　流量漏斗转化模型

1. 流量来源

流量通过不同渠道进入主站(或该渠道引入流量的承接页),主站页面即是第一层"滤网",用穿过第一层滤网进入二级页面的通过率来衡量渠道的流量质量。通常用来衡量页面的流量质量的指标包含页面 UV 点击率、页面停留时间、跳失率。

想要通过第一层"滤网",必要的动作就是产生点击行为,而点击行为会产生页面 UV 点击率和跳失率两个数据。其中,页面 UV 点击率=页面点击总次数/页面 UV 数;跳失率=通过一个入口进入就离开的次数/通过该入口访问的总次数。点击率越高,说明页面呈现的内容有吸引力,能够有效地吸引用户的关注;跳失率越高,说明页面呈现的内容具备欺骗性,所呈现的链接内容和文案不具备吸引力。因此,在进行第一层滤网的优化方面尽量提高页面的点击率,降低页面的跳失率。尽量让用户下沉到二级页面(或目标页面)。同时,通过这个数据也可以判断流量来源的质量是否过关。

2. 中间页面访问数据

在页面访问阶段,流量成功通过第一道"滤网"进入中间页阶段,中间页包含搜索列表页、专题活动页面、频道页面等。不同的中间页也有不同的数据指标反映着页面内容的好坏以及流量的走向。中间页的好坏考量最终是有多少访客进入商品详情页,因此有一个指标非常重要——UV 到达详情页转化率(UV 到达详情页转化率=详情页 UV/中间页 UV)。

搜索列表页的数据指标的考核目的就是让用户更加精确快速地找到自己想要的产品,因此,在这一级的页面中,数据指标包含如下:

$$搜索点击率=\frac{点击次数}{搜索次数}$$

$$UV\ 到详情页转化率=\frac{详情页\ UV}{搜索页或列表页\ UV}$$

频道页和活动页是常规三级页面,在 B2C 电商中起着常规类目集合体和活动流量承接页的作用,在频道页和活动专题页上也有着数据的计算和分析逻辑,其主要的数据指标也是让用户下沉至详情页(基于这样一种假设:用户只有在详情页才有可能产生转化,这种假设已经被证明,至少绝大部分情况是这样)。频道页和活动页虽然具体的数据指标与搜索列表页有所不同,但是它们的最终目的都是相同的。频道页活动页的数据指标包含如下:

$$点击率=\frac{页面点击数}{页面\ UV\ 数}$$

一般情况而言,点击率用来衡量频道页入口链接图和轮播图的质量,是否吸引人,文案是否贴切相关,当然也能形容商品的铺排是否合理。

$$到达详情页转化率=\frac{到达详情页\ UV}{页面\ UV}$$

它是用以形容活动页的产品铺排布局是否合理的指标之一。当然,有时候活动页也是需要考核成交转化率的(成交转化率=成交件数/详情页 UV),有时候还包含页面停留时间的维度。

3. 详情页、购物车、订单数据

详情页作为流量转化的关键页面,是前台承载商品信息的最基本单位。也是用户是否决定下单购买的最重要的一环。因此在分析详情页的时候,数据指标更多的是详情页的质量和它的转化率。当然这两者是相互联系的,从现有的数据来看,详情页的质量高低与其转化率之间确实是存在正相关的关系。而详情页质量的高低从数据的量化反映来看有两个数据指标:①平均页面停留时间;②加入购物车数。

$$平均页面停留时间=\frac{页面停留总时间}{访问\ UV\ 数}$$

该指标与页面的呈现布局有着明显关联,包含商品参数介绍、详情图片描述、客服在线情况、好评率等。

加入购物车数:用以反映该商品有多少有意向购头者,为即将转化的关键步骤。加入购物车的数量多少由基本以下几个因素决定。

(1) 详情页页面综合质量(图片、排版、展示、参数说明、售后信息)。

(2) 在线客服综合服务指数(响应时间、在线时长、答复满意度)。

(3) 评价信息(好评率、差评回复内容、晒单信息)。

订单页面是纵向转化的最后一环,在这个界面最主要的目的就是尽量让用户尽快付款,达到最后的转化。考核的数据为有效订单转化率(有效订单转化率=成交订单数/有效订单数),在这个阶段促成转化是较为简单的。如果有效订单转化率较低,就要分析支付页面是否存在问题,系统提交流程是否出错等。在排除系统问题后,同样可以使用短信 APP push 邮件等手段进行催付。

然后计算作为总览全局的用户转化指标:

$$UV\text{成交转化率} = \frac{\text{成交订单数}}{\text{页面 UV 数}}$$

最后计算作为考核整体用户转化的指标:

$$\text{平均 UV 价值} = \frac{\text{成交金额}}{\text{页面 UV 数}}$$

其值越高,表示质量越高。

4. 复购数据

$$\text{复购率} = \frac{\text{一段时间内重复购买的客户数}}{\text{一段时间内产生购买的客户数}}$$

复购率指标要求从横向时间维度来分析数据。例如,一个成熟期的购物网站,其老用户贡献的销售额占总数的 $60\% \sim 70\%$。因此在看流量漏斗转化模型的同时,要加深对会员的分层管理,用良好的服务与产品以及具有创意和力度的活动维系企业的老用户。

 **本章练习**

思考与讨论

1. 与以往的企业顾客服务相比,互联网环境下的客户服务有哪些不一样?

2. 结合自己的体验,分享一个企业顾客服务的做法。

3. 列举企业所有可能涉及的知识产权领域法律问题。

4. 为什么电商领域之前会出现平台要求商家"二选一"这种现象? 我国相关法律对"二选一"这种现象有什么相应的规定吗?

5. 怎么获取网络营销效果评估的数据?

网络实践

1. 查阅网络,了解一些企业的舆情危机以及相应的应对方法和结果。

2. 结合自己的网络使用情况,分析个人在使用网络过程中可能会涉及的法律问题。

创新·创意·创业

结合本章所学,认真思考后回答以下三个问题。

(1) 为自己的项目制定一套详细完整的客户关系管理制度。

(2) 分析自己的项目在经营过程中可能会面临的风险,以及应对方法。

(3) 在项目运营过程中,该如何评价项目的运营效果,针对不同的考核对象和内容分别设计评价方法和指标。

第 9 章

新需求、新技术、新营销

本章内容提要

"世界上唯一不变的就是变化",网络营销领域更是如此。经济在发展,技术在进步,消费者群体和需求也在不断地变化,企业的网络营销活动必须跟上这样的变化才能站稳市场。

本章将从市场与需求的变化、互联网技术对营销的影响、元宇宙技术在营销中的应用几个方面探讨学习网络营销正在和将要发生的变化。

学习目标

知识目标

(1) 了解我国人口结构变化。

(2) 理解我国经济发展和消费升级。

(3) 了解我国市场消费群体的变化和新的消费需求。

(4) 理解科技对营销变革的驱动作用。

(5) 熟悉当前元宇宙在营销中的一些典型应用。

(6) 熟悉理解互联网不断推陈出新的商业模式和盈利模式,以及一些有代表性企业的业务运作状况。

技能目标

(1) 能够根据我国人口结构变化的实际优化企业营销。

(2) 能够根据不同消费群体的需求提供相应的产品和服务。

(3) 能够利用最新的技术开展网络营销。

(4) 能够初步建立起元宇宙营销思想。

(5) 能够对网络营销发展有一定的前瞻能力。

素养目标

(1) 培养创新、创意、创业精神。

(2) 了解我国国情,从国情出发想问题。

(3) 具有敏锐的市场嗅觉,具有较好的接受新事物的能力。

(4) 全面贯彻新发展理念,关注我国数字经济发展和数字中国建设。

(5) 了解学习国家的相关产业政策,如关于元宇宙、平台经济方面的相关政策。

引导案例

<h2 style="text-align:center">奈雪的茶元宇宙营销</h2>

奈雪的茶(图9-1),高端现制茶饮开创者,创立于2015年,以"一杯好茶一口软欧包,在奈雪遇见两种美好"开创了"茶饮＋软欧包"双品类模式。奈雪的茶以"成为受顾客喜爱的全球性茶饮品牌"为品牌使命,以"成为茶文化走向世界的创新者和推动者"为品牌愿景。

截至2022年6月,奈雪的茶已在中国内地80多个城市以及中国香港等地,开设近900家直营门店。

2021年6月30日,奈雪的茶正式在港交所挂牌上市,成为"全球茶饮第一股"。

奈雪的茶元宇宙营销活动如下。

1. 发布元宇宙品牌大使 NAYUKI

2021年12月7日,奈雪在其品牌成立六周年之际,官宣了来自元宇宙的大使"NAYUKI",同时推出了实物版售价699元的限量潮玩(图9-2)。

图9-1　奈雪的茶 Logo

图9-2　奈雪品牌大使 NAYUKI

奈雪的茶 Logo
彩图

NAYUKI的IP人物造型拥有奈雪鲜明的品牌符号。NAYUKI不仅身穿的小裙子是绿色的,眼睛也是绿色的,头上还别着绿色爱心发卡,无论从配色还是搭配来看,都是以奈雪的绿色为主。

值得一提的是,奈雪还巧妙地将储存卡福利和虚拟代言人捆绑推广。12月3—5日,以尚未完全揭开神秘面纱的奈雪品牌大使 NAYUKI 之名派送福利,储值卡充100元得150元的福利,72小时斩获 GMV 近2亿元,充分释放 IP 人物的带货能力,奈雪也再次创造新茶饮行业的新纪录。

2. 推出 NFT 数字艺术品

围绕 IP 推出线上 NFT 数字艺术品,含隐藏款在内共七款,全球限量发行300份,只在线上以盲盒形式发售,不制作实物。该数字藏品具有独特专属,不可复制、数量稀缺,同时不可以转让和交易,不具有投资属性。即每一件数字艺术品拥有专属唯一编码,只有所有者才有权利展示"正版"(图9-3)。

3. 推出奈雪币和虚拟股票

2022年6月30日,"奈雪的茶"(02150.HK)在其港股上市一周年纪念日再出元宇宙营销奇招——"喝奶茶,做虚拟股东"。

6月30日—7月2日,顾客只需通过购买奈雪的茶饮产品获取"奈雪币",每消费1元即可获得 1 个奈雪币。用奈雪币可以买入/卖出虚拟股票,成为奈雪的虚拟股东。消费越多,"投资"力度也就越大。

活动一出,"奈雪的茶"迅速登上行业热搜。

4. 推出元宇宙寻宝游戏

2022 年 6 月 30 日,除推出奈雪币与虚拟股票之外,奈雪还联合网易瑶台推出奈雪首款元宇宙寻宝游戏——元宇宙奈雪乐园寻宝派对(图 9-4)。

图 9-3　奈雪的茶 NFT 数字艺术品

图 9-4　元宇宙奈雪乐园寻宝派对

虚拟股东可以用 199 个奈雪币抢兑限量 500 张门票,获得门票者可使用专属游戏 ID 进入会场并定制游戏形象。游戏是寻宝玩法,四重空间内的 40 处展牌藏有 40 种礼品。此外,玩家还可以在游戏内的"三生树下"许愿,品牌从中抽取 1 人赠送 30 张奈雪兑换券。

从虚拟品牌大使到 NFT,再到奈雪币,围绕"元宇宙营销",奈雪推出了各种玩法,满足了消费者探索元宇宙的热情。从这些活动中不难看出,玩法的核心依旧围绕奈雪积分系统实现的会员体系。在流量越来越贵的年代,会员无疑是品牌最宝贵的财富之一,而元宇宙则是一个非常新潮且令消费者向往的概念,两者的结合为营销市场带来了新的想象空间。

(资料来源:https://www.naixue.com/gynx,https://www.digitaling.com/articles/800120.html)

9.1　市场与需求的发展变化

随着经济和科技的发展,市场不断地演变出新的消费群体和消费需求,任何一家企业都必须与时俱进。

9.1.1　人口结构的变化

根据 2020 年第七次全国人口普查结果(表 9-1),我国 0~14 岁人口为 25 338 万人,占 17.95%;15~59 岁人口为 89 438 万人,占 63.35%;60 岁及以上人口为 26 402 万人,占 18.70%(其中,65 岁及以上人口为 19 064 万人,占 13.50%)。与 2010 年相比,0~14 岁、15~59 岁、60 岁及以上人口的比重分别上升 1.35%、下降 6.79%、上升 5.44%。我国少儿人口比重回升,生育政策调整取得了积极成效。同时,人口老龄化程度进一步加深,未来一段时期将持续面临人口长期均衡发展的压力。

表 9-1　我国人口年龄构成

年　龄	人口数/万人	比重/%
0～14 岁	25 338	17. 95
15～59 岁	89 438	63. 35
60 岁及以上	26 402	18. 70
总　计	141 178	100

9.1.2　消费群体的变化

随着我国经济和社会的发展,人口结构的变化,市场消费的主体力量不断变化,出现了一些消费的新生力量,并逐渐成为提振消费的重要力量。

1. 年轻消费群体

2020 年,"90 后"群体开始迈入而立之年,逐渐成为社会的中坚力量。从中国网民年龄构成来看,截至 2020 年 3 月,"90 后"网民占比高达 21.5%,"90 后"网购用户占比高达 37.2%,均超越其他年龄段的人群,已经成为当下中国网络消费的主力军。

随着"00 后"逐渐成年,他们之中不少人已开始走出校园、步入职场,正逐渐发展成为未来十年的消费主力军。在新互联网与智能科技浪潮下,他们所喜爱的小众圈层文化也正在逐渐破圈,引领最新潮流,带动着商业不断发展创新。因此,"00 后"已然成为当下商业市场持续关注的新生力量。他们的群体特征与消费偏好(图 9-5),将会成为未来消费升级与消费变革的全新驱动力。

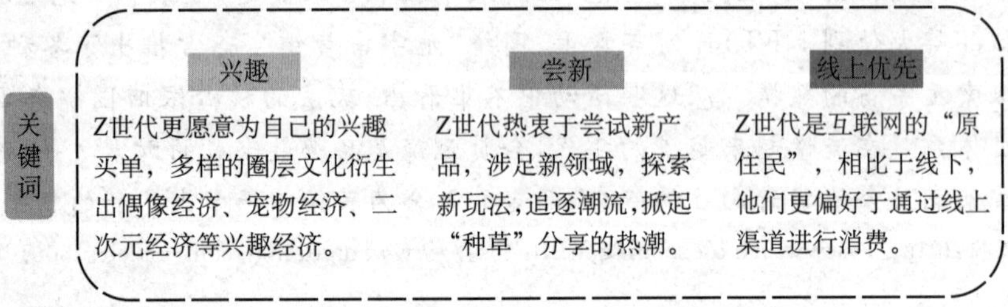

兴趣	尝新	线上优先
Z世代更愿意为自己的兴趣买单,多样的圈层文化衍生出偶像经济、宠物经济、二次元经济等兴趣经济。	Z世代热衷于尝试新产品,涉足新领域,探索新玩法,追逐潮流,掀起"种草"分享的热潮。	Z世代是互联网的"原住民",相比于线下,他们更偏好于通过线上渠道进行消费。

关键词

图 9-5　Z 世代关键词

 **知识链接**

千禧一代:出生于 1982—2000 年的年轻群体,几乎可以和互联网的形成和发展同步。

Z 世代:出生于 1995—2010 年的年轻群体,一出生就生活在一个数字化社交媒体世界里,是移动互联网的原生群体。

2. 老年消费群体

随着我国居民生活水平的不断提高,部分老年人已不再只是单纯满足于老有所养,而是有了许多新的爱好。加之数字经济的全面渗透,老年人不断触网进而接触到更多新的东西。老年人的消费越来越多注重精神层面的需求,追求社交、旅游、新的健身方式等,老年人的消费能力在不断提升,老年人的消费升级趋势愈加明显。

3. 下沉市场

近年来,随着居民收入不断增加,三线以下城市的居民消费能力大幅增强。这部分消费群体的收入和消费总量虽相较于一二线城市较低,但消费的增速有巨大优势。

当前城镇化建设在加速推进,农村居民的收入水平也一直是在稳步提升,其人均消费支出增长速度已连续多年超过城市居民,这为进一步激活下沉市场的消费潜力打下了坚实的基础。

我国下沉市场覆盖了三线以下城市、乡镇与农村地区,人口规模近 10 亿人,下沉市场的消费潜力成为支撑未来消费市场的重要环节。

9.1.3　经济发展与消费升级

2020 年,我国中等收入群体的规模已经超过 4 亿人,形成了全球规模最大、最具成长性的中等收入群体。预计 2030 年我国中等收入群体将超过 50%。

2021 年我国人均 GDP 达 12 530 美元,接近高收入国家门槛,已经进入消费结构快速升级与消费支出较快增长期,尤其是国内部分发达地区人均 GDP 已达到高收入国家水平,对消费升级的支撑更加明显。

随着我国居民收入水平提高和消费领域不断拓展,居民消费结构持续优化升级,人们的消费偏好已从数量型、粗放型逐渐转向质量型,发展型、享受型消费日益提升。

同时,数字经济驱动消费内容日趋多元化。随着数字经济的发展和网络消费渠道的逐渐成熟,传统产业领域与互联网的结合开始加速,如汽车、房屋等高价耐用商品也在通过网络进行销售。此外,服务性消费同样也在不断发展,正在逐渐成为网络消费新热点。

9.1.4　市场更加细分化

随着互联网消费人群主体的改变和我国国民人均可支配收入的进一步提升,国内消费需求出现较多新变化,消费需求开始切换到对更高质量、更好体验的追求阶段,消费需求呈多元化细分趋势,市场步入精细化运营期,针对不同垂直人群的细分市场应运而生。

与此同时,在互联网整体人口红利消失的背景下,各企业开始将竞争的焦点转移至垂直细分群体市场。细分群体市场消费者具有近似特点,对于企业而言,其推广成本更低、收益更明显、商业模式更加清晰,因此越来越多互联网企业聚焦于垂直细分群体市场,针对同类群体消费者进行业务布局,未来细分群体经济市场的规模将加速扩大。

因此,企业必须积极探索细分领域的突破机遇,制定出科学合理的市场细分战略,进而更好地满足消费者个性化的消费需求。

我国典型的互联网细分群体经济有"她经济""颜值经济"、单身经济、宅经济、新中产经济等。值得注意的是,不同类别的细分人群需求差异明显,用户对于产品和服务的适配性要求更高,也正是这种多样化并且个性化的消费需求,使市场被细分,并且逐渐向细致化与微型化的方向发展。目前,多个细分群体经济均接近或超过万亿元级别,垂直市场蓝海展现。

想一想

"她经济""颜值经济""悦己经济"之间有交叉重叠吗?

1. "她经济"

由女性消费者构成的"她经济"市场正在飞速增长,女性消费者已然成为助推经济发展的新动能。数据显示,我国 97％的女性都是家庭中的主要购买力。

每年的"双十一"无论是线上购物平台还是线下商圈,女性消费群体都成为焦点,面向女性消费者的各种促销活动纷纷推出,精彩纷呈。根据埃森哲的数据,我国拥有近 4 亿年龄在20～60 岁的女性消费者,每年创造高达 10 万亿元人民币的消费支出。在如此巨大的消费市场下,"她经济"持续升温,母婴产品、食品生鲜、服装鞋帽、家居用品等备受推崇。

面对越来越热的"她经济",企业需要进一步把握女性消费者的消费风向,全方位洞察女性消费者的需求,挖掘"她经济"相关行业机遇,带动"她经济"向更多赛道扩张。

2. "颜值经济"

女性对自身颜值愈发关注,催生"颜值经济"爆发。

2022 年,我国美妆个护行业市场规模突破 5 000 亿元,行业前景一片广阔。另据市场调研,近三年,我国医美市场规模由 2020 年的 1 975 亿元提升至 2021 的 2 274 亿元,增速为15.10％,2022 年市场规模扩大至 2 643 亿元,增速为 16.30％。艾瑞咨询数据表明,预测2023 年中国医美市场规模 3 115 亿元,医美行业将持续保持高增长。

当然,不同年龄不同性别的消费群体对美也有着不同追求。从消费趋势来看,有人注重面部护肤,有人注重香水彩妆;有人注重穿着舒适度,有人注重服饰设计感;有人注重日常护理,有人注重局部功效型产品……企业可以相应推广更符合不同人群需求的品质商品。

与此同时,在颜值经济的催生下,明星代言和网红带货也成了品牌寻求互联网突围的必要性选择。

3. 宅经济

人类的现实生活开始大规模向虚拟世界迁移,"宅经济"快速发展。

宅在家里的人越来越多,整天足不出户甚至一个星期不出门的比比皆是,宅男、宅女的消费带火了"懒人调料"、预制菜等一大批新兴行业。

迎合宅家人群的"懒人调料",也就是复合调味品,最近 5 年市场急速扩大,2016 年中式复合调味品市场规模为 315 亿元,2021 年市场规模达 634 亿元。

宅家人群还让预制菜行业驶上了快车道,2021 年中国预制菜空间规模达到 3 400 亿元,同比增长 18％,未来 3～5 年我国预制菜行业有望成为下一个万亿餐饮市场。

4. 单身经济

数据显示我国目前单身的人口已经突破 2.6 亿人。大量的单身人口形成了万亿级的单身经济。

一人住、一人食、一人游……当下,独居群体不断增多。围绕这一庞大消费群体,市场上衍生出能对话的智能家电、单人小火锅、小户型公寓……为单人提供个性化产品和服务也已经成为不可忽视的庞大市场。

除了衣、食、住、行,在娱乐方面也逐渐衍生出更多针对单身群体的服务,例如一人出行的定制游等。

单身经济包括的产业有健康美容、宠物行业、单身餐饮、迷你家电产业、虚拟经济、交友网站、培训机构等。

5. 新中产经济

新中产人群具有较为稳定和可观的收入,对于消费需求不再仅局限于物质层面,消费理念从"越便宜越好"转变为"满足自身情感需求的消费",并且购物时越来越不注重奢侈品的品牌价值,偏向于高性价比、高质量商品。

9.1.5　消费新场景、新业态

近年来,我国线上线下市场加速融合,消费新场景和新业态快速发展,如即时需求、生鲜电商、社区团购、生活服务等新的需求场景和新的业态呈现出更快的发展速度。

1. 生鲜电商

生鲜电商是指用电子商务的手段在互联网上直接销售生鲜类产品,如新鲜水果、蔬菜、生鲜肉类等。

随着互联网的发展,现代冷链物流技术的不断提高,生鲜电商行业有了更好的技术支撑。同时,在"懒人经济"浪潮及疫情推动下,我国消费者逐渐养成线上购物的习惯,促进我国生鲜电商消费持续增长,我国生鲜电商行业市场规模也将持续扩张。

2. 社区团购

社区团购的基本模式为"预售＋次日达＋自提"。中国地域广阔,不同地区和城市之间的物流、供应链体系发展不均衡,高频刚需的生鲜食品、日用品在流通过程中存在多级分销,终端消费者需要承担多层渠道的加价和商品损耗成本。社区团购通过团购、集采、预售三个环节,带来了流量成本、渠道加价成本、生鲜损耗成本三项成本的降低。未来社区团购的核心竞争力在于加强供应链建设与管理,提升履约能力,与现有零售渠道错位发展。

3. 生活服务

尽管中国互联网整体用户增长已经明显放缓,但是中国生活服务行业的移动互联网用户渗透率仍在稳健上升中。根据 QuestMobile 数据显示,2021 年 9 月,生活服务前 3 大App:美团、菜鸟和饿了么的 MAU 同比增速维持在 25％之上的水平,仍显示出较为强劲增长势头。

增长趋势不仅体现在消费者用户端,也反映在商户端。根据 QuestMobile 数据显示,主要外卖商家端的去重月活跃用户数在 2021 年 9 月的同比增速为 19.1％,下沉市场商户占比也稳步提升。

在消费升级大背景下,消费者想要的不只是产品,还包括更好的消费体验。随着技术革新,消费习惯变化,零售业正在以满足消费需求为核心,围绕消费新场景,通过技术连接,实现线上线下消费渠道融合,最终形成以"消费者数据"为核心的零售新生态。

9.2　科技驱动营销变革

从 PC 互联网到移动互联网,再到元宇宙的兴起,随着互联网技术的不断发展,网络营销的场景和模式也在不断发展变化中。扫描右侧二维码观看网络营销与新技术微课。

微课:网络营销与新技术

9.2.1　PC互联网时代的企业营销

2000年前后,以新浪、搜狐、网易为代表的三大互联网门户网站崛起。门户网站初期以提供新闻资讯为主,后期逐渐演变为综合性的网站,不仅能够为用户提供不同分类的导航索引,也逐步添加了邮箱、社区、视频等一系列功能,使门户网站成了当时几乎所有人的"上网第一站",从而形成了大量的流量聚集,企业通过门户网站投放广告成为当时企业主要的网络营销手段之一。

经过网络营销的早期发展阶段,我国的网络营销进入实质性的应用和发展时期(2001—2008年),网络营销服务市场初步形成,网上销售环境日趋成熟;企业网站建设迅速发展,为企业网络营销奠定了基础;网络广告不断创新;营销工具与手段不断涌现和发展。在这个阶段,网络营销发展较快。例如,门户网站、搜索引擎服务商、电子商务服务商等群雄并进,并快速进入网络营销领域。同时,各地的网络营销渠道也在快速发展和巩固,配合厂商的全国布局,形成了成熟的全国网络营销服务网络。搜索引擎在线推广成为这一时期网络营销推广的基本手段,一度被视为网络营销的核心内容。

这一阶段,我国互联网领域成长起来三家具有标志性的公司,百度(Baidu)、阿里巴巴(Alibaba)、腾讯(Tencent),简称BAT。在移动互联网时代到来之前,BAT三大互联网公司锁定了PC互联网时代的三大赛道:社交、电商、搜索。

9.2.2　移动互联网时代的企业营销

移动互联网带来了互联网商业格局的彻底重塑,从资讯到视频、从购物到社交、从衣食住行到生活娱乐,不断涌现出新的互联网巨头。与此同时,依附于互联网媒介和内容变迁的营销领域,也不可避免地被影响。扫描右侧二维码阅读《国务院办公厅关于促进平台经济规范健康发展的指导意见》。

文档:《国务院办公厅关于促进平台经济规范健康发展的指导意见》

1. 新平台崛起

2009年8月,新浪推出微博产品。由于名人效应的带动作用,普通大众也纷纷注册新浪微博。最早新浪微博只支持140字左右的文字发布,现在已经进化到支持长文字、多图片、短视频、长图文发布。新浪微博已成为国内重要的社交媒体平台。2022年6月,微博月活跃用户数达到5.82亿。

新浪微博的迅速崛起,引发SNS网络营销进入快速发展阶段,这种"碎片化"的微信息传播不仅使信息表现形式更为简单,降低了信息源创建和发布的门槛,更重要的是智能手机及移动互联网的快速普及,使人们可以随时获取及传播信息。

2010年3月,美团网上线。2017年11月23日,美团点评正式对外发布生活服务开放平台,联合开发者、服务商,为线下商户提供团购、数据统计、会员等通用解决方案以及针对休闲娱乐、KTV、美业、婚庆等细分行业的系统解决方案,并引入选址租赁等服务商,旨在打造商家经营管理的全流程服务平台,帮助商户连接线上线下,提升经营管理效率。同时通过场景开放、POI开放等携手更多合作伙伴为用户提供更丰富的一站式生活服务。

美团服务涵盖餐饮、外卖、生鲜零售、打车、共享单车、酒店旅游、电影、休闲娱乐等200多个品类,已经成为不折不扣的新巨头,而在生活服务电商领域,美团更是一颗在移动互联网浪潮中成长起来的耀眼明星。如今,美团已经成为中国最大的生活服务电商平台。

2011 年 1 月 21 日,微信 1.0 版本发布,并逐渐成长为中国的国民应用和互联网生活的重要载体,成为人们日常生活、工作和学习中沟通交流必不可少的 App。

2012 年今日头条 App 发布,依托"算法编辑＋智能分发",实现"信息"找"人",迎合移动互联网时代碎片化,多场景的阅读需求,在移动新闻资讯领域直面竞争,从混战中脱颖而出。

今日头条刚出现时,被认为是一款普通的客户端新闻软件。等今日头条一火,业内才恍然大悟:今日头条做的不是内容,而是人工智能。表面上看是一条条信息,背后是利用数据挖掘、神经网络、自然语言理解、机器学习等人工智能技术分析出来的用户偏好,然后按照用户的偏好分发内容。

2015 年拼多多成立,只用了三年时间,就达到了传统电商需要八年甚至十年才能达到的体量。拼多多与京东和淘宝不同,走的是新电商模式——"社交＋电商"。首创"拼单"方式,将线上购物转换成一种动态社交体验。买家既能在平台上浏览各类商品,也能在平台上与社交好友互动。

2016 年抖音成立,这款致力于拍摄发布音乐创意短视频为主的移动社交软件,由于定位精准,一经上线就获取了大量的年轻用户,成为网络传播史上的一大奇迹。2022 年,抖音的总用户数量已超过 8 亿,日活 7 亿,人均单日使用时长超过 2 小时。无论从用户流量端还是广告收入端,抖音都是当之无愧的短视频第一平台。

2016 年,电商开始尝试直播带货,随后直播带货快速发展,尤其是在 2019 年出现了爆发式的增长,电商平台纷纷发力直播带货模式。企业通过直播平台将各自的核心价值主张进行最快速最大范围地传播,既宣传了品牌、推荐了产品,又吸引了传统营销模式中尚未触及的粉丝群体。

知识链接

根据国家市场监督管理总局公布的《互联网平台分类分级指南(征求意见稿)》《互联网平台落实主体责任指南(征求意见稿)》。结合我国平台发展现状,依据平台的连接对象和主要功能将互联网平台划分为网络销售类平台、生活服务类平台、社交娱乐类平台、信息资讯类平台、金融服务类平台、计算应用类平台六大类,并按照用户规模等划分为超级平台、大型平台和中小平台三级。

2. 企业营销的变革

2009 年至今是网络营销大爆发的时期。尤其是随着移动网络技术的发展、智能手机和 4G 网络的普及,出现了移动网络营销,营销的方式日趋多样。微博、微信、二维码、手机 App、短视频等新媒体的广泛应用,以及后来的微商、O2O 电商体系对网络营销信息、网络营销方式和网络营销思路带来的强烈冲击,使网络营销更具平台性、开放性、互动性和精准性,为用户提供了更好的消费体验和服务。

渠道变化只是基础性的,用户受移动互联网浪潮影响,他们的需求和兴趣变得更加多元化,广告主或品牌方的诉求也随之而变。例如,如何最大化触及被碎片化信息割裂的互联网用户,筛选出目标群体,或者如何高效地与用户建立起商业联系,增加认可度。

这些问题恰恰是互联网巨头助力传统营销升级的切入点。就第一个问题而言,一方面,BAT 等互联网巨头已经构建起一个庞大的移动生态体系,而在这一体系中,资讯、视频、社交、搜索等多元化流量入口,不仅扩大了营销的覆盖范围,而且为差异化营销方案的实现提供了用户基础。另一方面,移动互联网时代,营销的一大变化就是人人都可以成为内容营销的自发传播者,而微博、微信又或是直播、短视频平台利用这一趋势,让用户参与营销过程中,最大限度地放大了营销传播的效果。

不过,这一切都建立在用户数据之上。用户在不同入口留下的海量信息和数据,经过积累和智能分析,才能形成对用户需求和意图的准确把握,这是广告投放和提升营销效率的前提。所以,互联网巨头既拥有广告营销所需要的多维度数据,也能够最大力度整合资源,构建一站式营销平台,推动互联网营销进入了巨头时代。

9.2.3 元宇宙的兴起

元宇宙英文为"Metaverse",由"meta"(意思是超越)和"verse"(宇宙的缩写)这两个词组合而成。

这个词最早出自 Neal Stephenson 于 1992 年发表的科幻小说《雪崩》中。在这本书中,Metaverse 是一个虚拟的城市环境,用户可以通过 VR 设备进入,并控制自己的化身,与彼此进行交互。

元宇宙的内核代表了"一个持久化和去中心化的在线三维虚拟环境"。在元宇宙中,每个人都能拥有"身份认定"和"价值认定"。人们可以通过 VR 设备、手机、计算机等进入虚拟世界,实现实时交互。这个生态系统包含了以用户为中心的要素,例如个体身份、内容创作、虚拟经济、社会可接受性、安全和隐私、信任和责任等。

美国密歇根州立大学媒介与信息学副教授 Rabindra Ratan 指出,元宇宙有三个关键特征:现实感、互通性和标准化。

现实感:虚拟空间能够创造身临其境的感觉,甚至打造现实的"平行世界"。

互通性:人们的虚拟身份能够在元宇宙的"各个星球"无缝切换。

标准化:元宇宙中各个平台实现互通的技术基础。

元宇宙作为现实世界在数字世界的延伸与拓展,是一种让我们与所处环境更好相融的技术手段。

2021 年,"元宇宙"概念迅速破圈,成为全球互联网科技圈最火的词汇,科技、资本、企业甚至是政府争相入局,巨头纷纷入场,将元宇宙带到了一个前所未有的关注点。

"风口"之下,众多科技巨头乃至多国政府已将元宇宙视为新的增长点和下一个具有战略意义的竞争领域。微软首席执行官萨蒂亚·纳德拉表示,公司正在努力打造一个"企业元宇宙",字节跳动收购国内 VR 硬件创业公司 Pico 布局元宇宙,华为发布 AR 交互体验 App"星光巨塔"发力元宇宙产业链。据普华永道会计师事务所预计,全球元宇宙市场规模在 2030 年将达到 1.5 万亿美元。

大幕已经拉开,元宇宙时代已经开启,作为与现实世界映射与交互的虚拟世界,元宇宙被看作是继 PC 互联网、移动互联网之后的"第三代互联网",能够更加深刻地影响人们的学习、工作、生活,未来很可能颠覆现有的行业格局。有人预言,当下的元宇宙,恰如 1994 年的互联网,而元宇宙未来 30 年带来的变化将远远超过互联网。正因为如此,大家不仅对它未来的美好愿景拥有期待,更需要在看清未来的方向之后拥抱变革,只有站在风口上才能顺势而为。扫描右侧二维码阅读多地颁布了元宇宙相关的支持性政策或征求意见稿。

文档:多地颁布了元宇宙相关的支持性政策或征求意见稿

数据显示,截至 2021 年年底,我国已有 1 692 家公司,申请了 1.14 万个元宇宙商标。2022 年以来,我国先后有 20 多个城市陆续出台元宇宙行动计划及相关扶持政策,元宇宙产业投融资市场活跃度显著提升。在政策带动、资本助推下,元宇宙及相关产业的发展已经成为各地争相布局的新风口。

9.3　元宇宙在营销中的应用

元宇宙将彻底改变消费者与品牌的互动方式。与现有的营销方式相比,元宇宙营销具有更高的集成性、更高的品牌自由度、更灵活的营销形式、更亲密的品牌与消费者关系等优势,为品牌营销人员和广告商等提供了足够的创新空间。

元宇宙热潮下,新的营销形式被催生出来。目前,已有不少企业开始着力打造虚拟和现实融合空间,进行元宇宙营销尝试,抓住元宇宙中的营销机遇已经成为各大品牌的共识。扫描右侧二维码观看元宇宙在网络营销中的应用微课。

微课:元宇宙在网络营销中的应用

9.3.1　数字虚拟人

过去,一些企业品牌通过卡通形象将看不见摸不着的品牌视觉化,现在则可以通过元宇宙品牌形象大使更加形象生动地进行展示。相比卡通 Logo,数字虚拟人的形象可以让消费者有更强烈的情感联结,提升消费者对品牌的忠诚度。此外,数字虚拟人还具有成本低、风险低、可控性高、长期性等优势。

在数字虚拟人领域,众多品牌已尝试推出定制虚拟形象,通过虚拟主播带货、虚拟代言人等方式与消费者互动,以此增强商家和用户之间的信息传递。

2021 年年底,一名叫"柳夜熙"的虚拟偶像爆红网络(图 9-6),其账号仅发布 3 条视频便涨粉近 800 万。在现实与虚拟交织的视频中,她身着古装,与真人互动时一颦一笑自然随意。一时间,这个"美妆达人"成为被热议的虚拟偶像之一,被称为 2021 年的"现象级"虚拟人。

图 9-6　虚拟美妆达人柳夜熙

奈雪的茶,在六周年之际官宣了虚拟人物 NAYUKI 为品牌大使。在官方介绍中,NAYUKI 是一个宇宙共生体,将在虚拟空间和现实生活中穿梭。

花西子推出品牌虚拟形象——"花西子",被赋予带有品牌特色的东方美。整体形象灵感来源于北宋文学家苏轼的《饮湖上初晴后雨》,耳上的莲叶装饰、手持的并蒂莲,都是源自花西子品牌之花,头发上挑染的一缕黛色则为花西子品牌色。

2020 年 11 月,欧莱雅发布首个品牌虚拟代言人——美即品牌的 M 姐。2021 年 3 月,欧莱雅宣布欧爷成为品牌的虚拟代言人。欧爷的人设为 24 岁,中法混血,有美妆一哥、宠粉狂魔、公益达人等身份标签,愿景是致力于让所有人拥有美。

目前来看,虚拟人产业是"元宇宙"中最成熟的商业化应用之一,能够带来丰富的内容和沉浸式的体验。

9.3.2　NFT 营销

NFT(non-fungible token)是"非同质化通证"的简称。以数字化的形式,将画作、音频、影视、虚拟游戏装备等进行加密,具有唯一且不可篡改的 ID,可以永久保存,不可复制。

中国电子技术标准化研究院区块链研究室主任李鸣表示,从技术上来看,NFT 是一种基于区块链技术的契约数字化凭证,具有可验证、唯一、不可分割和可追溯等特性,可以用来标记特定资产的所有权。

NFT 作为元宇宙中的重要元素,其应用范围非常广泛。目前的典型应用包括音乐、游戏、数字艺术、活动和票务、房地产、时装、穿戴设备、数字身份、数字藏品等。

2021 年 7 月的国际友谊日,可口可乐推出了四款多感官 NFT 数字藏品(图 9-7),包括 Friendship Box(将老式可口可乐冰箱构想为动态战利品盒)、Coca-Cola Bubble Jacket(向可口可乐的怀旧送货制服致敬)、Sound Visualizer(将享用可口可乐时的音频可视化)、Friendship Card(灵感源自 1948—1990 年可口可乐交易卡)。

2021 年 12 月 4 日,安慕希联合上海市公安局静安分局推出首款反诈骗主题数字酸奶藏品,每一个瓶身对应着一条反诈宣传标语,提醒广大用户警惕元宇宙骗局(图 9-8)。

图 9-7　可口可乐的 NFT 数字藏品　　　　图 9-8　安慕希反诈骗主题数字酸奶藏品

安慕希还推出像素风格"O宇宙森林的《诚言成语》"系列节目,用成语新解的方式解读了三种元宇宙诈骗手段。例如:调虎离山——伪造数字藏品行骗;雁过拔毛——陷入传销困境;猴子捞月——下载未知软件导致信息被暴露。

2022年4月23日,三只小牛联合OdinMETA元宇宙平台,发售首款NFT数字藏品"睡眠自由BOX"(图9-9),获超百万人关注,限量2 000份开售10分钟被抢购一空,受到"元宇宙居民"的热捧。这是三只小牛首次为功能牛奶注入虚实交互创新,探索实体牛奶+NFT数字藏品+私域引流闭环的营销模式,坚持给大家带来健康好奶,号召大家关注品质生活。

首发的NFT数字藏品"睡眠自由BOX"结合当下"睡眠障碍"成为一个社会普遍现象的实际,并抓住在现实生活中难以解决、转而在元宇宙中寻找疗愈的部分消费人群,三只小牛根据这些专属特性结合睡前30分产品与元宇宙"数字空间"概念,推出了"睡眠自由BOX"数字藏品。

在"睡眠自由BOX"中,消费者可以利用藏品道具化解"元宇宙问题",同时也可以将藏品兑换为一箱真实的睡前30分牛奶,兑换牛奶后还可进入三只小牛私域,享受专属客服和营养师进行一对一私人定制化科学饮奶方案,这就是三只小牛的实体牛奶+NFT数字藏品+私域引流闭环的创新模式,通过新的内容表达方式,深耕大家的内心需求,与消费者建立深度连接,以数字化内容的形式为产品带来好玩、新奇的内容场景,拉近品牌和用户之间的距离。

9.3.3　融合游戏

可以预见,未来游戏世界将为品牌带来不可估量的流量。目前已有一些品牌在游戏中创建了服务或建立了品牌角色、竞技场,将自己融入游戏体验中。

2021年9月,Balenciaga与《堡垒之夜》合作推出系列服装,挑选了游戏粉丝最喜欢的四个游戏角色Doggo、Ramirez、Knight和Banshee,搭配上巴黎世家的经典作品,让玩家以独特的方式表达自己(图9-10)。

图9-9　三只小牛睡眠自由BOX

图9-10　Balenciaga与《堡垒之夜》合作推出的系列服装

游戏世界也可以成为品牌传递价值理念的入口。宝洁旗下的女性剃须刀品牌Venus,2021年在《动物森友会》中创建了一系列化身,呈现了"更逼真"的皮肤类型特点,包括雀斑、粉刺、脂肪团、妊娠纹和牛皮癣,进一步传递其"我的皮肤,我的方式"包容性活动的理念(图9-11)。

联合利华旗下的蛋黄酱品牌Hellmann's在《动物森友会》中创建了一个品牌岛屿

（图 9-12），邀请玩家放下他们变质的萝卜，以换取对加拿大食品救援慈善机构 Second Harvest 的真实捐赠，同时响应了其品牌宗旨标语——"食物太好了，不能浪费"。

图 9-11　Venus 在《动物森友会》上的虚拟形象　　图 9-12　Hellmann's 在《动物森友会》中的品牌岛屿

9.3.4　扩展现实：打造平行世界，提供定制体验

元宇宙可以利用虚拟和增强现实技术带给人身临其境的数字体验。品牌可以通过 XR 技术打造"平行世界"，为客户提供高度个性化的体验，摆脱物理世界的局限性。

Vans 在 Roblox 上推出了一个以滑板为主题的虚拟游乐园 Vans World（图 9-13），玩家可以在里面自由地探索、玩滑板、参加比赛。乐园的 Vans 商店里摆放着服饰、鞋帽、花瓣等物品，玩家可以用 Roblox 中的货币 Robux 购买，还能自己定制样式，可以通过 Vans 官网购买实体定制产品。

2021 年，GUCCI 与 Roblox 在意大利佛罗伦萨合作推出了虚拟展览 Gucci Garden（图 9-14）。一系列的主题房间都是从 Gucci 的广告活动、设计历史和缪斯女神中获取灵感，提供多元化的沉浸式多媒体体验。

图 9-13　Vans World　　　　　　　　　图 9-14　Gucci Garden

Roblox 模拟了实体体验，用户在参观时可以为自己的虚拟形象购买仅在有限时间内可用的数字产品，从而产生稀缺感并提高价格。其中一些虚拟包以 350 000 Robux 或 4 115 美元的价格售出，比实体包的零售价 3 400 美元还要高。

虚拟制作初创公司 Dimension Studio 建立了一个虚拟生产装置，用户踏上平台后被 106 个摄像头扫描，可以在几秒内立体扫描成一个 360°的数字人，可以将 3D 捕获放入虚拟世界中，以测试服装和其他物品（图 9-15）。

图 9-15　Balenciaga 虚拟服装测试

　**本章练习**

思考与讨论

1. 基于 PC 的网络营销与基于移动互联网的营销比较，完成表 9-2。

表 9-2　基于 PC 的网络营销与基于移动互联网的营销

营销方式	用户使用的上网工具	信息的呈现方式	典型的营销平台(或渠道)	典型的营销方式
基于 PC 互联网的营销				
基于移动互联网的营销				

2. 互联网发展的不同阶段，技术对营销分别产生了哪些影响？

3. 分享自己了解的一些典型细分市场。

网络实践

1. 打开抖音，搜索虚拟美妆达人柳夜熙，并查阅相关短视频，了解数字虚拟人。

2. 访问百度智能云曦灵-智能数字人平台，了解百度向不同应用场景提供对应的数字人解决方案。

3. 下载使用百度"希壤"，了解当前元宇宙技术的发展情况。

创新·创意·创业

结合本章所学，认真思考后回答以下两个问题。

(1) 分析项目面对的用户需求今后可能会发生什么样的变化。

(2) 元宇宙技术会给自己选择的项目所处的领域带来什么样的冲击或变革？自己的项目在元宁宙领域的营销可以做些什么？

参 考 文 献

[1] 刘新燕,陈志浩. 网络营销[M].武汉:华中科技大学出版社,2020.

[2] 张亦唯. 营销策划与执行[M].北京:中国工人出版社,2007.

[3] 艾·里斯,杰克·特劳特. 定位[M].邓德隆,火华强,译. 北京:机械工业出版社,2021.

[4] 埃弗雷姆·特班,乔恩·奥特兰德,等. 电子商务:管理与社交网络视角(原书第9版)[M].占丽,孙相云,等译. 北京:机械工业出版社,2020.

[5] 王小命儿. 数据分析逻辑:流量转化漏斗模型详解[N/OL]. 人人都是产品经理,2017-01-04. https://www.woshipm.com/data-analysis/571256.html.

[6] honth. 什么是互联网思维[N/OL]. 简书,2019-06-11. https://www.jianshu.com/p/96107c4144f2.

[7] 全奕霖. 互联网特色尽显,"爱优腾"的内容营销新探索[N/OL]. 搜狐,2019-04-16. https://www.sohu.com/a/308352211_809031.

[8] San Yvonne. 元宇宙营销指南:4点设想、5大挑战、15个案例[N/OL].钛媒体APP,2021-12-29. https://baijiahao.baidu.com/s?id=1720460570168628481&wfr=spider&for=pc.